科学技术学术著作丛书

汉语名名组合意义的语言哲学阐释

HANYU MINGMINGZUHE YIYI DE YUYAN ZHEXUE CHANSHI

陈 韵 著

西安电子科技大学出版社

内 容 简 介

本书是将语言哲学与语言学理论相结合的一种尝试，书中以弗雷格的“复合思想”为基础，根据汉语名名组合意义的心理加工过程，构建了名名组合意义阐释的“输入-组合-输出”框架。本书首先基于分析哲学和心灵哲学观，将名词性成分的意义内容切分为概念性意义内容和意向性聚焦意义内容；其次，深入分析了名词的概念类型对输出类型的影响，从而总结出名名组合的能产性规律、语义透明度规律以及形成组合的限制性条件；再次，提出名名组合具有描述中心和表述中心的“双中心”特性，并尝试在句法、语义和语用 3 个层面上进行统一解释；最后，提出名名组合意义的两种阐释模式：“组合”及“组合＋意向”，通过讨论阐释模式和输入成分特征、输出类型之间的关系，构建了名名组合的意义阐释模型。

本书旨在为对汉语语言学习、研究或对中国文化有浓厚兴趣的朋友提供一些有益的参考与启发，希望本书能对读者有所帮助。

图书在版编目（CIP）数据

汉语名名组合意义的语言哲学阐释 / 陈韵著. -- 西安 : 西安电子科技大学出版社, 2025. 6. -- ISBN 978-7-5606-7554-1

Ⅰ. H1

中国国家版本馆 CIP 数据核字第 2024FB4407 号

策　　划　肖静娟
责任编辑　肖静娟
出版发行　西安电子科技大学出版社（西安市太白南路 2 号）
电　　话　（029）88202421　88201467　　邮　　编　710071
网　　址　www.xduph.com　　电子邮箱　xdupfxb001@163.com
经　　销　新华书店
印刷单位　西安日报社印务中心
版　　次　2025 年 6 月第 1 版　　2025 年 6 月第 1 次印刷
开　　本　787 毫米×1092 毫米　1/16　　印　　张　15
字　　数　266 千字
定　　价　43.00 元

ISBN 978-7-5606-7554-1

XDUP 7855001-1

前　言

名名组合是由两个名词性成分之间无任何插入成分的连续组合形成的语言单位，其跨越了形态、句法和语义 3 个层面。名名组合采用“名＋名”这种高能产性的复合构词法，以简单而凝练的方式组合旧成分并有机整合其意义而产生新词。它于简单的结构中显现人类复杂的思维能力，受到了语言学、心理学以及自然语言处理等多学科的关注。

然而，尽管名名组合在语言中的应用极为广泛，但人们对其的探索仍存在一定的局限性。为了更全面地理解和应用这一语言单位，本书致力于系统地梳理和整合现有研究成果，融合哲学和语言学，全面而深入地探讨汉语中名名组合的构成规律及其意义阐释机制。

本书是将语言哲学与语言意义分析相结合的一种创新性的尝试，涵盖多个方面的内容，包括基于概念性意义内容和意向性聚焦意义内容切分的名名组合意义阐释基础、名名组合的“输入-输出”语义框架、名名组合的描述中心和表述中心的“双中心”观，以及“组合”与“组合＋意向”的名名组合意义的双阐释模式。通过对这些内容的探讨，本书将揭示名名组合的内在逻辑和规律，为理解和运用这一语言单位提供新的视角。本书将从以下 4 个方面具体阐述：

1. 名名组合意义的阐释基础——概念性意义内容和意向性聚焦意义内容的切分

基于分析哲学和心灵哲学观，本书以名义要素和实在要素的区分、分析性命题和综合性命题的区分、语义知识和事实知识的区分、意图内容和认知内容的区分、语义最简论和意义整体论的关联性等为理据，将名词性成分的意义内容切分为概念性意义内容和意向性聚焦意义内容。其中，概念性意义内容是名词性成分语义中最核心的部分，是纯字面的、最稳定的意义；意向性聚焦意义内容则是由意向性活动激活的意义。

2. 名名组合的“输入-输出”语义框架——名词概念类型对组合输出的影响

本书按照概念的逻辑类型差异，依据概念是否具有内在唯一性和内在关系性，定义不同概念类型的名词；根据名名组合的输出成分与输入成分的关系，定义名名组合的输出类型；分析名词的概念类型对输出类型的影响规律，提出名名组合的能产性规律、语义透明度规律以及形成组合的限制性条件。

3. 名名组合的“双中心”特性——描述中心和表述中心

针对目前名名组合“中心”成分研究的相关争议，本书将借鉴概念结构可分层的思想，提出名名组合具有描述中心和表述中心的“双中心”特性。其中，描述中心是组织概念功能和呈现命题内容的结构层，表述中心是组织指称内容和表达交际信息的结构层。通过分析名名组合的“中心”特征和分布规律，本书将尝试对其在句法、语义和语用3个层面进行统一解释。

4. 名名组合意义的两种阐释模式——“组合”及“组合+意向”

本书提出了名名组合意义的两种阐释模式：“组合”及“组合+意向”。“组合”是名词性成分的意义内容按照“概念+概念”“概念+意向”“意向+概念”及“意向+意向”4种形式进行组合；“组合+意向”是在“组合”的基础上进行意向性活动，从而产生涌现意义。本书通过讨论阐释模式与输入成分特征、输出类型之间的关系，提出名名组合的意义阐释模型。该模型尝试诠释名名组合意义的产生过程，为名名组合的多义性提供解释，并将隐喻、转喻型与非隐喻、转喻型名名组合意义的阐释模式相融合。

本书在撰写的过程中得到了许多帮助和支持。特别感谢我在四川大学攻读博士期间的导师刘利民教授，他的悉心指导和无私帮助让我受益良多！同时，感谢学术界前辈和同行的贡献，以及家人和朋友的鼓励与支持，是他们给予了我不断前进的动力。本书的出版承蒙西安电子科技大学学术专著出版资金资助，谨此致谢！希望本书能使读者对名名组合有更深入、更全面的理解，并激发读者产生更多关于语言现象的深度思考与探索。

由于本人能力所限，书中难免出现谬误和疏漏，恳请各位读者不吝指正，万分感激。

作　者

2024年8月

CONTENTS 目 录

第1章　绪　论

在现代汉语中，名名组合作为一种独特的语言单位，具有重要的学术意义和应用价值。然而，由于汉语自身的特性，如字与词界限的模糊、词类的不确定性等因素，名名组合的界定变得复杂而具有挑战性。本章将深入探讨汉语名名组合在界定过程中遇到的问题及解决方案，概述当前研究的局限性，并进一步讨论名名组合意义阐释模型的释义目标和构建路径。

1.1　汉语名名组合的界定和特点

1.1.1　汉语名名组合的界定

1. 界定面临的难题

现代汉语中由两个名词性成分之间无任何插入成分的连续组合形成的词称为名名组合，即名名复合词。这两个名词性成分分别被记作 N_1 和 N_2。这一定义涉及两方面的内容：复合词的界定及组成成分“名”的界定。

复合词的界定方式丰富多样，长期以来一直没有统一的定义，即便是同一学者的定义有时也会随时间发生变化，如 L. Bauer，在 1983 年和 2001 年对复合词的定义就有所不同。在英语中，词类范畴一般有清晰的界限，语素、成分、词基、词干等概念也有明确的定义，但即便如此，英语复合词仍然没有标准的定义，在定义复合词时各种术语层出不穷。例如：

“复合词在其直接成分中含有两个或多个自由形式。”(Bloomfield，1933)[227]

“当两个或多个词结合形成一个形态单位时，称之为复合词。”(Marchand，1969)[11]

“复合词是由两个或多个自由形式组成的词位。”(Allan，1986)

“复合词是把两个词连接在一起形成的其他词。”(Spencer，1991)[309]

“复合词是由两个或多个现有词项组合成的新词。”(Anderson，1992)[292]

“两个或多个具有可以被用作词干的潜在性成分结合形成的另一词干称为复合词。”(Bauer，1983)[28]

“复合词可以被定义为由两个或多个成分组成的词汇单位，其中的每一个组成成分独立于其他成分，在其他语境中可以作为词位使用。”(Bauer，2001)[695]

“复合词是由两个或多个词基、词根或词干组成的词。”(Lieber，2009)[43]

“复合词是一个由两个或多个基础成分组成的复杂成分。”(Haspelmath，2002)[85]

“复合词由两个或多个自由形式组成，即两个自身可以作为词并因此具有句法范畴的成分。”(Starosta 等，2003)[92]

“复合词是基于至少两个潜在自由形式的组合，最常见的是开放词类成员如动词和名词的组合。”(Aikhenvald，2007)[24]

这些定义中的一些表达是针对英语本身而言的，且模糊、不严谨，难以直接用于汉语复合词的定义。例如，如何定义“自由形式”“基础成分”“成分”“现有词项”等表达，都没有得到解释。虽然英语复合词的定义无统一表达，但是从上面的各个定义中，可以概括出英语复合词定义的普遍形式：由两个或多个组成成分构成的词，这些组成成分自身是自由形式之一，如词基、词根、词干和自由词。Lieber 等(2009)[3] 把这些组成成分定义为词位，这个术语严谨到可以排除词缀，但是又宽泛到足以囊括可以组成各种语言复合词的词根、词干和自由词。在英语中，词基是能添加前缀的部分，词干是不含屈折变化的部分，词根指不可再分的部分，如 *untouchables*，词基是 *touchable*，词干是 *untouchable*，词根则是 *touch*(Bauer，1983)[20-21]。

然而，汉语中只有字和词的概念，这就使得汉语复合词的界定更为困难。通过借鉴西方语言学中的“词”“语素”“词根”等概念，汉语学家给出了汉语复合词的定义。例如，赵元任(1979)[181] 把复合词分为广义和狭义两类：从狭义上说，复合词是由两个或更多的词结合而成的，如“好看”“买卖”；从广义上讲，复合词的组成成分并不要求都是独立的词，也可以是有粘着①语素的词，只要其中没有语缀，如“尺寸”是复合词，其中“尺”和“寸”都是粘着语素，而“桌子”不是复合词，因为其中“子”是语缀。朱德熙(1982)[32] 认为复

① 《现代汉语词典(第 7 版)》中规范表述为“黏着”。该引用文献年代较为久远，在当时的语言使用习惯中，“粘着”较为常见。为完整呈现文献的原始状态，本书保留“粘着”用法。——编者注

合是把两个或两个以上的词根成分组成合成词的构词方式。邵敬敏(2001)的观点则是，复合词是由词根和词根组合而成的词。然而，由于汉语词汇不具有典型的屈折变化，“词”“语素”“词根”这些概念应用于汉语分析时，有时会出现不适用的情况。例如，有些复合词的组成语素来自古汉语，而它们在现代汉语中已经不再是自由语素，如“否则”中的“则”；有些组成语素的意义与整个词的意义完全不相关，如“风流”；有些多音节词的意义只与组成成分间接相关，如“肉麻”；有些多音节词的意义与组成成分的意义仅具有隐喻性关联，如“小心”(Li 等，1981)[45]。

汉语名名组合的组成成分“名”的界定更为复杂。一方面，汉语的词和字划分不明，组合的组成成分是字还是词很难确定；另一方面，汉语中词无定类、类无定职的问题尚存争议。

1) 字和词的问题

从名称上看，名名组合的组成成分是名词。但是，自“字本位”和“词本位”之争开始以来，一直难以确定汉语的基本语言单位是字还是词。汉语的一些字本身就是词，如“人”“手”“灯”“雨”等，而有一些字却无法单独充当句子成分，如“机”“贝”“泽”等。《马氏文通》(马建忠)中，“字”指文字也指词(吕叔湘，2002c)[15]。黎锦熙(2007)认为，字就是一个一个的单字，词就是说话的时候表示思想中一个观念的语词；有时一个字就是一个词，有时两个字以上组合起来才成为一个词。这表明，汉语名词的界定不像英语那样明晰。因此，在判断汉语名名组合的组成成分时，不能完全依赖英语中的定义作为标准；相反，需要根据汉语的实际使用情况，制定出符合其语言特性的标准。Starosta 等(2003)[90] 曾提出，汉语复合词的构成成分有两种处理方式：一种是传统的语文学定义，即大部分复合词是由两个字组成的；另一种是现代语言学的假设，即复合词是由两个或多个词组合而成的。如果复合词是由两个或多个词组成的，那么这些词应该具有各自的句法范畴。如果复合词是由两个或多个字组成的，那么这些字则可能是具有句法范畴的词，也可能仅仅是非自由语素。汉语中大多数的字通常并不是最小的自由形式，而是粘着于其他词前面或后面的语素(Starosta 等，2003)[93-94]。Li 等(1981)[46] 则认为“可以把所有具有单个词的某些特征且可以分析为两个或多个有意义的成分或语素(即使这些语素不能独立出现)的多音节单位称为复合词”。但是这一定义过于宽泛，几乎把所有的汉字都认定为复合词的组成成分，因为所有的汉字在词典里都有其对应的释义。赵元任(1979)[182] 讨论了复合词成分的自由性，提出了“自由-自由”“自由-粘着”“粘着-自由”“粘着-粘着”等几种结构形式，这表明复合词的组成成分既包括自由语素，也包括粘着语素，即字和词都包含在内。

此外，汉语中还存在两类特殊的造词法：缩略和并合。这两类造词法会产生两类特殊的名名组合组成成分，即缩略成分和并合成分。汉语缩略造词法是在保持多音节词意义不变的情况下截取其中部分来代表整体的构词方式。例如，“共产主义青年团”可以被缩略为“共青团”。汉语并合造词法是将两个音节共同承载的语义归于其中一个音节，为构造复合词提供语素或造出单音节词的构词方式(张博，2017)。例如，“模特”可以并合为“模”。从形式上看，缩略造词法一般是对多音节词的截短，产生的缩略词较长；并合造词法一般是对双音节词的合并，产物往往为单音节词或成分。从语义上看，缩略造词法的产物通常意义固定，与未缩略形式是一一对应的关系，其中的成分离开缩略形式后就失去了原有的意义；而并合造词法产物的意义在任何搭配中都可以保留其原有意义。例如，“股票”通过并合变为“股”，而“股”在“炒股”“股市”等词汇中都保留了“股票”的原有意义，因此，并合成分的造词功能更强。本书中的名名组合的组成成分就包含了并合造词法的产物。例如，“美展”“美院”等词项中的“美”都保留了“美术”的意义，“美”就是一个并合义素；“棉纱”“棉签”“棉铃”“棉絮”等词中的“棉”都保留了“棉花”的意义，“棉”也是一个并合义素。这种构词义素也在本书的名词性成分考察之列。而且，一个字在不同语境中可能并合了不同的意义。例如，“花边”中的“花”为“花纹”的并合义素，而“花瓣”中的“花”则为“花朵”；“麻绳”“麻衣”中的“麻”意为“麻类植物”，而“麻糖”“麻油”中的“麻”意为“芝麻”。在相同名名组合中的同一成分可能也会是两个不同的并合义素。例如，“面皮”可以指“脸皮”，“面”意为“脸部”，也可以指“包饺子、包子、馄饨用的皮儿”，“面”意为“面粉”。

如果按照英语的标准来界定，即复合词是由自由形式的成分组合而成的，那么很多汉语复合词就会被排除在外，因为构成它们的成分是字，这些字有很多并非自由形式，而是语素，例如上面所讨论的并合义素。

2) 词类问题

根据 Kroeger(2004)的观点，特定语言中的词类范畴必须以语言特有的语法标准而非语义性质来定义，特定词类范畴的确定必须基于语法性质，如分布、句法功能和形态特征。但是，这种词类的划分方法对汉语却不适用。如果严格按照句法范畴的标准划定框架，如“名词可以充当句子的主语或宾语”，那么很多汉字并不是词，就会被排除在名词之外。例如，在现代汉语中，“父”“母”“贝”“冈”“峦”等字都极少单独充当主语或宾语，但是从语义角度来看，它们却都勾画或指称了一种事物。此外，还存在单个汉字承继整个词汇意义形成并合义素的情况，例如，“机场”“机翼”中的“机”承继了“飞机”的意义，但是“机”一般不能被单独用作主语或宾语。在中国的传统语法中，只有“因字而生句”的观点，从来没有人明确提出过介于字和句的中间概念，甚至《马氏文通》和《国文法草创》(陈承泽)等经典著作都未能区分字和词而将二者直接等同起来(吕叔湘，2002b)[344-345]。由于词的概念受到西方语法的影响，在对其进行探讨时，硬性地套用并不符合汉语自身特征的语法标准，因此，不如按照中国传统语法的思路，将字视为构词的基本元素。

汉语的词无定类、类无定职现象给“名”的界定带来了困扰。汉语的词类划分一直是学术界争论的话题，先后出现过以意义、形态、功能和原型为标准的多种分类方法。传统语法以意义为标准划分词类，如《马氏文通》、《新著国语文法》(黎锦熙)、《中国文法要略》(吕叔湘)和《中国语法理论》(王力)等，这些著作先根据词有无实在意义分出实、虚两类，再根据具体意义对实词进行细分，而虚词只能而且必须根据其语法作用分类(仲崇山，2007)。由于词汇意义难以断定，标准因人而异具有主观性，因此这种以意义划分词类的方法实际操作性不强。例如，名词一般被定义为用以描述人、物、地点的词，但是这个定义却不能把抽象名词如“气质”“情绪”等囊括进来，具有一定的局限性。以形态作为标准划分词类的代表如高名凯，他认为区分词类只能用各种词类的特殊形式，即狭义的词形变化作为标准，而这种狭义的词形变化在汉语中并不存在，汉语的构词形态也不足以作为区分词类的标准，因此汉语的实词没有明确的词类分别(邵敬敏，2006)。这种方法使用了印欧语言的形态变化标准，不适合形态变化不明显的汉语词类的划分。朱德熙(1982)[46-47]依据功能标准划分的观点认为，“汉语不像印欧语那样有丰富的形态。因此对汉语词进行分类只能根据功能，不能根据形态”，“一个词的语法功能指的是这个词在句法结构里所能占据的语法位置”。也就是说，词充当句子成分的能力、词与词的组合能力等被称为词的语法功能的，是划分词类的主要依据(周日安，2007)。但是，汉语中的词具有多功能性，例外仍然存在，因此出现了以原型为标准的划分方法。基于原型理论划分词类的方法以语义为着眼点，认为词类取决于语义上的勾画对象，如名词勾画事物。词类范畴成员有典型与非典型之分，范畴与范畴之间界限模糊。按照典型名词的特点建立一个典型的名词选择性框架，能够进入这个框架的就应该是名词(石定栩，2011)。这虽然是一个可以借鉴的思路，但是建立该框架的重点在于如何确定供筛选名词所用的典型特征，单纯从意义、形态或功能出发的框架显然不能满足需要，仍然会导致界限模糊的问题出现。

2. 解决方案

如何解决上述问题才能得到汉语名名组合的清晰界定呢？

首先，可以摒弃将“名词”作为名名组合组成成分的称谓，改用“名词性成分”。这样一来，便可以避免字和词界限不明的问题，将之前讨论过的单字语素、单字词、双字词等统一纳入名词性成分的范畴，即名词性成分包括名词和名词性语素。为简便起见，本书仍用“名词”这一术语指称名名组合的组成成分，读者应理解其内涵是“名词性成分”。

其次，采用原型标准定义名词性成分。可以同时从句法和语义两个方面分别借鉴生成语法和认知语法对名词的定义来建立框架用以界定名词性成分。生成语法对名词的定义不依据于意义，而是依据名词在语句中的分布位置和句法功能。例如，语句中动词后或介词后的语词通常是名词。在英语中，其依据包括形态分布和句法分布两种。由于汉语的形态变化不明显，所以不考虑使用形态分布规律来定义名词。英语名词的句法分布规律包括：名词经常出现在限定词 the、those、these 等之后，可以出现在形容词或介词之后，或同时满足这些条件；名词可以作句子主语或宾语；名词可以被否定(Carnie，2006)。由于每一种语言的词类都有各自的分布标准，所以不能把汉语的名词分布等同于英语的情况，但是二者也并非完全不同。汉语的名词经常充当句子的主语、宾语或定语，一般不直接作状语或补语，经常能受数量短语的修饰，但一般不受副词修饰，且前面一般不能用“不”限定，但可用“没有”限定。符合这些条件的就是汉语中的典型性名词。对于其他的名词性成分，可以借用认知语法的定义。根据认知语法，如果一个词的语义极指示事物的象征结构，那么这个词就被归类为名词，其中的事物是抽象性的，它并不是指物理对象，而是指认知事件(Langacker，2004)[183]。按照这一定义，汉字“父”“母”“贝”“网”“峦”“机”等虽然在现代汉语句法分布上并不符合名词的标准，但是它们都描述和勾画了一种事物。虽然以句法分布标准判断，它们不是典型的名词，但是从语义角度判断，它们仍然是名词。这样就得到了汉语名名组合组成成分的两个判定标准：一个是判定典型性名词的句法分布标准，另一个是判定名词勾画事物的标准。这两个条件并无重复，而且并非需要同时满足。例如，名词可以分为具体名词和抽象名词两类，按照认知语法的定义，它们都指示一个认知事件。具体名词指示事物易于理解，但是抽象名词所指示的认知事件却不易于理解。例如，“忧伤”“快乐”“气质”“勇气”等具体指示什么，并不明确。而且，Langacker(2004)[207] 的认知语法为了能在同一图式定义下建立抽象名词和不可数名词相互融通的合理性，仅对抽象名词作了有限讨论，其中很多类型的抽象名词分析并未包含在内。因此，用名词指示认知事件作为标准来判定抽象名词的可操作性不强。相反，用句法范畴标准进行判定却简单可行，因为这些抽象名词都符合名词的句法分布规律，可以判定为名词。

本书初步将现代汉语中两个名词性成分直接、连续组合而形成的结构定义为名名组合。在判定这种复合词时，可以依据两个主要标准：句法范畴标准和指示事物判断标准。前者适用于那些遵循名词句法分布规律的名词性成分，后者则针对那些不严格遵循上述规律但仍能指示具体事物的名词性成分。这两个标准相辅相成，互为补充。当然，这仅是对名名组合的初步界定，还需要进一步细化和完善。

3. 名名组合定义的细化

形成名名组合有 3 个关键因素：名词性组成成分、组合、产生的词项。本书分别将它们称为名名组合的输入成分、输入成分的组合以及名名组合的输出成分。

1) 名名组合的输入成分

汉语名名组合的输入成分为名词性成分，它既包括典型的符合句法分布的名词，也包括能够描述和勾画事物的名词性语素。对于单个汉字，除了判断其能否描述和勾画事物，还可以依据以下标准判断其是否是名词性成分：如果该成分是一个并合义素，通过并合产生并代表了某个典型名词性成分的词义，那么它也是名词性成分；如果难以判断某个成分是否描述或勾画了某一事物，那么就依据语料库检索结果进行判定。通过检索“国家语委现代汉语语料库”，如果发现该成分在标注语料检索中被标注为名词，且语料标注项的意义与其在名名组合中的意义相同，那么这些成分就可以被判定为名词性成分。例如，语料库检索发现，出现在“园丁”“人丁”等中的汉字“丁”，其相同意义的用法被标注为名词。

于是/c，/w 洪武/nt、/w 永乐/nt 年间/nt，/w 明/ns 政府/n 使/d 九/m 次/q 从/p 山西/ns 南部/nd 移民/v，/w 其/r 原则/n 是/vl：/w“/w 凡/d 多/a 丁/n 少/a 田/n 及/c 有/v 丁/n 无/v 田/n”/w 之/u 家/n，/w 都/d 在/p 迁移/v 之/u 列/n；/w 从/p 窄/a 乡移到/v 宽/a 乡/n ，/w 从/p 人口/n 多/a 的/u 地方/n 移到/v 人口/n 少/a 的/u 地方/n 。/w (语料来源：张崇发，1985. 漫话洪洞大槐树[M].北京：中国大百科全书出版社.)

其中，“丁”意为“成年男子或从事某种劳动的人”，据此可以确定，“园丁”“人丁”等中的“丁”为名词性成分。

再如，出现在“介虫”“介壳”中的“介”，通过检索“国家语委现代汉语语料库”得到如下语料：

拿/v 介/n 壳/n 里面/n 的/u 构造/n 和/c 外形/n 说/v ，/w 和/c 一个/mq 竹笋/n 很/d 相/d 象/p 。/w(语料来源：周明镇，1983. 像牛角和菊花的石头[M]//黎先耀.中国现代科学小品选.南京：江苏科学技术出版社.)

其中，“介”意为“甲壳”，据此确定，“介虫”“介壳”中的“介”为名词性成分，可以作为名名组合的输入成分。

2) 输入成分的组合

从形式上看，汉语名名组合的输入成分为名词性成分，包括了名词或名词性语素，因此存在 4 种可能的组合。

(1) 名词 + 名词。如：火车、车马、字画、针线。

(2) 名词 + 名词性语素。如：岸标、氧吧、衣摆、油脂。

(3) 名词性语素 + 名词。如：柿饼、股海、阳光、乐歌。

(4) 名词性语素 + 名词性语素。如：章句、棉被、蕉农、校舍。

从功能上看，组合也意味着两个名词性成分的意义内容的组合，其组合方式便是意义阐释模型致力于揭示的内容。

3) 名名组合的输出成分

名名组合的输出成分是一个具有特定意义的词项，该词项的词性却不一定是名词。组合形成的词项的词性是保留还是丧失，目前对此的关注相对较少(Spencer 等，1998)[71]。这主要是因为英语复合词通常遵循右侧中心原则，即右侧组成成分的句法范畴决定了整个复合词的句法范畴，所以英语名名组合的输出必然也是名词。而汉语复合词的组成成分并不一定决定输出的词类，有可能其任何组成成分都不决定输出的词类，抑或可能由某一成分决定输出词类，但决定性成分居左还是居右却并不固定。汉语名名组合可以形成名词、形容词和动词(Starosta 等，2003)[98]。实际上，汉语名名组合形成词项的词性远不止于此，如表 1.1 所示。

表 1.1　汉语名名组合形成词项的词性

词项的词性	示例词项
名词	饭菜、书房、刀锋
形容词	势利、神圣、神气、牛气、狼狈、丝毫
动词	物色、醋心、光火、卵翼、铁心
量词	光年
副词	前脚、朝夕、早晚、旦夕

英语名名组合的输出默认为名词，而汉语则有多种可能性。由于输出词性的改变在数据统计中不具有典型性且受篇幅所限，加之本书的核心在于探讨名名组合如何形成新的概念，因此我们更关注其中的名词性输出。在筛选名名组合语料的过程中，笔者对输出要求进行了设定：首先，输出成分必须是词，因为考察的对象是复合词，其本身必须具有独立的句法范畴，可以充当句子成

分；其次，输出成分必须是名词，以确保所建立的语义阐释模型更有针对性。

基于上述要求，汉语名名组合的定义可以细化为：现代汉语中，由两个之间无任何插入成分的名词性成分连续组合而形成的名词。其中，两个名词性成分分别被记作 N_1 和 N_2。

1.1.2 汉语名名组合的特点

名名组合是一种在多种语言中广泛存在的语言单位，但其在各种语言中的表现存在差异。复合词的跨语言变异参数包括不同类型复合词的能产性、复合词的来源，以及复合词中心位置(Aikhenvald，2007)[30]。这些跨语言变异参数使得汉语名名组合必然具有不同于西方语言名名组合的特征。在现代汉语中，由名词与名词组合形成的名名组合极具能产性。名名结合产生名词是一种能产性的结构，从《国语辞典》里摘录的 3 万多条词条中，有 21%以上属于这一类型(陆志韦，1964)[19]。Scalise 等(2010b)[12] 基于 23 种语言样本总结了 110 种复合词类型，其中名名组合的频率最高，约占 20%。朱琳(2004)对 1998 年修订版《现代汉语词典》的统计显示，“名＋名”直接构成名词的比例最高，约占全部名词的 54%。在语义方面，名名组合“一方面体现出形式与表达的简洁性，另一方面暗含着意义阐释的复杂过程(刘正光，2003)”。

汉语名名组合有以下两个显著特点。

首先，汉语名名组合的类型更多。英语名名组合一般都是组合成分之间存在修饰关系的从属型复合词，如 *morning newspaper*(晨报)和 *knife handle*(刀柄)中，*morning* 修饰 *newspaper*，*knife* 修饰 *handle*，而汉语中既存在“海浪”“木棒”这类“海”修饰“浪”、“木”修饰“棒”的从属型词项，也存在“锅碗”“桌椅”这类组合成分之间无修饰关系的并列型词项。大部分西方语言在构成并列型复合词时都使用了明显的并列连词，如 *and*、*or*、*but*，而汉语完全是靠成分并置形成并列结构。而且，Lambrech(1984)分析德语中的“N und N(名词和名词)”结构时发现，这些表达类似于成语，不具有组合性意义，而汉语的并列型名名组合却存在组合性意义。例如，“君臣”可以意为“君王和臣子”，也可以意为“君王和臣子之间”。因此，这类名名组合不能简单地套用西方语言的分析框架来进行解读。

其次，汉语名名组合内被修饰成分的位置不统一。在英语名名组合的内部修饰关系中，被修饰成分总是处于右侧，汉语中却存在既可居右，也可居左的情况。例如，词项“餐桌”“钢叉”分别意为“用餐的桌子”和“钢制的叉子”，其中的被修饰成分居于复合词的右侧，而词项“蒲剑”“石笋”分别意为“形状像剑的蒲草”和“形状像笋的石头”，其中的被修饰成分居于复合词的左侧。

简言之，名名组合不仅展现了人类可以将两个已有概念组合形成新概念的能力，还显现了人类可以用有限数量的概念按照一定方式组合形成无限数量新概念的能力。Locke(1999)[146-147] 曾指出心灵对简单观念的 3 种处理方式：一是整合几个简单观念形成复合观念；二是并置两个简单或复杂的观念，使它们能够被同时看到，而不必将其联合成一体；三是从其他观念中剥离出某些观念，即抽象。在整合、并置、剥离这 3 种处理方式中，汉语名名组合涵盖了前两种，它是一种极为重要的思维方式，充分体现了思维的系统性和有序性。

1.2　名名组合探索的局限性

复合词或组合这一术语可以追溯到语法家 Varro 的描述“称之为组合的词类”，以及语法家 Priscianus、Donatus 等的“名词的组合结构”，这种对复合词的关注反映了大部分语言中使用这类复合词的普遍偏好(Dressler，2006)。在创造新词是为了交际的假设之下，复合词提供了最简单、最有效的创造和转换新意义的方式(Libben 等，2006)[2]。自 20 世纪 60 年代以来，复合词就受到了广泛关注，而到了 80 年代以后，它受到的关注更为显著，因为它展示了词汇意义非组合型结合的典范，即一些复合词的整体意义不能从其各部分的意义组合中预测。词项的组合意义有时似乎可以指向与它们单独使用时所指概念完全不相关的事物(Callow，1998)。人们必须要解释组成成分的自身意义，还要解释其一起使用的整体意义，组成成分之间的关系绝非仅是其个体意义的产物(Fine，2007)[1]。复合词对自然语言的处理也提出了挑战，近年来更是受到大量关注，其中一个原因是复合词的成分之间的关系未显性表达，必须从语言和世界的其他知识来源之中检索(Ó Séaghdha，2008)[3]。复合词既是词，又能展现出内部句法，即包含着隐形的句法。复合词是横组合和纵聚合关系的结合，是句法和形态的结合，也是语言知识和语用知识的结合(Scalise 等，2010b)[2]。根据组合语义学理论，整体意义可以借助某种可预测的方式从组成部分的意义里计算出来，这也被称为“Frege 的意义组合原则”(Jacobson，2014)。然而，复合词的意义阐释却背离了这一语义组合原则。复合词的意义在某种程度上是组合性的，但也经常是不可预测的(Spencer 等，1998)[66]。由此可见，复合词的意义阐释是连接显性语义组合和非显性语义联结的桥梁。由于复合词提供了探究早期语言发展的视角，因此它被称为“源语言的遗迹(Jackendoff，2009)”，名名组合则是人类语言发展历史中的源语言“化石”(Jackendoff，2002)[250]。由此可见，名名组合结构在语言研究中具有重要的理论价值。

尽管学者们从不同角度深入分析了名名组合的构成规律，揭示了其意义生成机制，但在对其探索上仍存在一定的局限性，有待进一步挖掘和发展。

1. 单一分析维度的局限性

目前，对于名名组合意义生成机制的分析，大多数都局限在单一维度上。这些分析或专注于名名组合的内部语义关系，或着重考察组成成分的语义特征，或讨论名名组合输入成分的组合机制，既未能揭示输入成分特征之间的关系，也未能说明输入成分的语义关系与它们自身特征存在何种联系。因此，仅依赖单一维度的分析，难以全面展现名名组合意义的阐释过程。为了更清晰地揭示这一过程，我们应将几个维度整合在一起，进行全面而深入的探讨。

2. 释义过程的非完备性

长期以来，对名名组合的探讨主要聚焦于其组成成分的语义特征以及它们如何组合方面，却忽略了对其输出类型的系统研究。人们往往忽视了产生的新词意义在形式上是否有规律可循，是否因输入成分的特征差异而产生了不同类型的输出等，因此尚未形成涵盖整个释义过程的完备阐释模型。

3. 多义现象归因的缺失性

当前的理论成果尚未深入探讨名名组合多义性产生的根本原因。尽管转换生成语法和内部语义关系视角均面临一个问题，即隐含动词或语义关系的多重性可能会导致同一词项具有多重释义，但是两者都没有讨论多义性产生的根本原因。

4. 释义框架的低兼容性

尽管既往成果丰硕，但多数探讨在兼容解释不同类型名词组合时仍然力有未逮。例如，大多数探讨都聚集于具体名词组合产生的复合词，而对于抽象名词的组合则鲜有关注。此外，隐喻、转喻型名名组合通常会被单独研究，而Davidson(1978)认为“隐喻和最普通句子的为人所熟悉的运行轨道相同……区分隐喻的不是意义，而是使用”。Benczes(2011)对隐喻、转喻型名名组合复合词进行了分析，认为它们仅仅是语言的创造性使用而并非特例。因此，由于关注点的不同，现有的释义框架在解释力上显得相对较弱。

5. 对汉语特征的非适用性

许多关于汉语名名组合的探讨中所采纳的西方语言学分析框架，在直接应用于汉语语料时可能并不一定适用。汉语和西方语言在形态学上相差甚远，汉语不像西方语言那样具有屈折变化。汉语名名组合之间的主要语义关系与基于西方语言语料所得出的结论是否一致，这一问题同样值得深入探讨。更为重要的是，汉语和英语名名组合的一个明显区别在于，汉语有数量庞大的并列型复合词，这类复合词的两个输入成分之间不存在修饰关系，如“父母”“日月”“手足”等。而英语中除了如 *scholar father*（学者父亲）、*artist mother*（艺术家母亲）这类表达同位关系的并列型复合词，几乎再无其他此类词项。Wälchli(2005)[184] 在对《人权宣言》的文本对比中发现，汉语是并列复合词最多的语言之一。然而，当前对于汉语名名并列复合词的关注相对较少，这可能会导致我们在理解上有所偏颇，难免出现管中窥豹、以偏概全的结论。

1.3 名名组合意义阐释模型的释义目标和构建路径

尽管复合词的结构和语义特征已经在很多不同框架下被探讨，但关于对各种复合词的意义阐释如何建模的最佳途径却仍然存在分歧(Lieber，2016)[38]。名名组合意义阐释模型的构建应以实现释义功能为目标，力求构建出解释力强、应用范围广的释义模型。

1. 解释名名组合的组合性意义和涌现性意义

名名组合输出成分的意义有两种类型：组合意义和涌现意义。组合意义是指可以由组成成分的意义通过组合规则得出的意义，涌现意义则是无法由组成成分通过组合规则直接得出的意义。例如，“铜煲”的意义可以由“铜”和“煲”组合形成“铜制的煲”，但是“爪牙”的意义“为坏人效力的人”却无法从“爪”和“牙”的组合中得出。需要指出的是，“爪”和“牙”仍然具有组合意义“爪和牙”。

在第 3 章中，我们将依据输入成分的句法关系对名名组合进行分类，其分类的基础就是认为所有的名名组合都具有最基本的组合意义，涌现意义则是基于组合意义通过意向性活动产生的。涌现特征在低集合重合的范畴进行组合时比较常见，例如“鸟”和“宠物”，个体在创造性概念整合中表现有差异，表明这不是一个自动的过程，而是涉及认知能力；成功的创造性解决方案涉及广泛探索概念表征之间的映射，并且需要想象能力解决出现的不一致问题(Hampton，1997)[134]。可见，涌现意义是与深层认知能力相关联的产物。但是，组合意义仍然是名名组合最基本、最典型的意义类型。因此，名名组合的意义阐释模型须充分揭示名名组合的输入成分之间的组合模式，以及涌现意义产生的基础和方式。

2. 解释名名组合的多义性

简单并置两个名词而形成的名名组合的释义往往异常复杂。名名组合处在形态学和句法学的交叉界面上，其意义阐释既有组成成分意义内容的贡献，也有连接二者的语义关系的影响。而且，连接同一名名组合的语义关系可能不止一种，因此名名组合的多义性现象不可避免。例如，“南瓜衣服”可能意为“外形像南瓜的衣服”，也可能意为“颜色像南瓜的衣服”，或者意为“带有南瓜图案的衣服”，甚至可能意为“沾了南瓜的衣服”。具体哪一种释义被激活，取决于哪些因素呢？这是名名组合意义阐释模型需要深入探讨的另一个问题。

3. 解释不同类型名名组合的意义

汉语名名组合的分类较为复杂，每一类型的名名组合都有自身的特点，其意义阐释模型也会有所不同。例如，并列型名名组合“父母”“子女”中的语义连接关系是“和”，但是它们却不仅仅意为“父亲和母亲”“儿子和女儿”这样的简单并置的结果，即不仅表达了合取意义，而且分别表达了“家长”“孩子”的上位概念。在“独生子女”这一表达中，“子女”还可以表达“儿子或女儿”这样的析取意义。而从属型名名组合却不具有这种功能，只能依靠 N_1 和 N_2 之间的修饰关系来释义。因此，名名组合的意义阐释模型应该能够充分说明各种不同类型的名名组合的意义阐释方式和过程。

4. 解释不同类型输入成分对意义阐释模型的影响

名词有多重分类方法，按照所指称对象是否存在实体，可以分为具体名词和抽象名词；按照所指称对象的特征，可以分为可数名词和不可数名词，也可以分为个体名词和集合名词；按照语义特征，可以分为谓词性名词和关系性名词。不同类型的名词性成分在形成名名组合中的表现也有所不同。例如，“父亲”“丈夫”这类表示人物的关系性名词更多地充当并列型名名组合的组成成分，而表示“工具”类的名词则多出现在从属型名名组合中。因此，名名组合的意义阐释模型须能够就名名组合的输入成分的自身特点对输出类型的影响作出描述。

5. 解释名名组合的能产性

汉语名名组合是一种极其能产的结构，如果能够阐明其能产性规律，那么对新词产生趋势的可预测性就会增强，也有助于对新词进行释义。Bauer (1983)[18] 把能产性定义为：能够用来共时产生新形式的过程被称为能产的，反之则被称为非能产的。Haspelmath(2002)[109-110] 定义了构词规则能产性程度的几种测量方法：由某种特定结构形成的实际语词数量(也称为概括化程度、结构收益率或类型频率)；由某种结构形成的可能语词的数量；实际语词和可能语词的数量之比；在一段时期内由某种结构产生新词的数量(也称为历时能产性)。然而，由于可能语词数量以及新词数量难以确定，第一种量化测量方法将被用来确定名名组合的能产性。由于名词概念本身可以分成不同类型，名名组合也能按照结构分成不同类型，这些因素的结合可以形成不同的特定结构，可能对能产性都具有不同的影响。因此，名名组合的意义阐释模型须对名名组合的能产性规律作出描述，对各类名词概念组合的能产性和各类结构的名名组合的能产性按照典型性高低排序，进而能够预测新名名组合的产生趋势。

6. 解释名名组合的语义透明度

在语言形态学中，“语义透明度”被用来描述形态学过程的终产物意义的透明程度(Bell 等，2016)[157]。就复合词而言，它是指在多大程度上复合词的整体意义能够从组成成分的意义组合中推知得出，程度越高，语义透明度越高。Libben 等(2006)[41] 按照成分的透明性把复合词的语义透明度分成 4 类：中心和非中心都透明，如 *door bell*(门铃)；中心词透明而非中心词不透明，如 *straw berry*(草莓)；非中心词透明而中心词不透明，如 *jail bird*(囚鸟)；二者都不透明，如 *hum bug*(骗子)。

复合词语义透明度问题的相关讨论可以追溯到古希腊哲学家 Aristotle，在关于复合词加工的心理语言学领域里，此问题尤其受到关注(Libben，2010)。复合词的组成成分频率、成分间的语义关系、成分或复合词整体的隐喻性转移等因素，都对透明度的感知层次产生影响(Bell 等，2013)。Bell 等(2016)[181] 提出了一个针对英语名名组合的透明度模型，他们发现当复合词的第一个名词使用频率越高，或复合词的语义关系频率越高，又或是第二个名词的能产性越高时，名名组合的透明度就越高。名名组合的意义阐释模型的另一功能是对名名组合的透明度作出说明，尤其对输入成分特征、组合、输出类型和透明度之间的关系作出说明。

7. 解释名名组合的限制条件

名名组合的高能产性并不意味着其组合完全不受约束。关于语言 L 的语言学分析的根本目标是把属于语言 L、合乎语法的序列与不属于语言 L、不合语法的序列区分开来，并且去研究合乎语法序列的结构(Chomsky，1957)。虽然这个目标看似过于宏伟和理想，但是所有朝向该目标的语言学探索不但可以揭示某种语言的特征，还有助于揭示语言的共性和本质。因此，探索汉语名名组合符合语法的限制条件，成为意义阐释模型的又一重要目标。

基于语料实证分析，通过讨论汉语名名组合的输入成分特征、阐释模式以及输出类型三者之间的关系，可以构建汉语名名组合的意义阐释模型。在语料的选择上，须注重其权威性。据此，笔者选取《现代汉语词典(第 7 版)》作为主要语料来源。《现代汉语词典》由中国社会科学院语言研究所词典编辑室编撰，由商务印书馆出版，先后由吕叔湘、丁声树等汉语语言学领域的权威专家主编，是一部久享盛誉的规范性词典。自 1978 年第 1 版出版以来，它已经过 6 次修订，于 2016 年推出了第 7 版。它的每次修订都以学术研究为先导，以语言生活变迁事实为基础，具有规范、科学、收录广泛、实用性强等特点。作为辞书编撰的权威和典范，《现代汉语词典》也成为学习汉语的重要辅助工具之一。此外，为了更全面地了解汉语名名组合，还可以利用“国家语委现代汉语语料库”和“北京大学现代汉语语料库(CCL)”作为辅助性语料查询工具，用于检索词项输入成分的词频、词性等特征。

本 章 小 结

本章介绍了汉语名名组合的界定所面临的困难，针对汉语自身特征提出了相应的解决方案，给出了汉语名名组合的定义。值得注意的是，汉语名名组合在类型和中心成分方面有着不同于西方语言的特征。尽管当前的研究已经对名名组合进行了较为深入的分析，但仍然存在一定的局限性。基于此，我们提出了汉语名名组合意义阐释模型的释义目标，并阐述了其构建路径。

第 2 章 名名组合的不同视角分析

名名组合作为复合词的重要组成部分，其研究视角涵盖语言学、心理学、认知科学等多个领域。尽管复合词的类型繁多，但当前的理论成果多集中在从属型和属性型复合词上，对其他类型的复合词关注相对较少。为了更全面地揭示名名组合的释义过程，本章将从转换生成语法、内部语义关系、概念语义学、词汇语义学、构式形态学、命名论、计算语言学、心理学、认知语言学以及隐喻、转喻机制等多个分析视角展开对名名组合的讨论。在探讨过程中，将保留对名名组合的不同称谓，如“复合词”“概念合成名词”“概念组合”“结构”“复合形式”“组合”等。

2.1 各分析视角的探索和发现

2.1.1 转换生成语法视角

Lees(1963)[113-175] 基于转换生成语法理论，发现复合词中的组成成分之间存在多种底层语法关系，如主谓、主宾、动宾、主语-介词-宾语、宾语-介词-宾语等，其生成是由它们之间的底层句法结构经过转换而得到的。例如，“风力磨坊”和“面粉磨坊”分别是从底层 NP + VP 表达“风力驱动磨坊”和“磨坊磨面粉”而得到的。但是，这种分析的问题在于每一个复合词都可以用多种底层结构来生成，而为了生成复合词，底层句法结构中的所有其他成分都被删除了，但是这在生成语法中却没有对应的规则说明，因而转换过程中被删除的成分无法恢复。因此，Lees 的观点遭到了一些学者的强烈批判。

Marchand(1965)指出，Lees 仅从纯语法的角度分析复合词而忽视了语义描述，不能解释相同句子产生不同复合词的原因，也不能解释同一句子结构会产生不同结构的复合词的原因。Marchand(1969)[16-22] 认为，一些复合词的内部关系纯粹是由语义因素起作用的，形成复合词时依靠的是联想而非逻辑。Gleitman 等(1970)[93-97] 也认为，把复合词看作转换过程存在两个问题：一是恢复被删除的成分具有系统性困难，关系从句和复合词之间不对称，意义无法完全保留；二是很多复合词从关系从句衍生而来，只有生成性的描述才能解释复合词和关系从句之间规则的类似释义性的关系，而且这些关系也只能部分恢复。Bauer(1983)[159-160] 则认为，这样做违背了转换生成语法的基本宗旨，因为它导向了不确定性的系统，而且一般认为语法中不存在任何不可恢复的被删除成分，一个给定的复合词中可能存在大量被删除的动词。Zimmer(1971)[C3] 指出，Lees 给出的是一种非语义化的解释机制，如果“*龙毒*”既可以从“*毒药来自龙*”得出，也可以从“*毒药是给龙使用的*”中衍生，这就意味着形成该复合词的过程中，与这些句子语义阐释相关的元素被删除了，并且无法恢复。Scalise(1986)也对此提出了质疑，认为除了在语法关系的基础上解释复合词意义，还可以用词汇规则来表达所观察到的规则性。

针对这些批判，一些学者尝试提出了各种修正方案。Lees(1970)提出了概括化动词(generalized verb)的概念，即能区分集合中所有变体的语义特征的最小集合，如驱使(impel)、推进(propel)、激励(energize)、激活(activate)、驱动(power)、驱使(drive)、促使(actuate)等，或是引起(cause)、产生(engender)、产生(produce)、产生(yield)等，建议用固定的语法规则把少量的概括化动词和某些类型的复合词相关联，这样就避免了因无法确定删除的动词而产生的歧义。例如，V-O-A(动词-宾语-施事)类型的复合词不需要对隐含动词作特殊假设，因为其意义可以基于中心词重新构建，如 *airplane pilot*(*飞机驾驶员*)、*car thief*(*窃车贼*)等；V-O-I(动词-宾语-工具)类型的复合词一般隐含了动词 *energize*、*drive*、*power* 等。Vendler(1968)也有相似观点，即两个共现的名词之间隐含了一组适合的动词集合，该集合成员数量有限，如果两个名词不能选出相关的动词，复合词就不可理解。Warren(1978)[78-216] 总结了名名复合词的 6 类语义模式：组成(constitute)、相似(resemblance)、属于(belong to)、地点(location)、目的(purpose)和活动(activity)，基于此也提出了概括化动词的概念。Lees、Vendler 和 Warren 等学者虽然缩小了被删除动词的范围，减少了歧义，但是深层结构如何通过转换规则恢复被删除动词的问题仍未解决。Levi(1978)[75] 提出，复合词产生于对底层关系从句或补语结构的谓词的删除或名化。通过行为(act)、产物(product)、施事(agent)、受事(patient)等 4 类名化过程产生的复合词，底层的谓语充当中心名词，而修饰语产生于底层结构的主语或直接宾语(Levi，1978)[167-168]。对于删除底层关系从句中的谓词产生的复合词，Levi(1978)[76-77] 提出了 9 种可恢复性可删除谓词：引起(cause)，具有

(have)，做(make)，使用(use)，是(be)，在里面(in)，给、为了(for)，来自(from)，关于(about)。表层结构表示语义关系的谓词虽然被删除，但是在语义理解时可以恢复，因为被删除的谓词是删除规则中明显提及的构词要素，因此符合 Chomsky 的“删除”的典型限制，这为 Lees 遇到的问题提供了解决方法。但是，在实际操作中，名化和删除往往难以区分，有些复合词无法确定到底是由何种过程生成的，很多复合词无法判定到底是删除了哪种谓词而产生了歧义。支持生成语法观点的学者还包括 Selkirk(1982)，他认为仅利用重写规则就可以产生复合词，并且它们的意义可以用论元结构的满足来解释。

国内一些学者也持有相似观点，从生成语法的角度出发，认为汉语复合词的内部成分之间具有隐含动词。顾阳等(2001)运用词汇概念层面的论元结构理论解释汉语复合名词的构造过程，发现域外论元一定是复合词的中心语，而域内论元可能是次要成分，在能被动词激活的情况下可以隐含；而复合词中的动词在能被名词激活的情况下同样可以隐含，如“钢琴家”隐含了动词“演奏”。周日安(2007)使用语义格术语，依照“降级述谓结构”理论，提出“语义桥”概念，在 N_1+N_2 中间补入动词，大致揭示了各种语义关系。谭景春(2010)利用变换分析方法和自足依存观念，说明了名名偏正结构是一种紧缩形式，其中隐含着谓词，指出谓词隐含是造成名名偏正结构语义关系复杂的根本原因。这些分析面临的问题仍然是隐含动词无法确定，歧义不可避免。

2.1.2 内部语义关系视角

由于纯句法性动词删除和恢复的转换生成过程的不足难以避免，一些学者开始注意复合词内部成分之间的语义关系，提出是不同的语义关系连接着内部成分而产生了不同的语义解释。

Li(1971)对复合词是从完整句子中转换生成的观点提出了质疑，认为复合词的产生机制不同于句子的产生机制，指出复合词一般具有句子不具备的一些功能：次范畴化名词的指涉功能，如“糖碗”“饭碗”等具化了“碗”的概念；命名功能，如“自由钟”“胡佛水坝”等；作为电报话语的简化表达功能，如“摇篮曲”意为“哄摇篮里的孩子入睡的歌”。Li 强调复合词内部成分之间的语义关系，区分了 24 种 N_1 和 N_2 的语义关系。但是，Li 划分出的一些类型在语义方面过于具体，概括性不足，并且不能清晰显示出 N_1 和 N_2 中哪一个成分为修饰成分，哪一个成分为被修饰成分，如 N_2 是 N_1 的员工或领导、N_1 是 N_2 的能量来源、N_2 描述 N_1 的疾病、N_2 指 N_1 出售的地点、N_2 是预防 N_1 的设备等。而且，Li 把并列型词项和从属型词项放在一起考察，对并列型词项只用 N_1 和 N_2 平行描述其内部语义关系，这种做法显现出对并列型词项的论述不够充分。

Downing (1977)[810-842] 深入探讨了非词汇化复合词的语义关系特点及相对频数，通过对被试进行命名、无语境释义、释义合理性排序等测试，发现复合词的合成存在一定限制，修饰词和中心词之间必须存在可以解释的语义关系，合成的语义关系数量也不确定，但是 Downing 仍然归纳出了 12 种常用关系：整体-部分、一半-一半、部分-整体、构成、比较、时间、地点、来源、产物、使用者、目的、职业。

Zimmer(1971)[C13] 反其道而行之，他认为对名名复合词的释义可以通过列出两个名词之间不可能存在的关系来达成，并认为名名复合词产生的基础是两个名词之间的关系必须具备分类的合理性。

一些学者对汉语名名复合词的内部语义关系进行了深入的探究。宋春阳(2003，2007)在探讨内部语义关系的基础上，进一步引入了概念特征的讨论，他认为中文信息处理中名词与名词的组合规则和组合意义的求解可分析为两个名词之间存在潜在关系 R，这个 R 应依据概念的特征来确定。钱军(2007)针对名名结构的意义问题，依据英语语料提出了该结构的 12 个基本意义关系类型：动作者与动作的关系；动作与动作对象的关系；动作者、动作和动作对象的关系；材料构成关系；空间关系；时间关系；工具关系；部分与整体的关系；体验者与状态的关系；程度关系；方式关系；身份关系。

基于内部语义关系的视角虽然摒弃了复合词由句子生成的观点，但内部语义关系的不确定性及存在多个可能的隐含动词面临着相似的问题，即一个名名组合中可能存在多种不同的语义关系，从而导致多义现象的出现。然而，现有的探讨并未深入揭示多种不同语义关系和多义现象产生的根本原因。此外，内部语义关系的类型并不具有跨语言的普适性，即基于英语语料分别归纳的语义关系类型不一定完全适用于汉语语料分析。

2.1.3　概念语义学视角

Jackendoff(2016)[15-37] 在概念语义学平行构架的框架下分析了英语名名复合词，总结了约 13 种基于语用的语义关系基本函数。正是这种基于语用和词义的方式，使得这种对复合词的分析方法不同于生成语法的标准分析技术。Jackendoff(2002)[107] 的平行构架把语言官能分成 3 个层次：音韵、句法、语义，它们之间不再存在衍生关系，而是处于平行地位，相互之间由对应规则相联系。尽管他采纳了很多转换生成语法的基本假设，但其理论模型却与之相去甚远。在 Chomsky 的语法体系中，句法是核心，是一切语言表达衍生的起点，而在平行构架中，句法只是 3 种平行表征之一。

Jackendoff(2016)[18]分析了名名复合词 *braised beef tongue toast*(红烧牛舌土司)的构词递归性，他认为，这类复合词的语义解释高度依赖被组合名词的语用信息以及使用的具体语境。他强调，语言使用者必须借助组合名词的语义信息以及语篇和语言之外的语境，才能准确理解一个新复合词的意义，而句法未给予太多支持。Jackendoff 进一步提出，复合词的意义是其组成成分意义的函数，他认为与其解决一个复合词有多种释义的歧义现象，不如承认这是一种混杂现象，即一个复合词可以同时具有多种释义，它们是相互补充而非竞争关系。

Jackendoff (2016)[21-24]讨论了名词语义的 3 种成分：

(1) 勾勒概况：挑选出事件中某一对象，并指派其为被指称的对象。例如，*driving*(开车)这一事件涉及掌控汽车方向的施事，而名词 *driver*(司机)就勾画出了施事。这一过程可以抽象为表达式[PERSON$^{\alpha}$; [DRIVE (α, INDEF)]] = ‘a person α such that α drives something’。

(2) 动作情态：Jackendoff(2016)[23] 把对 *violinist*(小提琴演奏者)的 3 种不同理解变项(职业、习惯活动和能力)称为动作情态，由此提出一些复合词可以指称职业，而另一些则具有更开放的动作情态。他认为，被设计或被期望能够运行的固有功能概念是非常重要的动作情态。基于此，他把动作情态的形式转化为作用于动作的操作项。例如，$book_1$ = [BOOK$^{\alpha}$;[PF(READ (PERSON, α))]]$_1$。

(3) 共同合成：借用 Pustejovsky(1996)[60] 的共同合成概念，Jackendoff (2016)[24] 指出，“我们喜欢这本书/啤酒”在句法中未指示动作，但是语义解释却包含了“读书”或“喝啤酒”的动作。这些动作源于名词意义的内部结构，即其固有函数，因为“书”本身就包含了“阅读”这一用途，而“啤酒”包含了“喝”的用途。

Jackendoff(2016)[25] 还提出了中心词原则、论元图式和修饰语图式来描述名名组合的内部意义结构。在英语中，名名组合的语义中心通常居右，所以中心词原则为[N_1 N_2] = [Y_2(…);(…)]，其中，Y_2 是 N_2 的语义表达。N_1 和 N_2 有两种结合方式：其一，当 N_2 表示一个带有内在语义论元的函数且 N_1 满足这一论元时，该论元图式被形式化为[N_1 N_2] = [Y_2 (…, X_1, …)]，意为 an N_2 of / by N_1。例如，$union_1$ $member_2$ = [$MEMBER_2$ ($UNION_1$)]。其二，当 N_1 和 N_2 都是另一个函数 F 的论元时，为了与中心词原则相融，可以用修饰语图式来表达其形式和意义，即[N_1 N_2] = [Y_2^{α};[F(…, X_1, …, α, …)]]，意为 an N_2 such that F is true of N_1 and N_2。例如，$beef_1$ $stew_2$ = [$STEW_2^{\alpha}$; [MADE-FROM (α, $BEEF_1$)]]，$stew_1$ $beef_2$ = [$BEEF_2^{\alpha}$; [PF (MADE-FROM ($STEW_1$, α))]]。通过在 *stew beef*(炖

牛肉)这样的表达中引入固有函数，解决了用同一基本函数 MADE-FROM 解释不同复合词的语义问题。这些形式化表达中融入了构式语法(Goldberg，1995)[4] 的形式和意义配对体思想，使得句法结构和语义结构在这些等式中被匹配。

Jackendoff(2016)[27-31] 进一步总结了分类(classify)、相似(similar)、类型(kind)、是(be)、组成(comp)、由……做成(made)、部分(part)、引起(cause)、做(make)、充当(serve as)、具有(have)、保护(protect)等 12 种基本函数表达名名之间的语义关系。当单个函数不能解释名名复合词的意义时，多个函数可以共同作用，关系更为复杂，例如，*sword fish*(剑鱼)就结合了 part、similar 两个函数(Jackendoff，2010)[445]。同时，Jackendoff(2010)[447] 还把名词的隐喻意义纳入理论体系中，提出隐喻压制的形式化表达，即 $N_1 = [Z^{\alpha};\ SIMILAR(\alpha,\ X_1)]$，表示“类似于 X 的东西”。

Jackendoff 把语义的生成性从句法中独立出来，在形式化描述中融入了形态构式的思想，用等式表现了结构和意义的配对。而且，除了组合名词的语义信息，他还强调语篇和语言之外的语境作用，使得对名名组合意义的理解从单纯句法角度扩大到了语义和语用角度。但是，该理论的核心思想仍然是用谓词来表达名名组合的意义，与可恢复性可删除谓词在本质上相似，所以仍然面临同一复合词可以用多种不同的函数关系解释的问题，导致了歧义的产生。概念语义学分析了大量动词的概念结构，如果能将分析范围扩展至名词的概念结构，再考察名词概念结构与这些基本函数的互动关系，将有可能减少名名组合内部关系的数量，从而缩小可能释义的范围。Jackendoff(2016)[31] 指出，他提出的功能函数并没有穷尽，不同语言中可能包含特有的函数。这就为以汉语为语料的名名组合分析提供了新的视角和探讨的可能性。

2.1.4　词汇语义学视角

词汇语义学框架旨在表征简单词和复杂词的语义，它将词的意义分解为两个基本部分：语义框架和语义主体。前者包含与句法相关的词汇和词缀意义，后者包含具有百科特征的意义(Lieber，2016)[38]。语义框架是函数和其论元按层次组织的结构，即[F_1([argument])]和[F_2([argument]，[F_1([argument])])]，这些函数由特征组合组成，即[+/−material]、[+/−dynamic]、[+/−IEPS]、[+/−Loc]、[+/−B]、[+/−CI]、[+/−Scalar]等。其中，[material]特征表达了名词的句法范畴，正值表示具体名词，负值表示抽象名词；[dynamic]特征表达了场景范畴，正值表示事件，负值表示状态；[IEPS]特征代表可推理的事件位置和状态，正值表示有方向性路径，负值表示随机和无方向性路径；[Loc]特征表达了是否和时空位置相关，正值表示相关，负值表示不相关；[B]特征表达了场景或物质的时间或空间的有界性，正值表示在时间或空间上有界，负值表示有界或无界，但是其界限是概念性的，并且/或者与语言无关；[CI]特征代表由个体组成，正值表示词项所指由独立的相似内部单元组成，负值表示词项所指内部具有时空的异质性；[Scalar]特征代表概念范畴值的区间相关性，正值表示可分等级，负值表示不可分(Lieber，2016)[39]。但是这一组特征是英语特有的，或许对其他语言不适用也不充分。在词汇语义中，可能存在通用特征清单(universal inventory of features)，各种语言可以从中选择来组成其语义框架，而其他特征则归入语义主体。在语义主体中，一部分由具普遍性但句法上不活跃的特征组成，另一部分由随机的百科信息组成。例如，单词 *cat*(猫)的语义框架和语义主体可以描述如下(Lieber，2016)[40]：

Cat
[+material ([ ])]
<+animate>
<−human>
has fur
four legs
tail
meows
domesticated pet
uses litter box
kill mice
coughs up hair balls

其中，[+material ([ ])]是语义框架，其他是语义主体，<+animate>和<−human>是句法上不活跃的特征，其余是百科信息。

Lieber(2016)[41] 为复合词提出了共标原则：在组成语义框架的结构中，应将最高的非中心词论元和中心词的最高论元共标。如果存在中心词语义条件的话，标记必须和语义条件一致。Lieber(2004)指出名词和动词一样，具有论元，称为指称论元。

所以，*writer*(作者)的语义框架为：

[+material, dynamic ([$_i$], [+dynamic([$_i$], [ ])])]
　　　-er　　　　　　　　write

由于后缀 *-er* 对其指称论元没有语义限制，所以共标原则指定此论元和动词 *write* 的最高论元共标。

在此基础上，通过描述每一个名词的语义框架、语义主体以及复合词中的共标情况，Lieber(2016)[43] 分析了不同类型复合词的释义。例如，从属型复合词 *city employee*（城市雇员）被描述为：

city employee

[+material([$_{j}$])][+material, dynamic([$_{\text{sentient, non-volitional-i}}$], [+dynamic ([$_{j}$],[$_{i}$])])]

city -ee employ

其中，后缀*-ee* 要求其指称论元与有感觉能力(sentient)但不具有意志力的(non-volitional)动词论元相互共标，所以当 *employee* 和其他词形成复合词时，唯一能与其他词共标的只有动词的最高论元。所以，*city* 就得到了主语或施事的解释。

再如，属性型复合词 *adult bed*（成人床）被描述为：

[+material([$_{i}$])][+material([$_{i}$])]

adult	bed
<+animated>	<+artifact>
<gendered>	<function>
<human>	<3-dimensional>
over 18	<horizontal orientation>
average size	for sleeping
	size = n inches × m inches

其中，除语义框架之外，语义主体在释义中也起着关键作用。虽然两个名词语义主体中的特征并不匹配，但是因为说话者具有将床的大小与成年人的身高相联系这样的认知，所以可以将其释义为“成年人用的床”。

Leiber 基于词汇语义学框架，试图通过描述词项的语义框架和语义主体来解释复合词的含义。语义框架中的语义特征具有普遍性的抽象和概括性的描述，这些特征及其组合本身并不能代表词项的意义，而且不同词项可能会具有相同的语义特征，因此在具体的复合词释义中并不能占主导地位，如上述 *city employee* 和 *adult bed* 的释义中，语义特征的作用并不明显。共标原则在该理论框架中唯一考察了词项间的复合关系，但它仅说明两个词项之间的句法关系，而不涉及其语义关系，所以在释义中也只起辅助作用。相反，语义主体在句法上不活跃但具有普遍性的特征和百科知识，更能说明词项的具体意义，在释义中起着关键作用，如 *adult bed* 的释义所示。而且，除语义主体之外，说话人还必须具有在两个词项的语义主体间建立合理化联系的能力，这依赖于说话人的语用能力，而这一因素在 Lieber 的理论框架中并未体现。Lieber 的理论框架类似于 Katz 等(1963)的成分分析，只是将成分分析调整为抽象概括的语义特征和具体的语义主体两个部分。该理论框架强调单个词项的语义特征描述，对复合释义过程起关键作用的语义主体分析和分类有所忽视，对词项间语义关系的建立过程也没有清晰说明。另外，语义框架中的语义特征选取依据也未加说明，其合理性仍需论证。Lieber 的研究表明，名词的意义具有层次性，其中，语义框架和语义主体分别表达了抽象层次和具体层次的意义，它们在复合词释义中可能会表现出不同的权重。

2.1.5 构式形态学视角

构式语法专注于形式与意义的配对关系，而形态学则致力于构词方面的探索，Booij(2010)[16] 将二者结合起来，提出了构式形态学的概念。Goldberg (2006)[5] 的构式语法从句子出发，将语言符号定义为形式和意义的配对体或功能与意义的配对体。Booij(2010)[11] 认为形态学是词项语法，在处理语音、句法和语义 3 种信息的关系方面与句子语法相似。Booij(2010)[6-8] 借鉴 Jackendoff 的语音、句法、语义三分法的平行框架，分析了动词添加后缀-*er* 派生形成的施事性主语名词，认为其图式可以表达如下：

ω_i ↔ N_i ↔ [one who PRED $_j$]$_i$

| /\

[ ]$_j$[ər]$_k$ V_j Aff_k

其中，ω_i代表语音信息，N_i代表句法信息，[one who PRED $_j$]$_i$是语义信息，填充具体词项 j 就可以形成新词。例如，当 j 为 *bake* 时，语音信息为[ ]$_j$[ər]$_k$，句法信息为 bake$_j$er$_k$，语义信息为[one who BAKE$_j$]$_i$。如此，形态学的构词法通过构式语法的形式和意义配对的图式信息表达，由此提出了构式形态学的概念。

在构式形态学的理论框架内，Booij(2010)[25-50] 认为不同类型的复合词可以写成形式和意义配对的图式，并标出其语义中心，各图式之间可以直接合并，而不具有能产性的图式嵌套在其他图式中可以变得具有能产性。

Booij(2010)[51] 描述了日耳曼语言名词性复合词的图式：

[[a]$_{xk}$[b]$_{Ni}$]$_{Nj}$ ↔ [SEM$_i$ with relation R to SEM$_k$]$_j$

其中，x 代表 a 的词类范畴，k 和 i 分别代表 a 和 b 的语义内容。由于这一图式仅能从最概括的层面描述名词性复合词的意义，考虑到更为复杂的实际情况，Booij(2010)[55-93] 提出并讨论了“次级图式”的概念。例如，在荷兰语中，XA 型复合词的左侧成分 X 单独使用时的意义不同于在复合词中的意义，如名词 *bere* 单独使用时意义为“熊”，但是在复合词中的意义是 *very*(很)，因此 Booij(2010)[57] 用了次级图式来说明它的用法：

[[bere]$_N$[X]$_{Ai}$]$_{Aj}$ ↔ [very SEM$_i$]$_j$

再如，荷兰语名词 *hoofd*（头）在复合词中充当修饰语时一般有 3 种释义："头部""最高"和"最重要"。由于第三种释义在复合词理解中最典型，Booij(2010)[62] 把这种语言知识表达为具有层级关系的图式和次级图式，如图 2.1 所示。

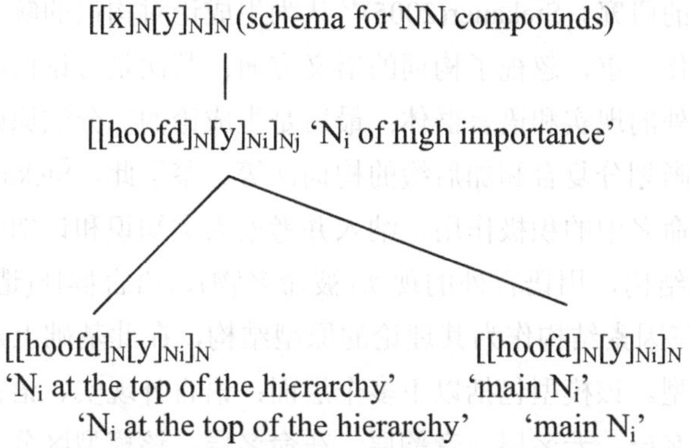

图 2.1　*hoofd* 3 种释义的层级关系(Booij，2010)[62]

构式形态学提出的复合词释义图式和次级图式描述了其句法结构和相应的释义模板，扩大了构式语法的应用范围，在理论构建中体现了形式与意义匹配、层级和承继等构式语法的基本思想，为复合词的释义提供了新思路。构式形态学带来的启发是对同一类复合词的意义描述可以有统一的图式参考，对复合词进行了范畴化归纳，优化了语法的简洁性。但是，该理论也具有一定局限性。首先，构式高度抽象导致解释力不强。名词性复合词构式的语义解释 $[\text{SEM}_i \text{ with relation R to SEM}_k]_j$ 表达了组成成分的语义内容之间存在关系 R，但是并没有对具体关系 R 进行描述，也没有描写组成成分与关系 R 之间的互动，这种高度概括化的表述对具体释义的贡献有限。其次，构式数量过于庞大。每个次级图式都只能解释某一输入成分相同、释义框架一致的非常具体的一类复合词的意义，而且构式之间的层级关系也更为复杂，这就导致次级图式的数量无法确定，关系 R 的描述也难以穷尽。

构式形态学表明，词汇意义也可以通过构式语法进行探索。构词框架具有框架性语义。由于名名组合的构词特征明确，形态简单，但具有大量不同的框架性语义，因此从构式形态学的视角来看，探讨名名组合的构词具有一定的优势，避免了局限于内部语义关系无法用单一动词或介词释义的问题，可以表现出其整体语义框架。但是，构式形态学并未指出构词的组成成分语义特征和整体语义框架的联系。

2.1.6 命名论视角

Štekauer(2005)[43-98] 基于布拉格学派语言学家 Dokulil 关于命名结构的论述，尝试从命名论统一的命名机制来解释英语的构词过程和意义的可预测性，其中包括复合词的研究。Štekauer(2005)[43] 认为生成论对构词的解释存在 3 个不足：首先是形式化严重，忽视了构词的语义方面；其次是讨论仅限于纯语言方面，未考虑语言外的现实和语言群体；最后是生成论的二分法原则产生了很多问题，如无法清晰划分复合和加后缀的构词法等。鉴于此，Štekauer(2005)[46] 强调语言使用者在命名中的积极作用，纳入并考察人类知识和认知能力，摒弃了生成论的二分法结构，用语言外的现实(被命名物)、语言群体(造词者)和构词成分(构词规则)三因素结构作为其理论的原型结构，在此基础上建立了解释新词产生的命名模型。该模型包括以下多个层面：语言外现实、语言群体、概念层、语义层、命名层、专名层、音韵层。在命名层，该模型区分了命名基础和命名标记，其中前者是中心词或受定语，一般比较简单，而后者则可分为简单型标记和复杂型标记，复杂型标记还进一步被区分为决定成分和确定成分。命名基础和命名标记都可以表征物质(substance)、动作(action)、质量(quality)、境况(circumstance)等概念范畴，也可以表征命名结构，反映施事(agent)、受事(patient)、逻辑宾语(logical object)、工具(instrument)、时间(time)、地点(place)、使役性(factitiveness)、动作(action)、过程(process)、状态(state)等逻辑-语义范畴之间的关系。在命名结构中，命名基础代表作用于宾语(object)(命名标记的决定成分)的动作(action)(命名标记的确定成分)的施事(agent)(把实施动作作为职业的一类人)：[(logical) object←action – agent]。

基于此命名结构，通过考察命名行为，Štekauer(2009)归纳了 5 种命名类型(Onomasiological Type，简称 OT)，Štekauer(2016)[57-61] 进一步将其分为 8 种(R 表示命名结构的特定语义范畴相应的语素表征)：

OT1	DingM—	DedM—	Base
	R	R	R
例：	Instrument—	Action—	Agent
	guitar	*play*	*er* (吉他手)
OT2	DingM—	DedM—	Base
	0	R	R
例：	Instrument—	Action—	Agent
	0	*play*	*er* (选手)

OT3　DingM—DedM—Base

R　0　R

例：　Instrument—Action—Agent

guitar　*0*　*ist*（吉他手）

OT4　DingM—DedM—Base

0　R

例：　Object—Action—Agent

0　*cheat*（骗子）

OT5　DingM—DedM—Base

R　R

例：　Object—Action—Agent

tourist　*cheat*（旅游欺诈）

OT6　DingM—DedM—Base

R　0　0

例：　Quality—State—Patient

red skin　*0*　*0*（北美印第安人）

OT7　Mark—Base

R　R

例：　Negation—Quality

un　*happy*（不开心的）

OT8　Mark—Base

0　R

例：　Manner—Action

0　*laze*（闲散）

在命名类型框架下，Štekauer(2016)[62-66] 分析了英语中的基本型复合词如 *baby book*（育婴指南）、*woman doctor*（女医生）以及综合型复合词如 *novel writer*（小说作家）、*truck driver*（卡车司机）的意义可预测性，认为前者属于命名类型 3，后者属于类型 1，前者的意义可预测性远低于后者。对于向心型复合词和离心型复合词的命名类型，他认为前者在形态上表达出了命名基础，而后者虽然无中心词，但是在命名层，命名基础不论是否被表征都存在，如上述类型 6。

Štekauer 强调语言外的现实(被命名物)、语言群体(造词者)和构词成分(构词规则)三因素结构，试图突破把构词分析限制在纯语言框架内的局限性。这一理论与语言学研究趋势相吻合，从 Saussure(2001)[67] 的能指与所指，到符号学三分法，再到 Chomsky 的语言与言语，直至认知语言学，语言学研究逐步把形态学从纯语言现象的分析拓展至包括主体因素的语用分析。但是，Štekauer 的实际研究更多关注的仍是命名结构即构词规则的单方面内容，对于如何体现三因素之间的互动还未涉及。在该理论中，命名是构词的核心驱动力，说话人根据不同命名需求来确定选择哪种命名类型来构词，而命名类型里的语义范畴被语素表征后便形成了新词。这些构词规则只提供可能的命名框架和约束，并不决定所产生名称的意义，因为意义在命名过程开始之前便已被确定(Ten Hacken，2016)。因此，被命名物和语言群体只是作为构词过程中的驱动项存在，没有体现其实际价值，命名框架和约束仍然只是形式化的原则。如果不说明名称意义和命名结构的语素填充之间的关系，即说话人是如何根据什么需要选择什么语素来填充哪一种命名类型的这一关键性构词过程，那么该理论仍然难以克服生成论的不足。

2.1.7　计算语言学视角

计算语言学主要从复合名词的内部语义关系出发，对其进行考察和分析，以实现自动分类、标注和释义等目标。该领域讨论的语义关系大多都围绕语言学家的研究展开。例如，Lauer(1995)用于分析名词复合词(noun compound)的介词释义集合(of，for，in，on，at，from，with，about)与 Levi(1978)[76-77] 的语义关系分类相似；Barker 等(1998)、Nastase 等(2003)、Girju 等(2005)、Kim 等(2005)的语义分类与 Warren(1978)[5-259] 的研究相似。Tratz 等(2010)借鉴并分析了现有研究中名名组合语义关系的分类，提出了全新的、分类更细的 43 种语义关系，并论证了该分类方法具有更好的注释者间的一致性，对名名组合的分类具有更高的覆盖度。同时，计算语言学也把机器学习等技术应用到了复合词研究中，例如，Moldovan 等(2004)提出了一种检测名词短语内语义关系的方法，并给出了称为语义离散的学习算法，利用语义关系自动标识复杂名词短语。Rosario 等(2001，2004，2005)利用机器学习技术，根据内部语义关系对复合名词进行自动分类。Dima 等(2015)报告了用深度神经网络分类器和表征复合词成分的公开可用的词嵌入选择自动对名词性复合词进行释义的结果。

Bos 等(2015)以数据驱动的方式，运用游戏化手段注释了约 1000 个名名组合，发现介词可以用来描述名名组合的大部分语义关系。Ó Séaghdha(2008)[27-53] 用自创的标注体系对复合名词和名名复合词的内部语义关系进行了分类。

除了内部语义关系，名词自身的语义特征也被用于名名组合的自动释义中。袁毓林(2014)[31-48]、魏雪等(2013，2014)借用物性结构理论，研究了名名组合结构的自动释义。物性结构理论源于 Pustejovsky(1996)[76] 提出的生成词库理论，描述了词汇意义的 4 个关键方面，即物体与其构成成分间的关系(constitutive)、在更大的域内能够对其进行区分的意义(formal)、物体的功能和用途(telic)、涉及其来源和产生的因素(agentative)。袁毓林(2014)[35-37] 根据汉语名词在文本中基本的组合方式、搭配习惯和语义解释，提出了一种汉语名词物性结构的描写体系，定义了包括形式、构成、单位、评价、施成、材料、功用、行为、处置及定位等 10 种物性特征。魏雪等(2013，2014)在物性角色思想的指导下，用名名组合中某个名词的施成角色或功能角色作为释义动词，来揭示这两个名词之间的语义关系，构建名名组合的释义模板，初步实现了一个汉语名名组合的自动释义程序。

计算语言学利用计算机对数据及信息处理的速度和广度优势，力图实现机器对复合词自动分类、标注和释义的目的。文献回顾表明，这些研究基本都是围绕语言学家的理论研究展开的，无论是内部语义关系还是物性结构理论，都是语言学家在复合词释义研究中提出的理论框架。但是，语言学家和计算语言学家对复合词的研究视角看似相同，实际上却有着本质的差异，语言学家致力于揭示词汇在人脑中的意义阐释模型，而计算语言学则尝试用机器模拟这种机制。因此，复合词释义研究的基础仍然是语言学领域的研究，其突破性进展将为计算语言学研究提供更科学的理论基础。

2.1.8　心理学视角

心理学家对名名组合的理解模式也进行了深入研究，提出了一些有影响力的理论，如 Murphy(1990)的图式修改理论、Gagnè 等(1997)的关系竞争理论、Wisniewski 等(1998)的二元处理理论、Costello 等(2000)[299-349] 的限制理论、Prinz(2002)[301-308] 的概念组合“检索-组合-分析”三阶段模型，以及 Hampton(1988a)的内涵式组合范畴承继模型等。

图式修改理论借鉴 Rumelhart(1980)的图式表征概念的观点，提出了名词短语理解的图式修改理论，认为在 $N_1 + N_2$ 中，中心名词 N_2 代表的概念可以被描述为由槽位和填充项构成的结构组，在概念合成时，修饰语被填入了中心名词的相关槽位。例如，*apartment dog*(公寓狗)被解释为用修饰语 *apartment*

填充了 *dog* 图式中的槽位。Murphy(1988)强调世界知识在理解名名组合结构中的作用，比较了理解复杂概念的两种模型：特征权重和概念特殊化，指出前者不能解释非谓词性形容词或名词性修饰语，而后者所强调的世界知识是理解名名组合复杂概念的必要条件，世界知识在理解中的运用被称为精细化，通常在槽位填充完成后开始发挥作用。

Gagnè 等(1997)、Gagnè(2000，2002a，2002b)、Gagnè 等(2004)提出并讨论了关系竞争理论用以揭示 N_1 和 N_2 的概念合成过程，认为 N_1 和 N_2 之间存在致使(causes)、拥有(has)、用于(for)、位于(located)等主题关系。与图式修改理论不同，关系竞争理论不赞同修饰语会成为中心名词表征一部分的观点，认为理解是连接两个概念之间关系被选择的过程。Gagnè(2002c)认为，理解的难度由所有备选关系的总体频率和目标关系的强度决定，并建立了目标关系的强度比率数学模型。

二元处理理论认为 N_1 和 N_2 之间有两种不同类型的概念合成处理形式：关系连接和特征映射。关系连接过程类似于图式修改理论，因为它涉及“用修饰语概念填充中心名词的槽位”(Wisniewski，1996)。而特征映射过程则是将修饰语的特征转移到中心名词上，且两个名词之间的相似性越高，越倾向于特征映射处理合成。

Costello 等(1997)从交际语用角度提出了概念合成的限制理论，用以解释名名组合的多义性。该理论认为概念组合遵循 3 条限制：诊断性、合理性和信息性。其中，诊断性限制要求释义须含有参与合成的两个概念的诊断性谓词(即特征)；合理性限制要求释义须描述可能存在的对象；信息性限制要求释义须交际新信息。Costello 等(2000)[300] 还构建了合成效率的算法模型—— C^3 模型(the constraint-guided conceptual combination model)。Lynott 等(2004) 在 C^3 模型的基础上提出了 PUNC(a system for producing and understanding noun–noun compounds)模型，通过整合 C^3 模型的 3 条限制，克服了其算法上的缺陷。

Prinz(2002)[301-308] 提出了概念组合的“检索-组合-分析”三阶段模型。以两词组合为例，组合的第一阶段是检索记忆中已经存储的表征进行比对，如果是已知的熟悉概念，释话人可以根据言语线索来唤起此概念；如果未检索到相应概念，释话人将分别唤起参与组合的两个词项的典型模型，如果任何一个典型模型能被这两种概念同时涵盖，就会基于它构建原型形成此复合词的表征。如果检索阶段失败，就进入第二阶段即组合阶段，仅通过概念自身包含的信息的组合来释义。第三阶段是分析阶段，即通过推理填补缺漏和去除不一致性来分析并检测新的组合意义是否清晰明确。第一阶段中，例如“宠物鱼”的概念，并非基于“宠物”和“鱼”的概念，而是来源于反复接触“宠物鱼”后直接调用这一复合词的结果。实际上这一阶段是后文中提到的词频效应形成的整词存储和提取模式。第二阶段具有独立于背景知识的调整集成和共享特征的组合策略。第三阶段是运用背景知识进行一致性核查和精细化的阶段。尽管该模型模拟了概念组合释义的心理过程，但仅提供了一个模型框架，没有提供参与组合的具体特征、组织结构以及特征组合与背景知识调用的内部运作机制。

Hampton(1988b)注意到外延式的原型范畴概念直接进行组合不能解释概念组合中过度扩展和扩展不足的问题，因此提出了内涵式组合范畴承继模型。按照此模型，各概念的原型范畴由其特征来描述，这些特征按照重要性排序分为必要和非必要两类。在组合时，必要特征更容易被承继。组合形成的新特征需要进行一致性检测去除某些特征，如果组成成分之一的必要特征和另一成分的非必要特征冲突，就去除非必要特征；如果冲突发生在两个必要条件之间，一般无法形成新概念的原型或只能通过想象获得；如果冲突发生在两个非必要条件之间，则需要确定哪一个条件相对重要。对于非组合性的涌现特征，Hampton(1991)给出了两种解释：一是这一组合直接存储在记忆中，不需要进行组合；二是需要对概念作进一步修饰。该模型用内涵式特征代替了外延性原型参与组合，提供了清晰的组合构件，但是对必要特征和非必要特征如何划分界定不清，而且对于涌现特征的解释也有待完善。

国内学者对名名组合心理学方面的研究主要集中于对国外理论模型的引介、验证、补充等。在介绍理论的基础上，刘烨等(2005)[17] 指出，未来的研究应该整合已有的实验现象和理论模型，关注概念组合的时间进程，深入考察语境的作用，并系统地分析组合概念的涌现特征与范畴效应。在对国外理论的验证和补充方面，刘正光等(2004)讨论了二元处理理论的局限性，提出并论证了第三种视解机制——隐喻视解；凌子惠等(2008)讨论了限制理论用于解释汉语抽象名词 $N_1 + N_2$ 的有效性，发现其对此类现象解释力不佳；丁小斌等(2014)采用“词汇-图片”启动实验范式，考察了概念组合加工过程中的关系启动效应，探讨了关系竞争理论与图式修改理论之间的争论，并支持后者。

虽然上述理论和限制理论在一定程度上揭示了名名组合的理解机制，但也存在不足：图式修改理论无法说明释义者通过何种方式确定修饰语填充了中心语的哪一个槽位；关系竞争理论过分强调两个概念之间的关系，而忽略了概念本身的特征；二元处理理论只解决了 N_1 和 N_2 之间如何连接，而没有考虑如何选择不同的连接关系，如“玉米油”和“婴儿油”同样是连接关系，但是意义解释框架却完全不同；此外，该理论在相似性的程度上无法给出明确标准，会导致两种处理均可行的结果；限制理论则缺乏对是否满足限制条件的客观衡量标准。而且这些理论模型只能解释特定的实验现象，对某些稳定的实验现象(如涌现特征、范畴效应等)却缺乏解释力度(刘烨等，2005)[17]。

2.1.9 认知语言学视角

一些对名名组合理解或产出的研究基于图式理论、认知语法、框架语义学、心理空间等不断丰富的认知语言学理论展开。Ryder(1994)[85] 基于图式理论和 Langacker 的认知语法，将名名组合的产出过程描述为说话人在规约表达即语言模板的影响下，选择中心名词作为侧显决定项和选择修饰语使释话人发现说话人意欲强调特征的凸显性图式的过程。同时，Ryder(1994)[85-93] 将名名组合的理解过程描述为释话人调节图式知识，运用语言模板、世界知识和语境信息的释义过程。Coulson 等(1999)考察了 Frank(1995)的意义产生模型，以 *fake gun*(假枪)和 *stone lion*(石狮子)为例，说明该模型的意义特征组合分析方法未能纳入说话者的意图，因此主张采用概念合成理论的心理空间模型来解释其意义的产生过程。周先武(2014)基于框架语义理论，考察了英语名名组合的语义意合性及其途径，发现英语名名复合在保留主要概念框架的同时，摒弃次要概念框架，体现了本质上的意合性。占勇等(2006)根据框架语义学理论，归纳了名词短语中定语和中心词之间的槽关系，为 N_1 的选择提供了一定的限制条件。吴静(2006)和胡爱萍等(2006)采用认知语法中的图式理论，基于语料库对当代汉语中各类名名组合的组合规律和特点进行了考察，总结出了一些高频的组合模式，为构造和理解新词提供了可供类比的模板。

基于图式理论、框架语义学和说话者意图的名名组合研究，将分析对象从单纯的语言材料客体转移到认知主体之上，突出了说话人在语言理解和产出中的作用，这一研究方法值得借鉴和学习。然而，由于这些研究主要考察理解和产出的认知机制，而非名名组合或其组成成分本身，因此削弱了语言层面意义阐释模型的解释。如何把语言层面的特征和说话者因素在释义过程中的作用相结合，仍是一个需要深入探索的问题。

2.2 隐喻、转喻型名名组合分析

名名组合是汉语、英语等语言中最多产的构词模式的产物，现有研究大多是针对非隐喻、转喻型的名名组合。隐喻、转喻型组合由于缺乏语义透明度而被认为不可分析，在研究中往往容易被忽视和边缘化(黄洁，2013；Benczes，2006b)。隐喻、转喻型名名组合可以分为两类：一类是 N_1 和 N_2 中的一个发生了隐喻或转喻，另一类是 N_1 和 N_2 整体发生了隐输或转喻。这种由小生大、由简生繁的过程以及整体功能行为难以由其组成部分来预测的特点，使其成为研究的一个难点。目前，关于隐喻、转喻型名名组合的研究文献相对较少，主要涉及两个方面：隐喻、转喻机制研究以及隐喻型名名组合的“意义中心”研究。

2.2.1　隐喻、转喻机制研究

Benczes(2006a)认为，隐喻、转喻的名名组合如“信息高速路”，和向心结构的名名组合如“苹果树”之间的区别不是语义透明度，而是创造性，前者的形成是更具想象力的创造性过程，因此可以称为“创造性复合词”。Benczes 将这类复合词分为 3 种模式：隐喻型创造性复合词、转喻型创造性复合词以及隐喻和转喻型创造性复合词。她从认知角度出发，运用连通主义模型、理想认知模型和心理空间理论，提倡用分解式方法研究此类结构的语义，说明了英语中隐喻、转喻型名名组合可以用规则性语义模板库生成。刘正光等(2004)认为，关系连接和特征映射二元处理无法解释“石佛”“心腹”“党棍”等名名概念合成名词的理解过程，由此提出了隐喻视解机制，并且认为在确定视解对象时，理想认知模型起选择和制约的作用，确保理解过程既合乎逻辑又符合常理。黄洁(2009)以现代汉语隐喻和转喻名名组合为研究对象，运用认知语言学的理想认知模型理论和参照点理论，讨论了汉语隐喻和转喻名名组合的理解，发现理解这类复合词的本质是以百科知识为背景，建立概念之间的参照关系。潘震(2010)以喻体在词语中的位置为标准，对比喻名名组合进行了具体的分类，并根据各种认知范畴在比喻词语中的不同体现以及成分的不同构成形式，将其依次分为若干子模式，试图构建一个转喻连续体框架。潘震等(2010)进一步深入探讨了汉、英名名组合，构建了包含空间转喻连续体、时间连续体、行为及事件连续体、范畴及属性连续体以及相应子模式的网络模式。

2.2.2　“意义中心”的研究

一般认为，汉语名名组合的意义中心和英语一样，中心词 N_2 居右，N_1 充当修饰语居左，称为偏正式复合词，如“书桌”“汽车”等。而像“浪花”“茶砖”这类组合，包含了“浪像花”“茶块像砖块”的隐喻性意义，一些学者认为它们的意义中心为左侧 N_1，由此产生了关于意义中心的 3 种观点：单中心说(正偏式、偏正式)、意念焦点说、双中心说。

1. 单中心说(正偏式、偏正式)

一些研究认为，此类 $N_1 + N_2$ 复合词属于前正后偏式，简称正偏式。戴昭铭(1982)认为，当 N_2 使用的不是概念上的意义而是形象上的意义时，这个复合词就是中心成分在前、修饰性成分在后的正偏形式。周荐(1991)认为定-中偏正式复合词中语素逆序的一类，其格式应为中-定正偏式，并归纳了 6 类逆序词。彭迎喜(1995)归纳出了一些复合词的新结构类型，其中就包括中心语素在前、修饰限定性语素居后的正偏式。刘正光等(2004)认为在 $N_1 + N_2$ 复合词中，充当了提供范畴结构背景的 N_1 为中心名词。

另一些研究认为，此类复合词仍然是偏正式，且中心成分仍然是 N_2。袁毓林(1988)认为这一类复合词在语义结构上具有特殊性：N_1 限制 N_2，N_2 修饰 N_1，但这种修饰是隐含的语义关系，是隐性的、非本质的，而 N_1 对 N_2 的限制才是明显的语义关系，是显性的、本质的，因此是前偏后正结构。王洪君(1999)辨析了周荐提出的各类逆序定-中式结构，认为它们都应以后词为中心。杨锡彭(2002)以“雪花”为例，认为把“雪花”理解为“花一样的雪”，“雪”是偏，“花”比喻修饰雪的形状，“花”是整个词的语义中心。张怡春(2007)认为单凭语义关系判断结构关系欠妥，同时受规则简明性的制约，偏正结构复合词的语素均宜看作前偏后正。徐正考等(2011)认为这类词属于结构特殊的偏正式复合词，并从结构的角度对其进行了分类研究。Ceccagno 等(2007)发现汉语复合词没有权威中心位置，但是复合名词的中心却一律在右侧，这符合汉语中名词短语左侧扩展的修饰语-被修饰语的语序特点。

也有学者对偏正式和正偏式均持否定态度。如刘树新(1990)认为复合词只是词汇现象，采用属于句法结构描述的“偏正式”等来指代复合词的结构类型并不妥当。但是，他只指出了复合词应在词汇层面研究的必要性，却并没有给出具体的操作方法。

2. 意念焦点说

王军(2008)为了对英语和汉语复合名词进行统一的阐释，把作者或者说话人在一定的语境中需要聚焦的某一概念成分称作“意念焦点”，认为特定复合名词的词义可能随语境不同而发生变化。但是，这种分析过于依赖语境的判断，失去了意义分析的客观性和简明性；同时，依赖于搭配关系的判断只能逐一解决单个具体问题，而不能对它们进行统一的分析和解释。

3. 双中心说

Packard(2003)[195] 摒弃了此类复合词仅存在一个中心的传统观点，提出了结构中心和语义中心的双中心说。其中，语义中心是代表整个词核心意义的那部分，通常以“是某物”的形式来定义；而结构中心则体现了词的语法价值，名词的权威结构中心通常居右，动词居左。方清明(2011)借鉴 Packard 的观点，提出了类似的语义中心和句法中心。王军(2005)则认为 Packard 的“语义中心”说建立在“语义真值”标准之上，具有适用的局限性，他提出了“语义焦点”的概念，“语义焦点”可能以“语义真值”为基础，对其某种特性进行放大、聚焦。

隐喻、转喻型名名组合的语义透明度较低，因而研究方法通常也与其他名名组合不同，一般采用认知语言学的隐喻理论和理想认知模型等理论。然而，这类名名组合的意义产生有一定规律可循。关于汉语中“浪花”“茶砖”等隐喻型名名组合意义中心问题的研究，单中心说和双中心说虽然细致描述并揭示了其意义中心的位置、分类以及判定依据，但是单中心说往往顾此而失彼，不能详细刻画汉语隐喻型名名组合的意义中心，而双中心说能较全面地说明意义中心，但也仅限于现象层面的描述，没有解释为何会产生双重中心，结构中心对复合名词的语义有何贡献以及两个中心哪个占主导地位也未论述。而且，已提出的双中心一般处于两个不同层面上。例如，语义中心和结构中心、语义中心和句法中心分别处于语义和句法层面上，失去了在同一层面上对它们进行对比分析的可能性。

2.3 名名组合的现有探索进路

对各种分析视角的梳理表明，目前名名组合的分析可以归纳为 4 种进路。

1. 直接或间接描述内部语义关系的研究

从转换生成语法、内部语义关系、概念语义学及构式形态学角度出发的研究，或用深层结构和表层结构的转换，或用表达语义关系的概括性动词与介词，或用语义函数，或用次级图式，以各种不同方式考察了名名组合内部成分之间的语义连接机制，这些研究都直接或间接地认同 N_1 和 N_2 之间存在隐含动词或介词。虽然它们的理论基础和研究路径不同，但在本质上具有相似性：转换生成语法和内部语义关系直接提出了隐含动词或介词的存在，而基于概念语义学、构式形态学所归纳的语义函数和次级图式则以形式化的方式间接描述了 N_1 和 N_2 之间存在的语义连接机制。然而，这些分析进路并不能确定名名组合内部语义关系数量是否有限，以及在合成时是否存在多种语义关系可供选择而造成歧义等。这些形式化的描述都局限于纯语言方面，未考虑外部世界和语言群体在意义阐释中的作用。

2. 以名词语义特征分解为基础的研究

无论是基于词汇语义学把名词语义描述为语义框架和语义主体，还是基于物性结构理论定义汉语名词的 10 种物性特征，都是以名词语义特征分解为基础，将内部语义关系视为名词自身特征相结合的衍生物。但是，这种单方面关注名词语义特征的结合方式削弱了对语义关系的表征，因此哪些语义特征可以结合产生什么语义关系不明确，导致意义阐释模型更多地依赖于说话人的选择。

3. 考察说话人和语用因素的研究

基于命名论和认知语言学的研究纳入说话人因素，概念合成的限制理论考察了语用因素，这种突破纯语言层面的研究进路值得借鉴，但仍需考虑如何把语言因素和语言使用者因素相结合。

4. 围绕语言学家研究成果的延伸性研究

从心理学和计算语言学视角出发的研究一般围绕语言学家的研究成果展开。例如，槽位填充利用了名词的配价理论，连接关系的竞争选择和机器的自动分类、释义应用了已归纳好的各种语义关系，关系连接和映射连接的差异也是在考察内部语义关系的基础上得出。因此，语言学理论的突破性成果将为心理学和计算语言学带来更为宽广的研究基础。

隐喻、转喻型名名组合的研究目前主要集中在构建以规则性模板为目标的认知模型上。然而，现有以建立规则性模板为目标的研究均是从认知语言学的角度出发，基于认知理论剖析隐喻、转喻型组合的意义产生过程，并不能有效解决将此类组合排除在普通名名组合范围之外的问题。

本章小结

本章详细回顾了对名名组合的相关探索，分别从转换生成语法、内部语义关系、概念语义学、词汇语义学、构式形态学、命名论、计算语言学、心理学、认知语言学以及隐喻、转喻机制等多个视角展开分析，从组成成分之间的语义关系、名词的特征分解、语用因素等方面揭示了这一语言单位的意义阐释过程。名名组合结构简单，却蕴含着复杂的心理认知过程，因此也吸引了心理学和计算机科学领域的学者运用心理学理论和计算机科学技术对其释义过程进行深入研究。

第 3 章　名名组合的分类和中心成分

名名组合的分类和中心成分的判定会对意义阐释产生影响。然而，由于名名组合既体现了句法规则的应用，又显示了意义组合的特征，使得它们的分类和中心成分的确定往往存在争议。本章从名名组合的定位展开讨论，探讨了其传统分类的依据和类别，分析了中心成分的描述原则，提出了适用于汉语名名组合的基于句法关系的分类方法以及“双中心”成分的分析方法。

3.1　名名组合的定位

3.1.1　句法和形态的界面

名名组合，即名名复合词，是一种处在句法和形态界面上的语言单位。句法学把词项连接起来组成短语和句子，而复合词把词项连接起来组成词，在结构上二者有着相似性。很多学者讨论过这一现象：“在大多数语言中，并列复合词是介于句法和形态之间的现象”(Wälchli，2005)[90]；“复合词是一种句法而非形态现象”(Olsen，2001)[279]；“复合词是处在词和句交叉路口的结构，同时反映了大脑语言表征和语法处理的特征”(Libben 等，2006)[3]；“复合词是与句法构式最接近的形态构式”(Scalise 等，2010b)[2]；“复合词表征了形态学和句法学之间的界面”(Spencer，1991)[309]。

复合词和句法的相似在于典型的递归性以及具有成分结构。例如，*student film society*(学生电影协会)可写作 *film society for students* 或 *society for student films*。复合词中元素间的相互联系类似于句子成分间的关系，包括中心词-修饰语、述谓-论元以及同位关系(Spencer，1991)[310]。复合词和词的相似之处表现在：复合词通常会词汇化，意义不具有组合性或变得独特；复合词中的非中心词不具有指称性，也不可发生曲折变化，不同于句子的成分；复合词具有形态的完整性，不可分割；在重音规则上，英语的短语通常遵循右侧重音的原则，而复合词要求左侧重音(Spencer，1991)[312]。

3.1.2 句法、形态和语义的界面

名名组合既处在句法和形态的界面之上，也处在句法和语义的界面之上。根据 Saussure(2001)[121] 对横组合即句段关系的定义，语篇中的词串联，形成了基于语言线性特征的关系，这种基于线性的结合称为句段关系，名名组合是一种横组合关系。复合词虽然具有内在的句法关系，但是同时又反映了形态学构词法的特点。正如 Spencer(1991)[309] 所言，复合词在很多方面典型地呈现出形态学和句法学的界面。此外，虽然根据上述定义，横组合仅仅是一种语法或句法关系，但是，名名组合不仅反映了句法组合的规则，也表现出了意义组合的特征(Geeraerts，2010)[58]。而且，这种区分不仅是理论推理，还有实验数据的支持。Gleitman 等(1970)[98] 在实验中发现受试的句法、语义知识在分析复合词时均起作用，人们可以检索生成关系，即反映某复合词的关系从句结构。

汉语名名组合是介于句法和形态之间的语言现象，也处在连接句法和语义的界面之上。因此，本书的一些讨论与句法相关，另一些又和语义相关。将名名组合分为并列型和从属型两类，是以输入成分之间的句法连接关系为依据的，而输入成分之间的内部语义关系又和语义分析密切相关。

3.2 名名组合的分类

3.2.1 现有分类依据和结果

复合词的分类一般有句法范畴和句法-语义两种标准。按照句法范畴标准分类即按照复合词构成成分的句法范畴分类，可以分为名名、动名、形名等不同类型。由于本书讨论的只是名词性复合词的一个次类，所以不再以句法范畴标准对名名组合进行分类。按照句法-语义标准进行分类是本书考察的重点。

Bloomfield(1933)[233-235] 认为复合词有两种有效的分类方法。一种是考察成分之间的关系，可以分为句法型复合词、半句法型复合词和非句法型复合词。句法型复合词中成分间的语法关系与短语中词汇间的关系相同。例如，英语复合词 *blackbird*(黑鸟)、*whitecap*(白帽队队员；白浪)，这种“形容词+名词”的结构和短语 *black bird*、*white cap* 的内部词汇结构相同。半句法型复合词内部成分间的关系部分类似于句法结构，但是又和短语不同，例如 *housekeep*(持家)和短语 *keep house* 词序不同。非句法型复合词如 *doorknob*(门把手)，其成分之间的结构关系和英语句法不一致，因为英语里没有 *door knob* 这样的短语类型。另一种分类方法是借用句法概念，把复合词分为向心型复合词和离心型复合词。如果复合词和它的中心成分功能一致，为向心型，反之则为离心型。

Bauer(1983)[30-31] 根据语义标准把英语复合词分为向心型、离心型、同位型和并列型 4 种。如果复合词是该词语法中心的下义词，则被称为向心型复合词，例如 *beehive*(蜂窝)、*armchair*(扶手椅)；如果复合词不是其语法中心的下义词，则被称为离心型复合词，如 *redskin*(北美印第安人)、*highbrow*(卖弄知识的人)；如果复合词是其任一成分的下义词，则被称为同位型复合词，如 *maidservant*(女佣)；如果无法确定哪一成分是复合词的语法中心，且复合词也不是其任一成分的下义词，但是组成成分命名了不同实体，这些实体组合起来构成了复合词指称的实体，这种复合词被称为并列型复合词，英语中有时也用连接型复合词来描述这种类型的复合词。

Spencer(1991)[310-311] 的分类方法和 Bauer 类似，他把复合词分为向心型、离心型以及并列型 3 类。有中心词的复合词被称为向心型复合词，中心词的修饰成分具有给中心赋予属性特征的功能，类似于属性形容词的功能，在这类复合词中可以观察到述谓论元关系。无中心的复合词被称为离心型复合词。两个成分的简单并列而没有进一步附属关系的复合词被称为并列型复合词，而同位型复合词则被置于此类复合词之下作为次类。

Fabb(1998)[66] 把复合词也分为向心型、离心型和并列型 3 类。其中，并列型是两个构成成分均分了类似中心词的特征。因此，向心型复合词有单中心词，离心型复合词无中心词，而并列型复合词具有双中心词。

Olsen(2001)[279-320] 把复合词分为限定型、连合型(copulative)和所属型 3 类。限定型复合词的第一个成分限制第二成分的指示，例如，“咖啡杯”是一种“杯子”，用来“装咖啡的杯子”。连合型复合词包含了两个成分之间的并列关系，使得两种概念被同时赋予同一个体，如“诗人医生”既是诗人又是医生。所属型复合词用于指示具有复合词命名属性特征的实体，例如“灰胡子”

指具有灰胡子的事物。

Haspelmath(2002)[87-89] 的分类包括向心型、离心型、词缀型、并列型和同位型。其中，语义中心在内部的是向心型复合词，在外部的是离心型复合词，由词干加词缀组成的是词缀型复合词，有两个语义中心且可以用 *and* 连接的是并列型复合词，两个成分的指称相同的是同位型复合词。

Moyna(2011)[45] 认为复合词呈现阶层型和非阶层型两种基本结构。在阶层型复合词中，一个成分是中心，而另一成分则以某种方式从属于中心；非阶层型复合词中不存在附属性成分，两个成分都是中心。Moyna(2011)[46-49] 进一步把阶层型复合词划分为融合型复合词和述谓型复合词，前者通过句法融合的成分内部操作将中心和非中心结合，后者则由论元和述谓构成。

Bisetto 等(2005)及 Scalise 等(2010b)[7] 把复合词分为从属型、属性型和并列型 3 类。其中，从属型复合词的两个成分间具有互补关系，这在动词派生的复合词和名名组合中尤为突出，如“出租车司机”“围裙带”等。属性型复合词的两个成分间具有归属语法关系，典型的结构是“形容词＋名词”或“名词＋形容词”，一些名名组合也可以归为此类，其中非语义中心修饰和限制语义中心，前者具有属性值。并列型复合词中两个成分间是并列关系，尤其是连接式并列。

吕叔湘(2002a)[19-25] 把汉语中词和词的配合归纳为联合、组合、结合 3 种关系。联合指两个同类的词相互关联，如“牛马”“饼饵”；组合指两个词里有一个是主体而另一个是附加上去的，如“毛笔”“油画”；结合指造句关系，如“虫吟”“山高”等。这 3 种关系间接地对汉语复合词进行了分类，联合表示并列关系，组合表示从属关系，而结合表示主谓关系。

由上文可知，复合词的句法-语义标准分类依据和类型主要如下，见表 3.1。

表 3.1　复合词的句法-语义标准分类依据和类型

学者	分类依据	类　型			
Bloomfield	连接关系	句法型	半句法型	非句法型	
	句法概念	向心型	离心型		
Bauer	语义中心词	向心型	离心型	同位型	并列型
Spencer	语义中心词	向心型	离心型	并列型(含同位型)	
Fabb	语义中心词	向心型(单中心)	离心型(无中心)	并列型(双中心)	
Olsen	连接关系	限定性	连合型	所属型	

续表

学者	分类依据	类型				
Haspelmath	语义中心词、形态学	向心型	离心型	词缀型	并列型	同位型
Moyna	与语义中心词的关系	阶层型(融合型、述谓型)			非阶层型	
Bisetto等 Scalise等	连接关系	从属型		属性型	并列型	
吕叔湘	连接关系	联合		组合	结合	

虽然复合词是词，但是它的分类标准一般不是从形态学角度出发，而是结合了语义和句法角度进行分类。传统的复合词分类有两组操作参数：一是复合词是否指称了其中一个组成成分所指称事物的次类(向心型与离心型)，或者是否为并列结构；二是复合词是否包含了动词词根(词根复合词与综合型复合词)(Aikhenvald，2007)[30]。每一种分类方法总是会把一些有争议的类型按照自己的标准加以划分。以并列型和同位型复合词为例，早期分类如 Bloomfield 并未对它们单独作出区分，而是按照整体意义将其中一部分归为离心型复合词，因为并列复合词是由两个指称同一概念的并置的名词组成的。后期研究逐步单独考察了这两类复合词，有的学者将它们合为一类，有的则将它们分为两类。这些分类方法的核心依据是复合词的中心词问题，对中心词的划分依据不明确导致分类标准缺乏统一性。

目前的分类方法多以英语为分析对象，分类依据主要包括语义中心词和句法连接关系。但是，在英语中，范畴中心词和语义中心词一般相同，所以一些分类方法实际上在陈述时并未区分这两种不同的中心词，而仅使用了“中心词”的概念。以连接关系为依据的分类忽视了复合词的整体意义，只顾及并列型词项和从属型词项的类型，而忽视了复合词整词意义可能不同于语义中心词。例如，一些词项的语义可能是通过整词的隐喻性或转喻性联想得到的。此外，同一学者的分类会使用两种不同依据，如向心型、离心型和并列型的划分，前两者以语义中心词为分类依据，而后者却以连接方式为分类基础。以上分类方法的问题核心在于把中心词的概念置于单一层面，对连接关系的考察只注意到了组合的字面意义，未考察通过想象而获取的更深层次的意义，分类依据缺乏内部一致性。至于这些分类方法是否适用于其他语言的复合词，尤其是否适用于名名组合式复合词，尚未有定论。正如 Bloomfield(1933)[233] 所指出的，语言学家经常想当然地认为存在于自己语言中的任何类型的复合词都具有普遍性，复合词在各种语言中的主要类型是相似的，但是细节在不同语言中会有变化，这些差异足以使构建任何能适应所有语言的分类图式变得不可能。此观点对汉语研究尤为重要。汉语中字和词的界限模糊、词无定类和类无定职的特点、汉语复合词结构的多样性以及中心成分的复杂性使得汉语名名组合的分类具有其独特性。

3.2.2 汉语名名组合的分类依据和结果

按照名名之间的句法连接关系，可以把汉语的名名组合分为并列型组合和从属型组合两类。

从形式上看，Gazdar(1981)提出并列结构的限制条件为并列项应该属于相同的句法类型。然而，Schachter(1977)指出，并列结构的词成分不仅属于相同句法范畴，而且须具有相同的语义功能。Peterson 等(2004)也支持语义须具有并列性的观点。Culicover(1970，1972)和 Culicover 等(1997)观察到，句法结构的并列和语义表征的并列之间存在不匹配性，他们提出了“左-从属型 and-构式”，即某些表达在句法上属于并列结构，而语义上却存在从属关系，例如 *One more can of beer and I'm leaving*(再喝一罐啤酒，我就走了)。Yuasa 等(2002)[90] 指出，Culicover 和 Jackendoff 的例证只是并列和从属不匹配性现象中的特例，并给出了其他例证来支持这一观点。而 Lakoff(1986)和 Deane(1992)已经注意到 *and* 的使用并非一定具有对称性。因此，并列和从属的概念可以从句法和语义两个层面来定义。

由于并列和从属本来就是属于句法层面的概念，我们所指的并列和从属型复合词均是按照句法层面的定义来界定的。从句法层面分别定义并列结构和从属结构，并列结构是指姊妹节点中的句法范畴信息均被传递到母亲节点；而从属结构是指姊妹节点中至少有一个节点的范畴信息未传递到母亲节点。这两种结构可以用树形图 3.1 表示。

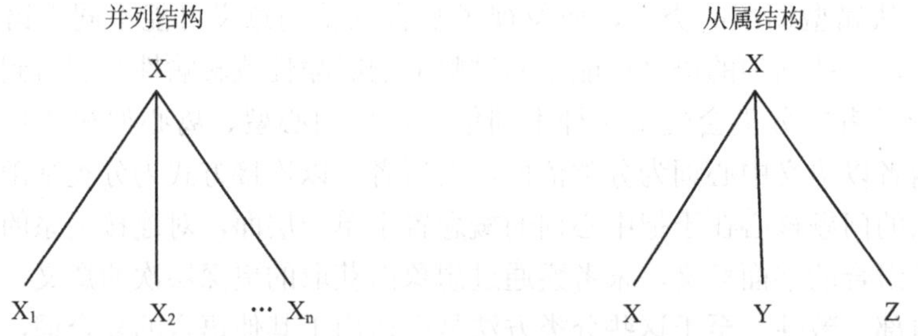

图 3.1 并列结构和从属结构树形图(Yuasa 等，2002)[90]

将并列和从属在句法和语义两个层面讨论，会导致某些并列结构在语义层面可能表现为从属结构。这将在第 5 章关于并列型名名组合的语料分析中详细阐述。从句法层面而言，并列结构中的并列成分具有同等地位，相互之间没有限制和约束关系；而从属结构中的从属成分与其他成分相比处于较低地位，由于受到其他成分的限制和约束，其相关范畴信息在传递中往往被丢弃。

这种分类的考察重点是复合词输入成分的句法连接关系，因此只存在并列和从属两种关系。现有研究中所讨论的向心型和离心型分类，实际考察的是复合词的整体输出意义和输入成分之间的关系。由于本书对复合词分类是依据输入成分之间的句法关系，而非整体与部分的关系，所以向心型和离心型这两种复合词的概念也就不存在了。而且，此分类只关注名名组合的组合意义，而一些词项在组合意义的基础上还可以进一步加工产生联想或涌现意义。

总之，本书摒弃了基于复合词中心成分对名名组合进行分类的方法，转而以句法连接关系为依据，仅对名名组合输入成分的修饰关系进行分类。但是，这并不意味着不能以名名组合的中心成分位置作为分类依据，而是需要针对汉语语料重新界定中心成分的概念。

3.2.3 不同类型名名组合的形式化表达

Guevara 等(2009)把复合词的核心形式定义为$[X_R Y]_Z$，其中 X、Y、Z 代表主要词类，R 代表成分之间的隐含关系(这种关系未被任何词项直接说明)。这一形式避免了使用模糊不清的界定性表达，借鉴这一形式化描述，结合上述对汉语名名组合的定义及其类型的讨论，汉语名名组合的原型形式可以表述为：

$$[N_{1(R1,\ R2)}N_2]_Z$$

其中，R1 = {N_1 和 N_2 之间的句法关系}，R2 = {N_1 和 N_2 之间的语义关系}，N_1 和 N_2 = {名词性成分}，Z = {名词}。其中，句法关系是指并列关系或从属关系，语义关系是指两个名词性成分的内部语义关系，一般指两个名词性成分之间存在的隐含连接语义成分。

例如，“刀叉”可以表示为$[刀_{(并列，聚合)}叉]_Z$，该词项具有并列型句法关系和“聚合”内部语义关系；“钢板”可以表示为$[钢_{(从属，材料)}板]_Z$，该词项具有从属型句法关系和“材料”内部语义关系。

3.3 名名组合的中心成分

3.3.1 复合词中心成分的定义

中心成分是指在名名组合中占据主导地位的构成成分。复合词中的哪一成分被认定为中心成分，取决于所考虑的特定特征(Scalise 等，2010a)[124]。尽管复合词的中心研究受到了句法中心词概念的影响，但本书采用中心成分的概念代替了中心词，这是由于前文已将名名组合的输入成分定义为名词性成分而非名词。因此，在本书中提及关于“中心”的研究时，将使用“中心成分”这一术语，或简称为“中心”，而对于引用的文献，仍然使用“中心词”表述。中心词是句法范畴中的一个概念，当它被应用于复合词的分析时，其内涵会有所变化。因此，在讨论名名组合的中心成分之前，有必要先区分范畴中心词和语义中心词这两种不同的中心概念。

Bloomfield(1933)[194-195] 在研究句法结构时使用了中心词的概念。他区分了离心结构短语和向心结构短语，其中向心结构短语包括并列型和从属型两类。并列型短语与其两个或多个成分的形式类相同，而从属型短语与其组成成分之一属于同一形式类，这一组成成分被称为中心词。因此，在句法学中，短语的中心词是决定该短语句法范畴的关键词，这就是范畴中心的概念。例如，名词短语“新鲜牛奶”的中心词是名词“牛奶”，动词短语“吃苹果”的中心词是动词“吃”。自 20 世纪 80 年代起，短语中心的概念开始被形态学领域所采纳和应用。Lieber(1980)用二分法树形图描述构词过程，并提出了构词语素特征到语词的渗滤，其中包括范畴特征的渗滤。Williams(1981)[247] 把语词的普遍中心定义为如果 X 和 X 的中心词都是合乎范畴 C 条件的成员，那么 X∈C≡X 的中心词∈C。Anderson(1992)[310-311] 指出语词的中心词就是决定其性质的组成成分，中心词的性质会渗滤到整个语词，而非中心词却不会。Kiparsky(1999)[36] 将构词分为复合词和加词缀两种基本类型，并且假设所有的构词都是向心型的，这就意味着派生词的范畴总是与其中心词的范畴一致，在英语中通常是最右侧的成分。自此，识别复合词的中心词标准就是语法范畴的定义，即复合词的语义中心决定其语法范畴中心(Scalise 等，2010a)[125]。

Jespersen(1924)认为在任何一个事物或人物的综合式命名中，总能找到一个最重要的词，而其他词都是作为从属连接在这个词上。这个最重要的词被其他词定义(限制、修饰)，而其他词又依次被第三个词定义(限制、修饰)，等等。Jespersen 根据这些词定义和被定义的相互关系给它们建立了等级，分别为主级、次级和三级。例如，在 *extremely hot weather*(酷热天气)组合中，*weather* 是主要思想，被称为主级词，修饰 *weather* 的 *hot* 是次级词，修饰 *hot* 的 *extremely* 是三级词。这个体系是根据每个成分的意义贡献和相互间的句法关系来定义短语的中心词的，这里的主级词就类似于短语和复杂词的语义中心词。同样，Rainer(1993)也从语义层面出发，认为中心词可以作为整个复合词的上位词成分(转引自 Moyna，2011)[61]。

但是，范畴中心词和语义中心词并不能很好地阐释汉语名名组合的中心成分问题。汉语名名组合的范畴中心并非总是和其组成成分一致，名名组合可能形成动词、形容词、量词和副词等非名词词类。此外，汉语名名组合的语义中心成分并非像英语一样总是位于右侧，这给基于语义中心成分对名名组合的分类造成了困扰。

3.3.2　中心成分的位置

名名组合中心成分的位置是与中心相关的另一研究问题。在分析中心成分的位置时，必须先确定所分析的是哪一种中心概念。目前对于复合词中心成分位置的分析，通常都以语义中心词作为主要对象，存在中心词居右、相对中心词、中心词居左或居右、中心词根据复合词的结构不同而居左或居右等几种不同观点。Williams(1981)[248] 把形态复杂语词的中心词定义为该语词右侧的成分，并称之为右侧中心词规则。Kiparsky(1999)[50] 指出英语的构词中心词通常在右侧。Di Sciullo 等(1987)提出了相对中心词的概念，认为一个语词可能同时拥有两个中心，这两个中心具有不同特征。Scalise 等(2010a)[116] 指出，虽然语义中心词在日耳曼语言中一般居右，但在罗曼语中往往居左。Fabb(1998)[69] 指出复合词的中心词根据语言的不同居左或居右，且他所指的中心词既是语法范畴中心词，又是语义中心词。Moyna(2011)[56] 指出，西班牙语复合词中心词的分布根据复合词类型的不同而有所区别。Packard(2003)[195] 摒弃了此类复合词仅存在一个中心的传统观点，提出了结构中心和语义中心的双中心观点。其中，语义中心体现整个词的核心意义，通常以“是某物”来定义；结构中心体现词的语法价值，例如在名词中，权威结构中心通常居右，而动词则居左。

汉语名名组合的中心成分位置存在诸多争议的原因主要是，在从属型词项中，如果以被限定成分作为语义中心，那么一些汉语词项的语义中心就居左，另一些则居右。例如，“冰柱”和“泪花”的语义中心居左，而“菜刀”和“饼屋”的语义中心则居右。因此，仅用单中心的观点无法完全解释汉语语言现象。双中心观点虽然在一定程度上解决了汉语的语义中心位置不固定的问题，但是其语义中心与结构中心是从语义和句法两个角度对名名组合作出的分析，分类依据不同，分类结果不能统一在同一理论框架之中。

3.3.3　中心成分的定义和分类

Jackendoff 的概念结构分层思想为名名组合中心成分的定义和分类提供了重要的参考价值。Jackendoff(2002)[394-395] 指出，概念结构由组织概念功能、论元和修饰语的描述层以及组织关于语句中实体指称内容的指称层组成。例如，这两层结构可以合并在语句 *A fox ate a grape*（狐狸吃葡萄）的形式化表达中。

A fox ate a grape.

$\exists x_{FOXx} \exists y_{GRAPEy}$(EATx，y)

该语句的描述层由述谓 fox、grape、ate 以及它们之间的论元结构(fox、grape 是 ate 的论元)组成，其指称层由两个存在的个体 fox 和 grape 组成(Jackendoff，2002)[395]。

可见，描述层呈现语句的命题内容结构层，而指称层描述其交际功能的信息结构层。借鉴这一观点，同样，名名组合的意义由表达描述性意义的命题内容和表达交际功能的信息内容两部分组成。名名组合的中心划分也可以基于此，分为描述中心成分和表述中心成分。描述中心成分是指名名组合所描述的主要对象，表述中心成分是指词项所传达的主要交际信息。由于复合词通常用于命名事物，而不是描述它们，因此名名组合的表述中心更多地反映了说话人在内心将所关于的事物意向为什么，即其对新事物命名的核心是什么。我们以“天壤”“桌椅”“碑文”“风波”“浪花”为例，说明名名组合的双层内容和中心成分，见表 3.2。

表 3.2　名名组合的双层内容和中心示例

词项	命题内容	描述中心	信息内容	表述中心
天壤	天和壤	天和壤	天、壤	天和壤
桌椅	桌和椅	桌和椅	桌、椅	家具
碑文	碑上的文字	文字	碑、文	文字
风波	风吹起的水波	水波	风、波	纠纷
浪花	形状像花的浪	浪	浪、花	花

表 3.2 显示，名名组合的描述中心总是处于命题内容结构内，是表达描述性意义的修饰关系所围绕的中心。信息内容由组成名名组合的输入成分构成，但是由于本书所定义的表述中心成分特指词项所传达的主要交际信息，因此表述中心并非总是处于信息内容内。上表还显示，汉语名名组合中一些词项的描述中心成分和表述中心成分相同，也存在两种中心成分不同的情况，具体分布规律将在第 5 章和第 6 章详述。

根据这一定义，结合汉语名名组合的分类，其中心成分的位置问题也可以得到解释。并列型名名组合的描述中心成分通常包括 N_1 和 N_2，从属型名名组合的描述中心成分则是输入成分中的被修饰项。两类组合的表述中心成分可能居于词项内部，也可能居于词项外部，这取决于名名组合的输出类型。关于这一点的详细讨论，同样将在第 5 章和第 6 章中展开。

描述中心和表述中心均处于意义层面，这使得名名组合的中心成分讨论得以在同一层面上进行，从而可以在相同的理论框架中分析。

本 章 小 结

本章讨论了汉语名名组合的定位，它是处于句法、形态和语义界面上的语言结构，具有重要的理论研究价值。基于现有复合词的分类依据和结果，依据汉语特有的语言特征，汉语名名组合可以分为并列型和从属型两类。借鉴 Jackendoff 概念结构分层思想，汉语名名组合的中心成分可以分为描述中心成分和表述中心成分。

第 4 章 “输入-组合-输出”框架概述及其分析对象选择

目前，名名组合意义的阐释过程主要侧重于对组成成分特征和组合过程的考察，对产生的词项特征分析较少，这在一定程度上限制了释义过程分析的完整性。本章基于名名组合意义的心理加工基础，提出“输入-组合-输出”的分析框架，详尽阐述了这三个阶段的特征。在这个聚焦释义过程的“三阶段”框架之下，本章也对分析对象的选择标准和标注方法进行了深入讨论。

4.1 “输入-组合-输出”框架概述

4.1.1 名名组合意义的心理加工基础

名名组合的意义存储方式，是以单词提取后再组合的分解式存储，还是直接以整词形式存储，是进行名词性语素组合意义阐释模型研究的基础。如果名名组合的意义都是以整词形式存储，那么讨论组成成分意义的组合方式就毫无意义可言。相反，如果词项是通过单词提取后再进行组合释义的，那么将为本书的组合性释义提供有力的心理学依据。

汉语名名组合的输入被界定为名词性成分，一般由两个名词性成分构成，属于多成分词的一类。关于多成分词的心理加工模式，目前主要有 3 种观点。第一种是分解存储模型，多成分词以成分分解的形式存储，即以成分表征为存储单位，词汇识别时先激活成分单位，再通过成分表征的整合获得整词通达 (Taft 等，1975)。第二种是整词存储模型，多成分词以整词形式存储，刺激输入直接激活整词表征完成词汇识别(Manelis 等，1977)。第三种是混合表征模型，在通达表征中既存在成分表征，也存在整词表征，二者交互激活完成词汇识别(Caramazza 等，1988)。

针对中文多成分词，王春茂等(2000)提出分解存储模型，Zhou 等(1994)提出多层聚类表征模型，将通达表征分为成分和整词两个表征层，认为整词表征的激活来自成分表征，成分表征的通达是词识别的必经阶段。彭聃龄等(1999)提出词汇识别系统内的成分通路与整词通路在加工过程中有不同作用，这间接证明了成分存储的存在。由此可见，汉语多成分词通常支持成分单独存储，并通过成分的激活来实现整词的识别。但是，也有如章鹏等(2016)的研究表明混合表征存在的可能性。在这种情况下，分析影响分解存储和整词存储的因素就显得非常有必要。王春茂等设想了影响单词表征至少有语义透明度和词频两个因素：语义透明度高的多成分词一般通过成分意义组合产生，反之则是整体表征；词频高的多成分词一般会建立稳定的整体表征，反之则以分解形式表征。

鉴于此，汉语名名组合在大多数情况下是先激活成分再进行整合以达到整词通达的分解存储模式，也有一部分可能由于语义透明度较低或词频较高而以整体表征形式存储。这种以分解存储模式为主的表征模式，为名词性成分意义组合机制的心理加工提供了基础。在此基础之上，进一步讨论单成分表征所包含的意义内容以及单成分相互组合产生整体意义的机制，即输入成分如何组合形成输出的过程，将能揭示出加工过程的内在规律性。

4.1.2 “三阶段”框架下的探究

本书致力于揭示汉语名名组合的意义阐释机制，通过详细分析名名组合中两个组成部分(即 N_1 和 N_2)的特征，分析它们之间的语义关系，考察它们的组配规律与限制，进而描述 N_1 和 N_2 组合的方式，并揭示结构整体意义的产出过程。具体而言，本书提出的汉语名名组合意义阐释模型是基于输入、组合、输出“三阶段”基本分析框架的指导而形成的“输入-阐释-输出”模型。由于名名组合以分解存储模式为主要表征模式，其意义是由输入成分通过组合机制组合而成的，即名名组合意义的构建是由输入成分的意义内容按照某种方式进行组合而形成具有特定结构的输出过程。输入成分的组合意义不能完全涵盖整词发生的隐喻或转喻现象，这类组合的释义过程将在第 7 章详述。

目前对于名名组合的分析，要么聚焦于内部语义关系，要么只看重名词本身的特性，这样的处理方式无法全面展示名名组合的意义阐释过程。本书围绕名名组合的输入、组合、输出这三个阶段展开分析，兼顾了多种因素的考察。在输入阶段，我们不但考察输入成分的内部语义关系，还将分析其自身概念类型和语义域特征，以及这些特征对内部语义关系的影响；在组合阶段，将对名词性成分的意义内容进行分解，并对这些内容范围给出明确定义，进一步分析不同输出类型如何由不同类型的意义内容组合而成；在输出阶段，对输出类型进行分类，并分析输入成分特征对输出的影响。这一分析框架用图 4.1 表示。

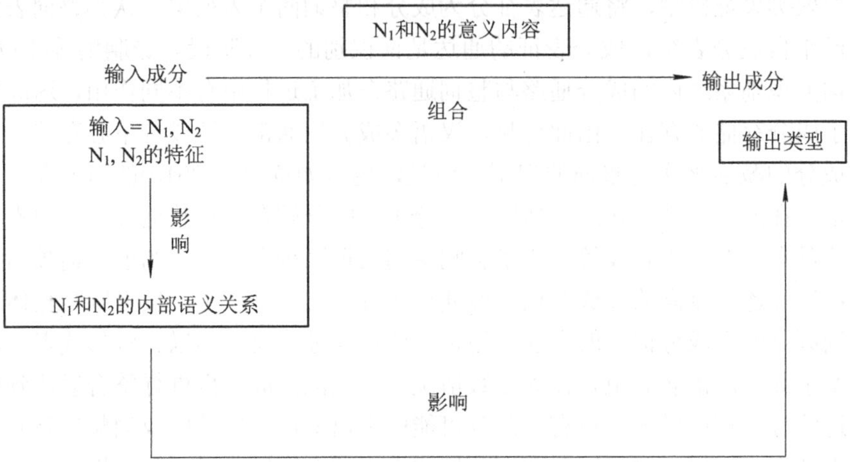

图 4.1　“输入-组合-输出”分析框架

4.1.3　概念整合理论与“输入–组合–输出”框架的关系

从结构上看，我们提出的分析框架与 Fauconnier 等(2002)的概念整合理论相似，但实际上存在较大差别。

概念整合理论提出了由 4 个基本空间组成的概念整合框架，包含两个输入空间、一个类属空间和一个合成空间。输入和输出空间各自包含输入成分，两个空间之间存在部分跨空间映射，将对等输入成分相关联。类属空间映射到每一个输入空间，包含两个输入空间的共有成分。一些输入成分及其关系选择性投射进合成空间，合成可以产生输入空间中没有的涌现结构。

概念整合理论旨在描述人类的思维模式，是人类概念产生过程的一般框架，可以说任何涉及人类思维模式、概念形成的描述几乎都以此为基本工作框架。这也是“输入-组合-输出”分析框架看起来像概念整合理论的原因，然而“输入-组合-输出”框架旨在描述汉语名名组合的意义阐释过程，尝试构建关于该过程的理论模型。它与概念整合理论至少在以下几个方面存在差异。

首先，在输入方面，概念整合框架中的输入成分之间存在部分映射关系，而本框架不强调这种关系的存在。概念整合框架中的输入成分可以是事件中的多个元素，也可以是语义框架；而本框架中的输入成分仅为名词性成分，且在输入成分的分析方面侧重其自身特征与相互之间语义关系的讨论。

其次，在合成方式上，概念整合框架使用选择性映射和涌现；而本框架则对输入成分的意义内容进行分解，提出名词性成分的不同层次意义内容，并结合意向性活动讨论其组合模式。因此，概念整合框架的合成是基于输入成分本身及其映射关系的，而本框架的组合则是基于输入成分的意义内容分解和意向性活动对意义内容的激活。

再次，在输出方面，概念整合理论提出在合成过程中通过组合、完善和精细化形成涌现结构，着重分析涌现结构产生的方式；而本框架中将输出的产生方式均归入对“组合”的讨论，并在输出方面主要讨论其结构类型。

最后，在整体结构方面，概念整合框架包括一个含有两个输入空间共有特征的类属空间；而本框架不包括这一构件，仅强调输入通过组合产生输出。

据此，尽管概念整合框架与本框架在形式上存在相似性，本质内涵却有着显著的区别。不过，概念整合理论也为本框架提供了启示，即两个输入成分通过组合可以产生新的输出，该输出可以是输入成分的直接组合，也可以是包含了无法由输入直接组合产生的涌现型输出。

4.1.4 输入成分因素

1. 名词性成分之间的关系

1) 词汇语义关系

词汇语义学是专注于词汇意义及其相互关系和结构的学科，是语义学领域的一个重要分支。Cruse(2009)[86] 指出词汇的意义关系有两类：纵聚合关系和横组合关系。前者反映出持续且无穷变化的经验事实是如何沿着变化的具体维度，通过范畴化、次范畴化以及分级被理解和控制的；后者承担语篇连贯、为信息添加必要的补充，以及通过解歧控制单个话语成分的语义贡献等功能。Cruse 主要考察了词汇之间的纵聚合关系。Cruse(2009)[87] 把类与类之间的一致性关系定义为 4 种：全同、包含、交叠、析取，这 4 种关系在词汇语义分析方面有两种应用方式。第一种从指称的视角看，词汇 A 和 B 指称的类可以是全同关系、包含关系、交叠关系或析取关系；第二种是从意义的视角研究词项 X 和 Y 占有相同结构位置的平行句的语义关系，它们之间的语义关系分别对应于上述 4 种类关系，即命题性同义关系、上下义关系、相容关系和不相容关系。

同义关系的定义如下：如果(1)X 和 Y 具有句法的全同性，且(2)包含 X 的任何语法的陈述句 S 与另一个句子 S' 的真值条件完全相同，而 S' 中除了 X 被 Y 替代，其余与 S 完全相同，那么 X 是 Y 的命题性同义词。

上下义关系被定义为：如果“A 是 f(X)”蕴含“A 是 f(Y)”，但不被“A

是 f(Y)”蕴含，那么 X 是 Y 的下义词(Y 是 X 的上义词)。例如，“它是一只狗”蕴含了“它是一只动物”，反之则不成立，故“狗”是“动物”的下义词，而“动物”是“狗”的上义词。

相容关系被定义为：如果 X 和 Y 相容，那么“A 是 f(X)”和“A 不是 f(X)”逻辑上独立于“A 是 f(Y)”和“A 不是 f(Y)”。例如，“它是一只狗”和“它不是一只狗”与“它是一只动物”和“它不是一只动物”没有必然联系，二者具有相容性关系。相容性关系可以分为严格相容和一致相容，前者指 X 和 Y 至少有一个共同的下义词，后者仅满足相容性定义。

不相容关系被定义为：当能够找到“A 是 f(X)”形式的句子蕴含了“A 不是 f(Y)”形式的句子时，X 和 Y 就被定义为不相容关系。例如，“它是一只猫”蕴含了“它不是一只狗”，“猫”和“狗”就形成了不相容关系。反义关系是不相容关系的特殊类型，其中包含了互补反义、等级反义、方向反义等。

除了 Cruse 对词汇意义关系的讨论，还有其他不同的分类方法。例如，Geeraerts(2010)[82] 认为讨论最为广泛的词汇意义关系包括 4 类：同义、反义、上义和部分整体。Pustejovsky(1996)[23] 讨论了词汇意义的 5 类关系：同义、反义、上下义和词汇承继、部分整体以及蕴含和预设。这些关系类型中，同义、反义和上下义都与 Cruse 的分类一致，其中词汇承继实际上也是上下义关系。例如，“汽车”是“交通工具”的下义词等同于“交通工具”是“汽车”的上义词(Pustejovsky，1996)[24]。部分整体关系是指一个词项所指称事物是另一个词项所指称事物的一部分。蕴含是指，当一切能使表达 A 为真的条件也能使表达 B 为真时，A 就蕴含 B；预设是指使一个表达成立的先决条件。例如，“卖”预设了施事“拥有”某一物品。上述词汇意义关系的分类归纳如表 4.1 所示。

表 4.1　词汇意义关系分类

学者	分　类				
Cruse	同义	上下义	相容	不相容	
Geeraerts	同义	反义	上义	部分整体	
Pustejovsky	同义	反义	上下义和词汇承继	部分整体	蕴含和预设

综合词汇语义学观点，词汇语义关系包括同义、上下义、反义、相容、不相容、部分整体以及蕴含和预设。名名组合是一种横组合关系，过去的分析通常只关注两个参与组合的名词之间的语义关系，而忽略了纵聚合关系对横组合能产性的促进和制约。考察词汇纵聚合关系对组合规律的影响，可以分析具有相同语义域或概念类型的名词性成分在形成名名组合方面的表现及其对输出的

影响，以及上下义关系在构词中的表现及规律等。

2) 层级范畴

认知语言学的范畴化理论为词汇语义关系提供了横向和纵向两个分析维度。横向维度是指在对概念进行范畴化分类时，处于同一层级的词项具有相同的概括化水平，它们之间属于并列关系；纵向维度是指范畴化分类时处于不同层级的词项具有不同的概括化水平，层级越高概念的概括化程度越高，层级越低概念越具体，它们之间属于从属关系，即低层级词项从属于高层级词项。在层级结构中，处于高层级的范畴被称为上位范畴，处于低层级的则称为下位范畴，上位范畴聚合下位范畴，并且突显其共有特征，处于中间层的被称为基本层级范畴。基本层级范畴一般是最易被儿童习得、长度最短且使用频率最高的概念，词汇层级习得经常从中间层向概括化和具体化两个方向发展(Brown，1958)。基本层级范畴也是最重要的范畴层次，是人类认识世界的起始范畴层次。按照所处层次的不同，基本层级范畴往往包含大量的概念信息，同时也具有与同层级其他范畴相互区别的能力；上位范畴的特征更多是功能性的(Murphy 等，1997)；而下位范畴因为更具体，其概念的信息量比基本层级更大(Rosch 等，1976)。汉语名名组合的输入成分，即名词性成分所处的层级以及它们形成的名名组合所处的层级位置，也是输入成分因素之一。

3) 框架语义学

框架语义学由 Fillmore(1975)引入语言学，并得到了深入的探讨和发展。Fillmore(1982)认为，所谓框架，就是相互关联的概念组成的任何系统，为了理解这些概念中的任何一个，必须理解它所处的整个结构。当此结构中的任一事物被引入文本或会话时，其他事物也可以自动获取。以“乘坐飞机”的框架为例，认知范畴“飞机”将激活大批属于该框架的其他范畴，如“飞行员”“空乘”“救生衣”“安全带”“头等舱”“经济舱”“安全说明”等(Ungerer 等，2008)。这些词项和表达之所以能够被激活，正是因为它们处于相同的语义框架之中，激活其中一个就可以自动获取其他。因此，框架语义学为拓展和深化词汇意义提供了一种特殊的方法，它通过概括事件场景内容将此场景中的一系列表达串联在一起，使这些表达形成一个相互关联的网络。如此，可以把能被相同语义框架同时激活的词项称为相关词项，它们之间的语义关系称为相关。例如，“饭”“菜”可以同时被“吃饭”框架激活，“雷”“电”可以同时被“暴风雨”框架激活，“手”“脚”可以同时被“人体”框架激活，也可以被“四肢”框架激活。因此，“饭”和“菜”、“雷”和“电”、“手”和“脚”之间就分别构成了相关关系。在第 5 章，这种相关关系被称为聚合关系。

2. 名词性成分的概念类型

名词一般有多种分类方式。按照传统的语法特征，可以分为可数名词和不可数名词、个体名词和集合名词；按照说话人对世界的认识和直觉，可以分为具体名词和抽象名词；按照语义特征，可以分为谓词性名词和关系性名词，其中谓词性名词可以独立指称世界上的事物，而关系性名词却是根据它们自己所指示的事物依赖于另一个所指，关系性名词又可分为水平型和阶层型两类，例如“邻居”“姐妹”属于前者，而“父亲”“女儿”属于后者(Pustejovsky，1996)[18]。王珏(2001)从语法角度出发，把汉语名词按照有无形态标志分为形态名词和零形态名词、表人形态名词和非表人形态名词；按照配价标准分为零价名词、单价名词、双价名词；按照名词和量词的搭配规律分为非量化名词、可量化名词、事件名词、事物名词、类量名词、非类量名词、部分量名词、非部分量名词、集合名词、非集合名词、局量名词、整量名词等多种类型；按照名词和副词的搭配规律分为可受副词修饰的名词和不可受副词修饰的名词，前者还可分为度量义名词、顺序义名词和性状化名词；按照名词和方位词的搭配规律分为强性质名词、强状态名词、强时间名词、强空间名词、载体性名词、信息性名词、原料名词、成品名词等；从语义角度分为称谓名词、身体器官名词、植物名词、抽象名词、集合名词、生命义名词、歧义名词和同义名词等类型。

这些分类方式的标准可以归纳为 3 类：名词表达的概念类型、名词的形态特征和名词与其他范畴的搭配。其中，将名词划分为可数名词、不可数名词、个体名词、集合名词，或是具体名词、抽象名词，或是谓词名词、关系名词，或是身体器官名词、植物名词、生命义名词、歧义名词和同义名词等，是根据名词表达的概念进行分类的；将名词划分为形态名词和零形态名词、表人形态名词和非表人形态名词，是根据名词的形态特征进行分类的；其余则是根据名词与其他范畴类型的搭配进行分类的。

究竟什么样的分类方式可以解释名名组合的能产性和释义呢？由于名词的诸多分类方法不可能一一使用，必须根据研究需要筛选出合适的分类。选择的依据基于以下两点：首先，现有研究一般聚焦于自然类名词和人造物名词这两类具体名词的组合分析，对抽象名词的解释力度欠佳，因此将具体和抽象两类名词在名名组合上的不同表现整合到统一机制之中是本书考察的一个方面；其次，概念是重点考察的对象，从这一点上看，更需要从概念角度对名词进行分类。由于输入成分所表达概念的组合方式是意义阐释的基础，因此以名词表达的概念类型作为依据的分类方式是合理的。而且，名词表达概念也是其本质属性，相较于形态和搭配的外在属性的分类依据更有说服力。但是，我们并不采用上文中以名词表达概念为依据的分类方法，因为这些分类往往只揭示了概念在某个维度上的类型差异，或是分类界限不够清晰导致一些词项很难归类。例如，将名词分为可数和不可数仅说明了名词所表达概念是否具有同质性，分为个体和集体仅揭示了名词所表达概念是否具有整体性。将名词划分为具体和抽象两类，会存在名词归类难以确定的问题，因为具体和抽象之间存在模糊地带。以方位名词为例，它们虽然属于名词范畴，但和普通名词不同。黄伯荣等(2012b)在《现代汉语》中对名词特征阐述之后，专门对方位词进行了说明。这表明，方位词虽然属于名词，但是具有不同于名词的一些特点。例如，方位名词可以作状语，不受数量词修饰，可以受副词“最”或“极”修饰等。方位名词如“东”指称方向，很难判断它是否指称了实体，因为方向是实实在在存在的，但是却不具有具体形态，将其归为具体名词或抽象名词都有一定依据，但是又都不是它们中的典型词项。同样，将名词划分为谓词性和关系性两类也存在介于中间的类型。例如，“气味”“尺寸”“才情”等，它们既具有谓词性，又与另一个潜在的所有者论元有不可分割的关系，因为它们都表达了依附于所有者的特征。

概念类型的划分恰好解决了上述问题。Löbner(2011)[281] 基于概念的逻辑类型差异，依据是否具有内在唯一性或内在关系性特征，提出了名词的 4 种类型：类别、个体、关系和功能。具体来说，类别名词的特征是[–唯一性][–关系性]，如“石头”“书”“形容词”“水”等；个体名词的特征是[+唯一性][–关系性]，如“月亮”“天气”“日期”“玛利亚”等；关系名词的特征是[–唯一性][+关系性]，如“妹妹”“腿”“部分”“属性”等；功能名词的特征是[+唯一性][+关系性]，如“父亲”“头”“年龄”“主语”等。这些特征并不是意义成分，而仅仅是描述性缩写。类别名词是一元述谓，具有逻辑类型<e, t >，它们通过属性来描述潜在所指，其意义是类别概念。类别名词构成了名词的原型次类，它们和 4 种限定模式都可以搭配，还可以搭配形容词和属性词，不需要搭配补语，因而句法特征相对简单。类别名词包括了自然类和人造类事物，以及其他词汇次类。个体名词具有逻辑类型<e>，它们主要包括专有名词以及在话语语境中出现的唯一性成分，如“国王”“美国总统”“月亮”“天气”“温度”等。这些名词的意义是把唯一所指分配给每一个合适话语语境的个体概念。由于它们的内在唯一性，个体名词在论元位上的默认用法包括单数确定、复数确定和非确定，而量化的用法需要特殊的语境。关系名词是二元述谓，具有逻辑类型<e, <e, t>，它们的意义是二元关系概念，除了所指称的论元还涉及另一论元。关系名词用与其他对象的特定关系来描述其所指，包括大多数表示亲属的词项、表示非唯一部分的词项等。由于不具有唯一性，关系名词经常和非确定以及确定性限定匹配，或单数或复数。功能名词是一元功能项，具有逻辑类型<e, e>，它们的意义是功能性概念，涉及一个表示所有者的论元，需要对该论元进行饱和。功能名词包括表示关系角色的词项，如“母亲”“作者”“总统”，表示唯一性部分的词项，如“头”“顶部”“封面”，以及表示抽象意义或维度的词项，如“年龄”“尺寸”“价格”“意义”“名字”“气味”等。

Löbner(2011)[312] 还提出了 4 种基本的名词限定化模式：单数确定、非确定、绝对化、关系性。而且，Löbner(2011)[301] 还为关系性模式添加了所属性，它是关系指称对其所有者的说明。这些限定模式和名词的概念类型具有比较稳定的对应关系，其中唯一性明显对应于确定性，而关系性则对应于所属性。但由于名词多义性的存在，有时候会出现二者不匹配的情况，Löbner(2011)[306] 将其称为类型转换。Brenner 等(2014)[21-48] 从语料库语言学分析和心理语言学实验的角度，支持了 Löbner 提出的名词在唯一性和关系性的概念特征上具有词汇属性差异的假设。不过，他们的研究同时表明词汇的实际使用与其属性有不一致的情况，但是数据并不能得出这些不一致的用法会影响词汇辨识或涉及认知类型转换。因此，Brenner 等(2014)[22] 认为，Löbner 从每一个指称特征的潜在值得到了 4 类名词并指出它们相应的概念类型，即指称特征“[±R] and [±U]”储存在心理词库之中。表 4.2 是 Löbner 对 4 类名词以及它们和限定方式搭配情况的描述。

表 4.2 名词概念的类型(Löbner，2011)[307]

	[−唯一性]	[+唯一性]
[−关系性]	类别名词 *石头 书 形容词 水* √不确定性，复数，量词，限定性 ×单数确定性 √绝对性 ×关系性，所属性	个体名词 *月亮 天气 日期 温度* ×不确定性，复数，量词，限定性 √单数确定性 √绝对性 ×关系性，所属性
[+关系性]	关系名词 *姐姐 腿 部分 属性* √不确定性，复数，量词，限定性 ×单数确定性 ×绝对性 √关系性，所属性	功能名词 *父亲 头 年龄 主语(语法)* ×不确定性，复数，量词，限定性 √单数确定性 ×绝对性 √关系性，所属性

类别名词的意义可以用其指称事物的特征进行描述；个体名词在任何语境中指称的对象一致；关系名词指称的概念不具有唯一性，但是必须借助于另一所有者论元才能完成指称，其意义取决于它和另一论元之间的关系；功能性名词则涉及一个所有者论元，指称的事物必须依附于所有者出现，且在给定语境中指称的事物具有唯一性。按照有无唯一性和关系性的标准，“东”具有唯一性，但不具有关系性。在英语中，*east*(东)具有确定性，没有复数形式，不受量词修饰，限定性不能改变其指称，具有单数确定性和概念绝对性。因此，“东”可以被归为个体名词，从而避免了方位名词和普通名词之间的特征冲突以及具体与抽象之争。而具有谓词性和关系性之争的名词，如“气味”“尺寸”“才情”，按照唯一性和关系性特征，可以被归入功能性名词之中。而且，唯一性和关系性与限定类型的组合已经涵盖了描述同质性和整体性的属性。例如，“√不确定性，复数，量词，限定性”的搭配表明了此类名词具有非同质性和非整体性的特征。

3. 名词性成分的语义域

语义域为识别词汇间的语义关系提供了客观标准(Gliozzo，2006)。语义域可以被定义为一个重要的概念以及通过词汇关系直接与该概念相关的词汇(Moe，2003)[215]。一个语义域的名称通常由该域中的普通名词构成。例如，英语中 *rain*(雨)的语义域就包含了 *rain*(雨)、*drizzle*(蒙蒙细雨)、*downpour*(倾盆大雨)、*raindrop*(雨滴)、*puddle*(雨水坑)等词项。Moe(2003)[222] 指出，语义域就如同音系研究中的国际音标、语法研究中的标准语法范畴、人类学研究中的描述和比较不同文化的框架一样，具有跨语言的普遍性，因此可以合作构建标准的语义域列表。目前，已有相关的语义域研究。如，《圣经希伯来语语义词典》有一套说明词汇纵聚合关系的词汇语义域和说明词汇横组合关系的语境语义域；“词网域”是一套用于标注词汇层级关系的语义标签，通过给词网添加语义域标签来增强其功能；Magnini 等(2000)研究了将主题域代码运用到词网同义词集合标注中的方法，从而扩展了词网的语义域标签；Lee 等(2009)用词网的语义域标签扩展了中文词网，构建了一套称之为“中文词网域”的语言资源；Nash(1998)为澳大利亚语言的词汇提供了语义域分析。这些研究虽然基于不同语言，但所构建的语义域标签却有很多相似之处：大部分标签相同或相似，都具有内部层级关系。因此，《圣经希伯来语语义词典》的语义域、词网语义域以及澳大利亚语言词汇语义域等 3 种语义域标签均可作为汉语名名组合输入成分语义域进行标注的参考。

由于语义域具有层级性，语义域的确定不可避免地会面临一个问题，即名名组合的输入成分标注的层级如何选择。例如，《圣经希伯来语语义词典》语义域层级为物品、事件、关系 3 个主层级，在每个主层级之下又派生出多个次层级，层层嵌套，层级越低的语义域越具体。例如，“物品-生物-人-朋友”就是一个从高到低逐步具体化的层级链。由于本书关注不同语义域的成分在名名组合中的能产性，且越具体的语义域提供的信息量越大，从而能够对能产性进行更准确的描述，因此，本书的语料标注遵循的原则是在体现归类的基础上尽可能具体化。一些输入成分的语义域非常具体，例如，“福祉”“祸祟”“灾祸”等组合的输入成分语义域属于事件域之下的“福祸”；“刀枪”“兵戎”“弓箭”则为“人造物”层级之下的“工具”层级中的“武器”分支。同时，也存在输入成分语义域比较抽象的情况，例如，“文史”“文体”“文艺”的输入成分的语义域为“领域”，而这个域在“词网语义域”中本来就处在较高层级。因此，语料标注会根据具体情况尽可能具体化其语义域。此外，在第 5 章和第 6 章中，本书还分别对并列型和从属型组合的输入成分的语义域进行了层级归类，以便从局部和整体两个层面对输入成分的语义域进行分析。

4.1.5　输出类型的描述

构式语法是认知语言学研究中的重要理论之一，可以被用来描述名名组合的输出类型。构式定义的变迁展现出构式研究范围的不断扩大，从最初的句子扩展到任何一种结合形式、语义、语用三因素的语言单位。Fillmore 等(1988)把语法构式定义为任何在语言中被赋予一种以上规约性功能的句法结构形式，并对其所在结构的意义或用法产生规约性的影响。Lakoff(1987)把构式定义为形式(F)和意义(M)的对子(a form-meaning pair)。“形式”是指一组句法和音位条件，“意义”是指一组意义和用法条件。Goldberg(1995)[4] 认为：“C 是一个构式当且仅当 C 是一个形式意义的配对体<F_i, S_i>，使得 C 的形式(F_i)或意义(S_i)的某些方面不能从 C 的组成成分或其他已有构式中得到完全预测。”Goldberg(2006)[5] 将构式的定义调整为：“已习得的形式和语义或话语功能的配对体，包括成分、习语及部分由词汇填充的短语结构和完全一般性的短语结构。”可见，语言研究的所有层面都涉及构式。任何语言形式，只要其形式或功能的某一方面不能严格地从其构成成分或已确认存在的其他构式中预测，就可以被判断为一种构式(Goldberg，2006)[5]。

按照上述定义和标准，名名组合结合形式、意义和语用三因素，是一种形式与功能的配对体。同时，其组成成分在结构上的并置并不能反映出二者之间的语义关系，也不能依据组成成分严格地推导其整体意义。因此，名名组合也是一种构式，可以把构式理论用于描述名名组合的意义阐释模型。

4.1.6 输入成分的组合基础和模式

按照“输入-组合-输出”框架，名名组合的意义阐释是由输入成分的意义内容按照某种方式进行组合而形成具有特定结构的输出过程。但是必须明确的是，这里的输出暂时不涉及整词发生隐喻和转喻的情况。

1. 意义内容分析的必要性

1) 语词意义和百科语义观

按照指称论，语词指称外部世界或心智世界中的事物，但是，这些被指称的事物并不能代表语词的意义。因此，语词和世界之间的联系应该是非直接性的。Ogden 等(1923)在其《意义的意义》一书中把语词和事物之间这种间接关系用概念连接起来，进而提出了著名的“语义三角”理论，如图 4.2 所示。

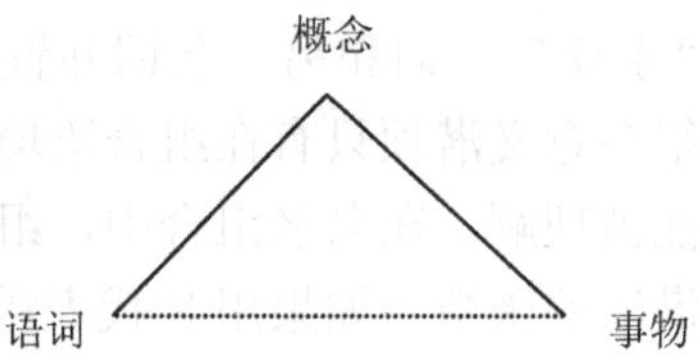

图 4.2　语义三角理论示意图

从“语义三角”看出，语词是一个语言符号，只起到指称的作用，而其意义是由联系语词和事物的概念来表征的。这些概念构成了语词的意义，而概念的组成与特征则成为概念组合的基础。因此，在讨论名名组合中名词性成分的组合时，就必须先分析这些名词性成分的概念组成与特征。

根据 Frege 的观点，同一指称可以具有多重意义。而按照 Russell 的摹状词理论，同一指称可以有多个不同的描述语。因此，“语义三角”中的概念实际对应了多重概念项。按照认知语言学的百科语义观，所有的意义即这些概念项，都融合于认知主体的概念结构之中。Fauconnier(1994)的心理空间理论同样把所有的意义都赋予认知空间中存在的概念结构，这样做实际上是把词汇的所有概念项都融合在了一起，不区分稳定意义和其认知框架相关的其他所有意义，从而模糊了语义知识和语用知识的界限。这种做法不利于分析词汇稳定意义和其他意义在意义组合中的各自作用，也不利于揭示意义分层次组合的认知机制。因此，对语词的意义内容进行分析和分类，将有助于我们解决这些问题。

2) 意义潜项

词汇意义是一种内化的心理表征，是人对现实世界的识解和感知。否认语义知识和世界知识的区分很难解释词汇意义与话语意义的不同(Meyer，1993)[5]。按照认知语言学的观点，名词被用于描绘事物。人类可以借助视觉、听觉、触觉、嗅觉和味觉对外界事物进行识解和感知，因此感知和识解结果是多维度的。例如，用“花”来指称一种可供观赏的植物，花被描述为“种子植物的有性繁殖器官，由花瓣、花萼、花托及花蕊组成，花有各种形状、颜色，并散发香味”。除此之外，根据生活经验，人们知道花还可以用作装饰，给人送花可以表达特定的感情，等等。当单独说“花”的时候，一般用来指称事物，但是在语境中使用时却可能激活来自各种感官的识解结果或与之相关的生活经验，具体哪一种结果被激活取决于语境。每个词汇在语境中突显出的各种义项可以被称为语义或意义潜项(Evans，2010)[12]。

名词的意义潜项在名名组合中的激活取决于两种语境：局部语境和整体语境。局部语境是两个名词之间互相提供的组合语境，而整体语境则是名名组合出现的句子或语篇的话语语境。以“学校”一词为例，在“学校领导”和“学校新闻”中，它表示“组织机构”；而在“学校环境”和“学校卫生”中，则表示“一片区域”。这是“学校”一词和另一名词并置时的组合语境促使释义者选择了该义项。名词的很多意义潜项只有在组合语境中才会显现出来，甚至要在更大的话语语境中才能被理解。在名名组合中，组成成分的意义是局部语境和整体语境之于其意义潜项的函数。如果用 S 代表激活的词汇义项，C 代表组合语境，T 代表话语语境，s 代表名词的意义潜项，那么激活的意义应该表示为 $S = C(s)$或 $S = T(s)$。一般而言，组合语境激活的意义潜项总是大于话语语境的意义潜项数量，即 $C(s) \supset T(s)$。例如，在名名组合“狗医生”中，组合语境“狗”与“医生”激活的可能义项有“狗这种动物”和“不负责任、坏的”；在话语语境“狗医生在宠物医院工作”中，只能激活“狗这种动物”的义项；而在“这是个给病人乱开药的狗医生”中，只能激活“不负责任、坏的”这一义项。图 4.3 展示了这种义项的选择组合过程。

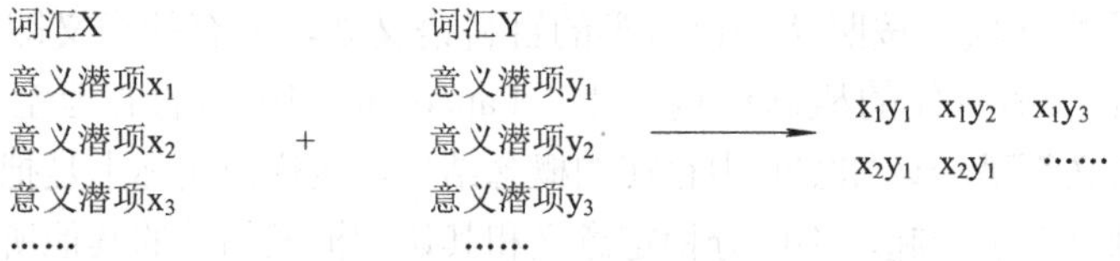

图 4.3　语词的意义潜项及其组合

每个名词都具有多个潜在义项，这些义项共同形成了一个概念，用以指称一个实际存在或可能存在的事物。这一概念由一系列的意义潜项组成，而这些意义潜项就是关于此概念的知识表征。

在词汇的众多义项中，有的义项是核心的、确定的，而有的义项却是根据语境临时被激活的。Cruse(2009)[71] 提出了意义谱的概念，一个语词的各个义项之间界限模糊，形成了一个连续统，就像光谱上渐变的色彩一样。在意义谱上，分布位置相近就意味着义项间相互关联紧密，分布位置相距较远则表明义项之间联系较少。词的义项在意义谱上呈渐变分布，而两个名词的组合则是各自意义谱中元素的相互组合。每种释义之间有可能存在联系，也有可能毫无关联。在名名组合释义中，各个成分的某一意义被相互组合的语言语境所激活，再组合到一起产生新的意义，被激活的义项被称为突显意义，而未被激活的义项被称为潜在义项。组合搭配时，不止一组突显意义被组合在一起，从而产生了名名组合的多义现象。

语词的意义并不是杂乱无章地存储在大脑里，也并不是都属于同一类型。即便在同一意义谱上，也有主要和次要之分，有容易激活和不易激活之别。

2. 名词性成分意义内容分类的哲理基础

名名组合意义的构建是由输入成分的意义内容按照某种方式进行组合而形成具有特定结构的输出过程。输入成分即名词性成分的意义内容是组合的基础，主要包括两个方面：概念性意义内容和意向性聚焦意义内容。概念性意义内容是名词性成分语义中最核心的部分，是纯字面的且最稳定的词项意义。除了这一稳定的意义内容，其他由意向性活动激活的意义潜项被称为意向性聚焦意义内容。这种对名词性成分意义内容的二分法观点，是在考察哲学和语言学理论的基础上综合分析形成的。这些理论包括 Locke(1999)[401-403] 对名义要素和实在要素的区分、Kant(1998)[130] 对分析性和综合性命题的区分、Ryle(转引自陈嘉映 2013)[221] 对语义知识和事实知识的区分、Meyer(1993)[5] 对词汇意义和话语意义的划分、Jackendoff(1990)[7-37] 在概念语义学中对概念结构的描述、Borg(2004)的语义最简论、Prinz(2002)[3-8] 对意图内容和认知内容的区分，以及 Evans(2010)[41] 对语义结构和概念结构的区分。这些理论带来的启示是：意义或概念是分层次的，词汇意义由一系列意义潜项组成，其中一些潜项处于意义内容的核心地位，而另一些则需要在语境中通过意向性活动来激活。语词既可以用来指称实际存在或可能存在的事物，同时也携带着与所指称事物相关的概念。因此，名词性成分的意义存在编码核心语义信息帮助形成典型示例模型的意义内容，也存在编码意向性活动聚焦产生的意义内容。

1) 名义要素和实在要素

Locke(1999)[401-403] 把关于物质的复杂观念分为名义要素和实在要素。名义要素是用来帮助识别某种物质的表面特征，是识别某种物质时首先需要抽象出来的特征；而实在要素是必须通过进一步观察才能得到的物质之所以成为这种物质的本质特征。例如，关于“铁”的一般认识是一种具有某种颜色、重量、硬度和延展性的物质，而关于“铁”的本质是什么，在 Locke 那个时代由于科学研究能力所限，所以无从获取。但是，随着科学技术的发展，现在已经知道，铁是一种常见的金属元素，原子序数是 26，化学式是 Fe，熔点是 1538℃，沸点为 2750℃，能溶于强酸和中强酸，不溶于水，等等。这些特征构成了 Locke 所说的实在要素。Locke(1999)[361-362] 还指出物质思想具有双重指称：指称实在要素或仅指称由已发现的特征形成的关于实际存在事物的心理表征或影像。这种观点与区分语义知识和事实知识的方式一致。语义知识是能够识别某一事物所需要的最基本表面特征，这些特征在大脑里帮助我们形成该事物的典型表征。事实知识是需要进一步观察才能获取的关于事物的内在本质特征。例如，“桌子”这一事物，识别它所用的最基本特征是“上有平面，下有支柱，可以在上面放东西或做事情的家具”，这就在大脑里形成一个关于“桌子”的典型表征。然而，通过进一步科学观察，才会发现桌子的构成、结构、功能等内在特征。概念性意义内容基本等同于名义要素，而意向性聚焦意义内容则类似于实在要素。

2) 分析命题和综合命题

Kant(1998)[130] 在其著作《纯理性批判》一书中写道：“在所有主语和述谓的关系被考察的判断中，这种关系有两种可能形式。要么是述谓 B 属于主语 A，就如同某事物隐性地被包含在概念 A 中，或者是 B 完全处于概念 A 之外，虽然它必然与 A 有所联系。我把第一种情况的判断称为分析性的，第二种称为综合性的。”按照 Kant 的观点，分析性判断不用去寻找概念 A 以外的信息，只用分析概念本身就可以建立 B 和 A 之间的联系，得出 B 属于概念 A 的判断；而综合性判断不能仅依赖于 A 和 B 的意义，除了需要知道 A 的含义，还需要了解不属于主语 A 概念的述谓 B 的意义，需要与非语言事实相关的经验参与判断。这种区分带来的启示是：一些意义的判断可以依据对概念信息本身的分析得出，而另一些则需要结合非语言的生活经验或背景知识。这形成了激活语言和非语言知识的两种不同机制。

3) 语义知识和事实知识

陈嘉映(2013)[221] 论述了英国哲学家 Ryle 关于语义知识和事实知识的区分：“莱尔说，关于首相的知识是语义知识，例如，首相是议会多数党领袖。然而，关于首相有很多知识，例如这个职位最早诞生于哪一年，最近三届英国首相分别是谁，这些显然不是首相的语义知识……这些知识相互联系，形成了一个概念。”这里的语义知识有助于形成关于“首相”概念的典型特征，而事实知识则是与“首相”这一概念相关的世界知识。这种划分表明了关于语词的概念知识可以进行分类，也成为对名词意义内容进行分类的依据之一。

4) 双层语义学

Meyer(1993)[17] 提出存在词汇意义和话语意义两个不同层面。相较于随语境变化的话语意义，词汇意义是更为稳定不变的意义。Bierwisch 等(1989)提出了一个双层语义学框架，认为存在一个称之为“语义形式”的关于词汇-语法表征的语法层，以及一个包含语境作用和概念推理的以保证表达具有合适话语意义的概念结构层。

Bierwisch(1983)提出了在不同语境中可以用同一个名词指称不同概念的观点，例如，“剧院”可以用来指示“剧院建筑”“剧院表演”“剧院观众”。这就意味着，对语词而言，存在最核心的语义信息，也存在和语义信息相关的概念信息。语词编码了语义信息，语义信息与概念信息相关，二者共同映射了世界。这种观点可以用图 4.4 表示。这种将意义划分为语义信息和概念信息的操作正是意义分层思想的最直接体现。

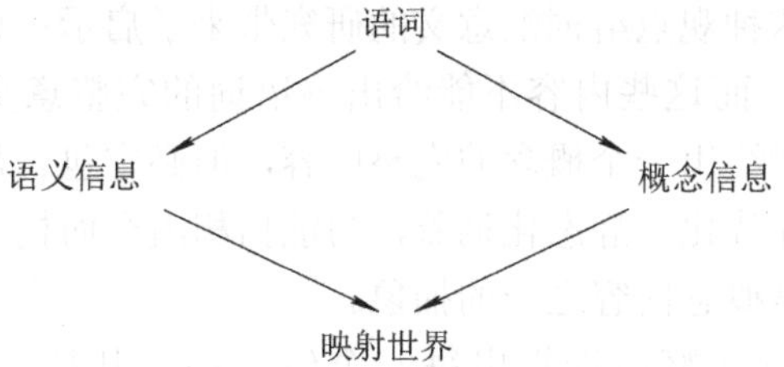

图 4.4 语词意义组成和功能

5) 概念语义学

概念语义学是对自然语言意义处理的一种形式化表达，由 Jackendoff (1983)提出并发展。Jackendoff(1990)[7] 认为概念语义学与传统的真值条件语义学不同，概念语义学称为内部语义学，既考察心理又考察生成语法，探究与思维相关的意义的心理表征；而真值条件语义学则称为外部语义学，只考察独立于说话者的语言与世界的关系。Jackendoff 把语言官能描述为音系、句法和概念几个平行层面，相互之间通过对应规则连接，使得语义学成为一个独立模块，其核心是概念结构。概念可以被分解为一组构成其意义的特征，这些特征及其之间的特征关系即内部结构，决定了概念在语言理解和产出中如何被激活(Moss 等，2009)。这些基本特征即概念元属于不同的概念本体范畴，如事物(thing)、事件(event)、状态(state)、行动(action)、地点(place)、路径(path)等。

但是，Jackendoff 的理论体系存在两个问题：一是概念基元是否还能继续分解；二是语词的意义是否能用这些高度抽象、数量有限的概念基元充分描述。对于前者，Jackendoff 并不认为概念结构就是最本源的，不能再被细分，因为人类的认知是无限的，可以从广度和深度上进一步扩展(Jackendoff，1990)[4]。但是对于后者，他并未讨论。概念语义学存在的第二个问题的根源恰好是该理论混淆了稳定性、核心性意义内容和意向性聚焦意义内容的结果。概念语义学认为语义结构等同于概念结构，试图用有限的概念基元来描述范围随着语境变化而数量可能为无限的概念结构。因此，解决第二个问题的关键在于认识到包含稳定性意义内容的语义结构和包含意向性聚焦意义内容的概念结构存在本质的不同。前者的范围和数量是有限的，而后者则会随语境的变化被激活不同潜项。

6) 语义最简论和意义整体论

语义最简论拒斥语用推理对语义内容确定的侵入，认为语境对语义内容的影响极其有限，语义成分的语境敏感性仅由语法和句法因素触发，而语境因素仅在说明这些语境敏感成分的指示对象时才起作用(Cappelen 等，2005；Bach，2006)。这种完全将独立于语境和依赖于语境的意义截然分开的观点虽然受到质疑，但是这种观点给词汇意义的研究带来了启示：词汇意义具有相对稳定和固定的内容，而这些内容不能给出该语词的完整意义。刘利尼(2019)[7]认为，语词确实不能给出一个概念的完整内容，但必定包含最小的语义内容，这个内容是概念的碎片化、静态化抽象，与能指相组合而构成一个语词符号的不是概念整体，而是概念内容之一的抽象。

Quine(1978)的意义整体论指出每一个信念都是其他信念网络中的一部分，它们形成了“信念网络”。处于网络中心的信念比处于边缘的信念受到更严格的保护，免受证伪，但是没有哪个信念是完全不可修正的。获取任何一个概念的完整意义都需要依赖信念网络中的各种联系，任何一个语词都不可能把它与其他意义的所有联系同时呈现出来。“碎片化、静态化抽象”的“马”的概念称为义形，义形与 Quine 的意义整体论是兼容的，Quine 的信念网络是一个复杂的整体，但其成分却相互联通、相互支持，虽然“马”的义形是人所共有的，但是由于经验的不同，每个人对“马”概念的属性描述集合却有所不同，这些属性需要更多的支持性述谓来与整个信念体系相联系(刘利民，2018)。因此，语词通常只能给出最简的语义内容，而其他的一切意义都需要根据不同的语境由语言使用者依据自己的信念网络去激活和补充。

7) 意图内容和认知内容

Prinz(2002)[3-8]把概念内容划分为意图内容和认知内容两种。前者指概念指称的存在或可能指称的事物，后者指共指表征对认知主体而言具有语义上的差异性。例如，不同的意义可以指称相同事物，或不同共指概念对认知主体而言具有相似性，就像“孪生地球”实验中人们用“水”指称不同世界中的相似事物。此外，Prinz(2002)[14]指出组合性既有意图内容的组合，也有认知内容的组合。Prinz(2002)[37-38] 以“木椅”为例，说明该复合词承继了其组成部分的意图内容。这种对概念内容的划分和组合的观点，与对概念进行分层和组合的研究也具有共同之处。它们都认为概念内容并不是像认知语言学中百科语义观所描述的那样，所有概念混杂在一起，而是根据与事物和认知主体本身的关系进行分类，并且最重要的是，这些分类概念内容还可以进行组合。

8) 词汇概念和认知模型

词汇认知模型提出，语义表征存在语义结构和概念结构这两个不同的层面。词汇编码核心内容，即词汇概念，与高度图式化的信息相关(Evans，2010)[xii]。Evans(2010)[41-43] 根据 Talmy 和 Langacker 对丰富性和图式性两种语义知识的区分，提出了由语言编码、表征图式信息的语义结构和不由语言直接编码、表征丰富性信息的概念系统。该理论包含以下核心观点：

(1) 语义结构与概念结构分别形成了语言系统和概念系统这两个不同的表征系统，合称为语义表征。

(2) 语义结构模型的理论构件是词汇概念，而概念结构模型的理论构件是认知模型。

(3) 词汇概念编码语言内容即语义结构，并提供通达概念内容及概念结构的路径。例如，在短语 *a red ball in the box*(盒子里有一个红色球)中，用[red]表示其相应的词汇概念，[red]编码的图式信息即语义结构是“正在处理一个像对象一样的实体的特征”，这一信息提供了通达具有丰富信息的、非语言编码的概念系统的路径，也就是提供了通达认知模型的路径。

(4) 认知模型是一个连贯的知识体系，由一个框架或相关框架组成。认知模型由事物框架和事件框架组成，前者由个体框架和类型框架组成，后者由片段场景框架和通用场景框架组成。

在词汇认知模型中，语义结构对应抽象的图式信息，概念结构对应提供丰富具体信息的认知模型。然而，语义结构提供的图式信息虽然概括性比较高，但信息量有限；而概念结构为非语言编码，虽然信息量丰富，但是却无法用语言表述，只存在于抽象的认知模型之中。这样一来，除了高度概括的图式信息，其他所有的语义信息都产生于认知模型。例如，[red]的语义潜项的获取就需要考察个体在认知模型中对具有称之为 *red* 的感知状态的激活，如“红色松鼠、狐狸、玫瑰”“血液”“口红”“圣诞老人的衣服”“西红柿”“中国国旗”“红酒”“火”等(Evans，2010)[206]。此外，认知模型涉及的丰富的概念信息仍然可以进一步划分。这个相对稳定的词汇意义并非只是图式性质的，因为 Evans 论述的语义结构中的内容并不具有客观现实性，而且在概念的运用中也并非人们掌握的词汇的核心内容。

3. 概念性意义内容和意向性聚焦意义内容

无论是名义要素和实在要素、分析命题和综合命题、语义知识和事实知识、语义信息和概念信息、语义最简论和意义整体论、意图内容和认知内容、词汇概念和认知模型，还是概念语义学对存在问题的解决，都分别从理论层面指向了一个共同结论：语词的意义是分层的，既有核心的稳定意义层，也有随语境变化、与其他概念相关联的意义层。

名词性成分的意义内容可以分为两个层面：最简的稳定性意义内容和其他内容。最简的稳定性意义内容是意义内容中最稳定、最核心的部分，包含与时间和语境无关的意义。Prinz(2002)[14] 指出“概念必须是由不同的个体共享且由同一个体在不同时间共享的”。一个语词编码的概念也有很多项内容，如果每个人的概念系统不同，交际就无法达成。这种共享的意义内容就是稳定的概念性意义内容。其他内容是与语境和其他概念相联系的内容，是通过意向性活动激活的意义潜项。根据这些特点，名词性成分的意义可分为两大类：编码最简稳定的概念性意义内容和编码由意向性活动激活的意向性聚焦意义内容。

1) 概念性意义内容和意向性聚焦意义内容的特征

(1) 概念性意义内容的特征。

① 形式化。概念性意义内容是最简的内容，因此也是最易于被形式化的内容。

② 公知性。概念系统必然存在一套公知的、稳定的、有限的概念知识与语词形成一一对应关系，正如 Saussure(2001)[67-68] 所指出的，虽然能指和所指的联系是任意的，但是一旦两者成为社会约定被固化，就不能由个体随意改变。Saussure(2001)[68] 还指出，一个社会所接受的任何表达手段，原则上都是以集体习惯，或者可以说，是以约定俗成为基础的。

③ 静态性。概念性意义内容是意义内容中最稳定的部分，因此也是最易于保持不变的部分。静态性体现在“语词把所截取概念中的个成分或部分由社会约定而固化了”(刘利民，2019)[10]，本质上就是“语言共同体”的“公共约定”(陈波，2014)。

(2) 意向性聚焦意义内容的特征。

① 非形式化。意向性活动是一种主观性的有意识过程，具有主观化特征，内容随个体使用者和语境变化而难以进行形式化描述。

② 个体性。由于每个语言使用者的语言使用经验、生活经验不同，其意向性活动也会有所不同，激活的意向性聚焦意义内容也因此具有差异性。

③ 动态性。意向性聚焦意义内容随语境和语言使用者的意向性活动的变化而变化，被激活的意向性聚焦意义内容也相应地有所不同，因此具有动态性

特征。

可见，概念性意义内容是可以形式化的、公知的、静态的、不依赖语境的，而意向性聚焦内容一般是实质性的、个体的、动态的、依赖语境的。

2) 概念性意义内容的内涵

概念性意义内容是语词能呈现的最简的、最稳定的、具有公知性、静态性、不依赖语境的内容。它主要由构成该语词指称对象的典型范例和该语词的配价结构组成。

(1) 指称对象的典型范例。

名词性成分的概念性内容包含了指称对象的典型范例，是基于对范畴化理论的考察和分析。概念是人类认知的基本元素，是“联合心理世界的黏合剂”(Murphy，2002)，它们以范畴化的形式储存。按照范畴化分类的依据，目前主要有以下 3 类模型：基于定义的模型、基于相似性的模型和基于理论的模型。

① 基于定义的模型(包括经典理论)。经典理论的范畴划分由一组充分必要条件来确定，范畴特征具有二元性，即对某一特征只有具备或不具备之分，范畴边界清晰，范畴成员地位平等(李福印，2008)。

② 基于相似性的模型(包括原型范畴理论和典型理论)。原型理论是由美国心理学家 Rosch 等(1975)基于 Wittgenstein 的家族相似性理论提出的，用于描述范畴化分类的心理过程。按照该理论，词汇由其最具典型特征的成员来定义，称为原型。一个范畴中的原型是根据能否完全满足一组范畴特征来判定的。在认知范畴中，原型成员通常具有的共有特性最多，并且与其他范畴的原型成员差异最大。范畴内部成员之间的界限不明、地位不同，由“家族相似性”连接形成连续统。例如，“鸟”的原型成员判定依据包括以下范畴特征：下蛋、有喙、有两个翅膀两条腿、有羽毛、会飞等。然而，原型范畴不能很好地解释概念的组合意义，因为复合词除组成概念所标示的范畴的典型特征之外还存在涌现特征(Prinz，2002)[289]。一般认为，原型包括了基于对该范畴典型经验衍生而来的平均和模态特征(Nakamura，1985)。在典型模型中，没有范畴的抽象特征表征，只有该范畴类别的具体实体表征。人类在反复接触该实体的经验中，在记忆中留下了该实体的整体表征，被称为典型，此典型就是一个进行范畴化认知的比对参照物。基于典型的表征可以产生原型抽象的效果(Lamberts 等，1997)。

③ 基于理论的模型(聚焦于概念和关于世界的知识及理论)。“理论”可以指包含了科学原则、模式化观念和对过去经验的非正式观察(Hahn 等，1997)。

名词性成分的概念性意义内容主要由典型模型来解释。第一，以定义为基础的经典理论和以相似性为基础的原型理论都是以列举特征为前提，但列举多少特征才能说明一个概念的最简意义不得而知；而一个静态的典型范例可以在有限的范围内以最直接的方式给出语词呈现的最简概念。第二，对于基于理论的模型，Murphy 等(1985)指出，人们关于世界的理论包含了概念知识，概念的组织方式在一定程度上通过这些理论得以体现，基于相似性的概念理论不能解释概念的清晰逻辑性，只有当概念契合于人们的背景知识和世界知识时，概念所具备的清晰逻辑性才能得以确定。Hampton(1997)[135] 认为，虽然基于理论的模型是表征概念知识更为有力的体系，但是用于概念整合效果却不佳。如果单纯考虑世界知识和背景知识，它们的灵活多样性难以帮助其建立稳定的概念整合模型。但是，如果在基于特征的基础上再考虑世界知识和背景知识，那么它们的权重将会降低，而且会给模型构建的全面性带来积极作用。第三，如果概念性意义内容由其指称的典型性特征构成，那么对于连接关系通常是“和”的并置关系的并列型名名组合而言，其输入成分中的哪一个特征参与了并置往往无法描述，它们可能仅仅是并置在一起而没有发生特征的联合。因此，激活的并不是离散型的单个特征，而是该名词性成分表征的典型范例。第四，典型模型更具合理性也得到了 Putnam(1975)[228] 的“语言劳动分工论”的支持。在社会群体中，由于每个人从事的职业不同，因此对语词意义的掌握层次也不同。语言的普通使用者不需要具备专家所具有的知识。例如，在一个社会群体中，专家具有区分黄金和其他材料的能力，而语言的普通使用者可以用“黄金”来指称这种物质，即便他们不具有像专家那样的知识，他们一般仅对“黄金”这个概念具有典型范例的认知。按照 Putnam(1975)[246] 的观点，传统的意义问题可以分成两个问题：一是解释外延的确定，二是解释个体的能力。对于普通说话人即“平均水平说话人”而言，外延的确定一般依据的是典型范例，而更高水平的说话人或专家才拥有对概念进行详细解释的能力。这就意味着，普通说话人在日常交流中所使用的语言概念，通常是以典型范例的形式被他们所掌握。除了严格的科技、法律文本，日常语言概念的理解一般都是以这种典型性的范例呈现，而本书的分析对象都是日常语言词项，因此选用典型模型具有合理性。

(2) 配价结构。

名词性成分意义的概念性内容包含了其论元结构是基于对概念性意义内容的定义和特征以及对配价语法的考察。如前所述，概念性意义内容是最简的、稳定的、可形式化的、公知的、静态的、不依赖语境的意义，而语词的论元结构恰好是符合这些特征的内容。例如，“心”“眼”“手”“父亲”“女儿”

等词项的概念性意义内容里本来就包含了一个所有者论元，需要等待配价饱和。因此，配价结构也被纳入概念性意义之中。

配价结构这一术语源于配价语法。配价语法是由化学学科中化合价的概念衍生而来。化合价是指一种元素的原子和另一种元素的原子化合时得失电子的数量。两种元素在化合时的化合价必须相匹配，即一种元素失去的电子数量必须等于另一元素得到电子的数量。例如，水的分子式为 H_2O，其中有两个氢原子和一个氧原子，这是因为氢的化合价是 1 价，氧是 2 价，两个氢原子的化合价与一个氧原子的化合价相匹配，由此产生了配价的概念。最早将配价概念引入语言研究的是法国语言学家 L. Tesniere，他在 1953 年出版的《结构句法概要》一书中将化学中的“价”引入语法研究，并在 1959 年出版的《结构句法基础》一书中提出了比较系统的配价理论。

配价语法旨在揭示动词对名词性成分的支配能力，这种支配能力的数量表示就是价的数目(袁毓林，2010)[21]。一价动词可以支配一个名词性成分，二价动词可以支配两个名词性成分，以此类推。价的概念也被引入名词的研究，名词根据可以支配的其他名词性成分数量来划分不同价位。袁毓林(1992，1994)把名词分为无价名词(或零价名词)和有价名词两大类。无价名词是没有配价要求的名词，如“桌子”“木头”“太阳”“商场”“书本”“汽车”等；有价名词是有配价要求的名词，可以进一步分为两类：一类是从谓词派生来的，例如“建议”“决心”“打算”等，必须搭配“某人的”这一名词性成分，形成一价名词；另一类不是从谓词上派生来的，它们往往包含一个降级述谓结构，例如“爸爸”“弹性”“尾巴”等，必须分别搭配“某人的”“某物的”“某动物的”等名词性成分，同样构成一价名词(袁毓林，2010)[82-83]。除了上述这些无价名词和一价名词，还存在二价名词，例如“意见”“兴趣”等，必须分别搭配两个名词性成分，形成“某人对某事的意见”和“某人对某事的兴趣”这样的结构。

名词性成分的配价结构就是该成分内在具有的能够支配论元的能力。这种能力不随语境和语言使用者而变化，是语词意义中最稳定的一部分，因此也将其归入概念性意义内容的范围之内。

3) 意向性聚焦意义内容的内涵

意向性聚焦意义内容是语言使用者通过意向性活动激活的与语词有关联的意义内容，即除稳定意义之外的一切意义潜项。

(1) 意向性。

意向性是语言哲学和心灵哲学交融而产生的概念(高新民等，2002)，它是许多心理状态和时间所具有的一种性质，即这些心理状态和时间通过它而指向或关于或涉及世界上的对象与事态(Searle，1983)[1]。

Searle(1983)[4] 将意向性与言语行为结合起来，认为语言是被表述的意向内容，是派生的意向内容，言语的意义是从心灵的意向性中派生的。这意味着可以通过分析意向性活动的内容、方式、态度等来解释名名组合的意义。

北京大学哲学系教授赵敦华提到 Husserl 认为意识活动内容与实在相关，实在的内容随着意识活动种类的不同而变化；意向性的意义活动可以是知觉、想象或理性的活动。Husserl 给出了一个“粉笔点”的例子，它可以是物理实在的，也可以是纯心理的：幼儿对它的意向活动是想象，其内容是糖果、月亮等；小学生的意向活动是知觉，其内容是一个粉笔点；中学生的意向活动是理想性的意义活动，其内容是几何点的概念。

名词性成分表达的意义内容可能产生于想象意义活动、知觉意义活动或理性意义活动，这些活动可以激活不同性质和层面的意义，可能涉及语词所指称内容的属性、构成、形式、功能、成因、使用方式，以及与其他词项的联系等各方面内容。这些由意向性活动激活的意义潜项被称为意向性聚焦意义内容。

(2) 意向性聚焦意义内容的构成。

名词性成分意义的意向性内容源于不同的意向性活动，这些活动可能针对该语词所指称对象的各个方面展开。受到生成词库理论的启发，在阐释名名组合意义的过程中，输入成分意义激活的意向性活动至少涉及语词所指称对象的以下 4 个方面：构成、形式、功能和成因。

Pustejovsky(1996)[39] 指出，词义枚举词库不能有效解决词汇的创造性使用、词义的相互渗透以及单个词项可以有多种句法实现的问题，他提出了一种新的词义分解模型，把词项分解成最小的结构形式或模板，而非特征集合，这就为词义合成提供了一种生成框架。与概念语义学不同，生成词库理论没有把词项分解为基元，而是提出了由 4 个语义表征层构成的生成词库系统。这些表征层包括论元结构、事件结构、物性结构和词汇承继结构。这 4 个层面通过一套生成机制相互连接，其中最重要的机制是类型压制。类型压制是指把论元转变成函数所需类型的语义操作(Pustejovsky，1996)[111]。在这 4 个层面中，与名词相关的是物性结构。物性结构使名词乃至名词短语对与其相关的特征和活动进行信息编码(Pustejovsky 1996)[79]。受到 Aristotle 的四因说启发，物性结构详细描述了词项意义的 4 个关键方面：构成(constitutative)、形式(formal)、功能(telic)和成因(agentive)。构成是指物体与其构成成分之间的关系，形式是指将物体从更大的域中识别出来的特征，功能是指物体的用途，成因是指物体的起源或形成过程(Pustejovsky，1996)[76]。

Pustejovsky(1996)[116] 以 *book*(书)为例，在说明其论元结构和物性结构的基础上，解释了类型压制的含义。

book

ARGSTR= [ARG1 =x：info
ARG2 =y：physobj]

QUALIA= [info·physobj_lcp
FORMAL=hold(y, x)
TELIC=read(e, w, x. y)
AGENT=write(e', v, x. y)]

book 既能指书承载的信息，又能指书这样的物理实体，因此它是“点物体”，这些信息被描述在论元结构中。在物性结构中，lcp 是指词项聚合多种义项的能力。在 *John began a book*(John 开始读书)中，*book* 的论元结构不符合 *begin* 的要求，但是其物性结构却符合，因此，*begin* 把 *book* 压制成对事件的指称，即类型压制。这也就是共同合成的概念，如“Mary 喜欢这本书”等同于“Mary 喜欢读这本书”，因为“书”本身就包含了阅读这一用途。

上述例子说明了名词性成分的组合动力。在意向性活动的支配下，名词性成分在功能方面的意义被激活，从而可以与另一词项搭配组合。物性结构详细描述了词项意义的 4 个关键性、基本性方面。但是，名词性成分意义的意向性活动聚焦内容除了包括上述关于所指称对象的构成、形式、功能和成因，还涉及使用方式以及与其他词项的联系等各方面内容。而且，“形式”还可以细化为颜色、形状、品种、温度和体积等属性。这些属性是基于约定的理性知识，但“形式”也可能涉及理性之外的基于经验的感性识解，即人们直觉地把某对象看作什么，从而使该对象具有了某种属性。

4. 输入成分的组合模式

汉语名词性成分的意义内容的概念性意义内容和意向性聚焦意义内容的划分，使得名词性成分的组合存在 4 种模式：概念＋概念、概念＋意向、意向＋概念、意向＋意向。这也是名名组合的输入成分组合模式。需要说明的是，名名组合输入成分的组合模式的“组合”是指“N_1 贡献的意义内容＋N_2 贡献的意义内容”。其中，“+”代表名名之间的连接关系。对于从属型名名组合而言，“+”代表名名之间的毗邻关系；对于并列型名名组合而言，“+”代表名名之间的并列关系，这种并列关系还可以进一步划分，具体在 5.5 节中讨论。这 4 种组合模式分别如下：

概念 + 概念：N_1 贡献概念性意义内容，N_2 贡献概念性意义内容。

概念 + 意向：N_1 贡献概念性意义内容，N_2 贡献意向性聚焦意义内容。

意向 + 概念：N_1 贡献意向性聚焦意义内容，N_2 贡献概念性意义内容。

意向 + 意向：N_1 贡献意向性聚焦意义内容，N_2 贡献意向性聚焦意义内容。

这 4 种组合模式在汉语名名组合中的分布规律将在第 7 章结合语料具体分析。由这 4 种组合模式形成的输出意义仅是名名组合的组合意义，而一些具有涌现意义的组合的意义阐释过程仍然需要进一步分析，即由意向性活动作用于组合意义产生，也将在第 7 章详述。

4.1.7　分析框架的充实和深化

名词性成分的意义内容分为概念性意义内容和意向性聚焦意义内容两部分，基于此，“输入-组合-输出”的分析框架可以进一步丰富和完善，如图 4.5 所示。依据这一框架，我们将分别分析汉语名名组合的输入成分特征对输出类型的影响、输入成分的语义域对内部语义关系的影响、输出类型的分类以及组合模式对输出类型的影响。

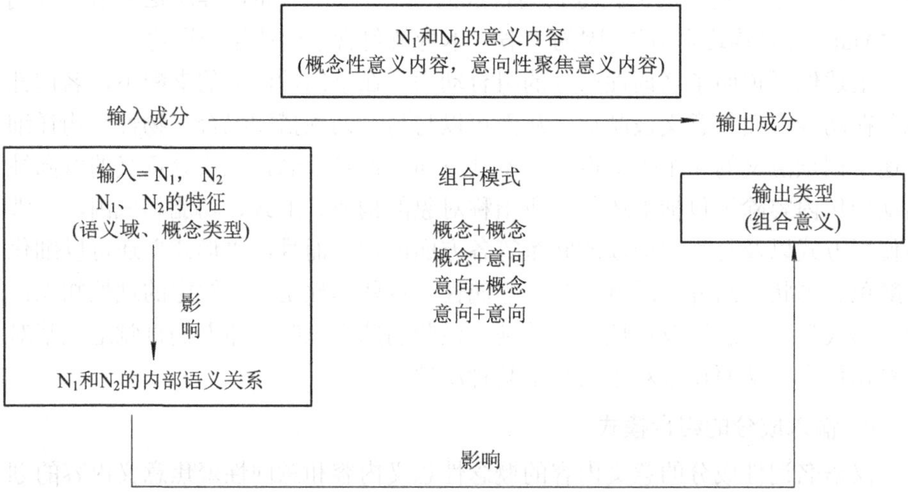

图 4.5　“输入-组合-输出”分析框架的再充实

此外，语境也对名名组合的释义产生影响。Bartsch(2004)提出搭配语义应该从 4 个相关方面展开研究：组成成分对搭配意义的贡献，搭配对组成成分意义的影响，搭配语义的可分析性即语义透明度，以及搭配与更大语境的相互影响。在图 4.5 的框架中，搭配与更大语境的相互影响是不考虑在内的。这种无语境的名名组合意义阐释模型讨论，并不涉及名名组合出现的句子或话语，仅分析名名之间的组合语境的探讨。名名组合的输入成分之间就形成了一个组合语境，因此完全可以通过这一语境来研究输入成分的组合模式。名名组合词项也符合意义内容两分法的观点，即既有概念性意义内容，也有意向性聚焦意义内容。前者不依赖于语境，因此无语境的分析仍然可行。而且，人们确实具有在无明显语境的情况下为新的组合选择合理解释的能力，这一点在很多研究中都有提及(Hampton，1997)[138]。

4.2 “输入-组合-输出”框架的分析对象选择

4.2.1 特征判断和选择

汉语名名组合构词输入成分的特征比较复杂，字与词的区别、并合义素的存在、复合词词性的改变等都是影响输入成分选择的因素。在应用“输入-组合-输出”分析框架时，需要综合考虑并合理设定输入成分的选择范围。

名名组合的长度从双字到多字不等，其构成也由于语言递归性的存在而出现两个以上名词性成分构成的复合词。但是，在我们的分析框架之下，仅选取双字即双音名名组合为分析语料。双字名名组合是汉语名名组合的最小单位，也是最基本单位，如果能够揭示这一语言现象的相关规律，多字或多成分名名组合的构成规律就可以在双字的基础上进行扩展。双字名名组合在《现代汉语词典》中能检索到的语料中占据了绝大部分比例，最具代表性，对这类名名组合的分析和研究能展现其最典型的构词和释义规律。关于复合词和短语的区别，一直以来都有学者讨论，如赵元任(1979)[181]、Abney(1987)、Hoeksema(1985，1988)、Fabb(1984)、Lieber(1988)等。我们将名名结构的术语定义为名名组合而成的复合词，而陆志韦(1964)[22]指出“双音的名名结构一概认为是词，因为在句子里不能扩展”，因此双字词的选择标准也与术语要求保持了一致。

词汇化这一术语可以用来描述两种完全不同的现象。从共时角度来说，它指“把一个词汇作为惯常形式纳入语言词库中，并且可以从词库中唤起使用”；从历时角度来说，它指“语义变化的历史过程和结果，其原始意义不再能从其单个成分中推导，完全词汇化的表达的原始理据只能从词源学中推导出来”(Bussmann，2006)。名名组合的词汇化是一种历时变化，是指一些名名组合在使用过程中，逐渐从在语法规则指导下由组成成分自由组合形成的高度透明的语言单位，变成语义高度成语化而无法从组成成分中预测出整体意义的语言单位的过程。这是一种组合性逐渐消失、独立性逐渐增强的变化过程(Brinton等，2005)。词汇化的名名组合不再被视为组合形式，而被作为单独的词汇或成分使用，它们基于其组成成分的原始构词理据和整体意义，已无法从这些成分中推测出来。虽然名名组合具有在心理词库中形成单个词汇单位的词汇化趋势，但 Hampton(1997)137 指出，很可能所有的复合词都是始于修饰语-中心词的形式，而后通过经常性使用逐渐变得词汇化了。因此，如果追溯每个名名组合的起源，应该都能找出其组成成分组合的动因和整体意义产生的基础。但是，如果考察的重点是名名组合的组合性意义，由于词汇化使得组成成分的组合性明显下降，那么研究它们的整体意义如何与其组成成分意义相关，更适合从历史变迁角度出发，作为历史语言学的考察对象。因此，在"三阶段"的分析框架下，这些整体语义已完全无法从组成成分的语义中预测的、词汇化了的名名组合，将不被列为分析对象。例如，"风景""风光""东床""洞房""蠹鱼""法螺""风鸟""蜂猴""桥牌""犬儒""泉币""山药"等。

使用方言词会使语言更加生动，更有表现力(黄伯荣等，2012a)，但是其构词往往不具有规范性，语义不具有普遍接受性。例如，"汤婆子"意为"汤壶"，"汤团"意为"带馅儿的汤圆"，"堂客"意为"妻子"等。这些名名组合的意义很难从组成成分中推知，其词义须考察词源，类似于已经词汇化了的词项。因此，在分析过程中，这类方言词不被纳入研究范围。此外，儿化音词汇是北方方言的一种特殊现象，一般也不作分析。例如，在陆志韦(1964)[10] 的复合词分析中，同样也排除了儿化音的语词。如果重复的词汇有带儿化音的，如"面条儿""面条""田头""田头儿"，可以选取非儿化音的词汇作为语料。

一些名名组合的组成成分是名词性后缀，这些成分作为后缀使用是其发生语法化过程的产物，经历了去语义化和去范畴化的过程。例如，"子(桌子、椅子、尺子)""头(劲头、瘾头、木头)"等。但是，相同的汉字有可能作为后缀使用，也有可能作为具有实际意义的成分使用。例如"子"，在有的复合词中意为"粒子""儿子"，而在大部分复合词中仅作为后缀出现，如"泥子""房子""哨子"等。在选择分析对象时遇到这类词汇，可以根据具体情况辨别词义，仅关注作为非后缀使用的情况。

此外，称谓词、叠词以及不能表达完整意义的单字也需要进行判断和排除。称谓名词来源广泛，有古汉语和现代汉语，也有方言和外来语，其中很多难以确定来源，也无从考察其组合性意义，如"爸爸""妈妈""姑姑"等。叠词如"蛛蛛""星星""猩猩"则不能反映出概念组合的规律。汉语中有些字无法单独使用，必须和另一个字结合才能表达意义，这类字不能算作造词语素。例如，胳膊中的“胳”字，在汉语语料库中以“胳/n”作为检索对象未能检到，而且在《现代汉语词典》中也没有单独对该字进行解释，仅解释了其与其他字组合后的意义。同样，“骨骼”中的“骼”也属于同类情况，在多个语料库中均未检索到其单独使用的例证，全部为与“骨”搭配作“骨骼”使用。

4.2.2 词性判断

分析对象的词性判断可以根据《现代汉语词典》中的释义和“国家语委现代汉语语料库”的标注语料。例如，对“具”这个成分，语料库中有“浴具”“咖啡具”“渔具”等语料，均将其标注为名词性成分，“具”在这些复合词中的意义为“用具”。据此，“具”是一个并合义素，并合了“用具”的意义。另外，《现代汉语词典》中还列出了“具”的另一释义“才干，才能”，如“干城之具”中的“具”意为“才具”，因此，“具”的这个释义并合了“才具”这一意义，也是一个名词性成分。

当不能判断某一成分是否符合语料选取标准时，可以采用以下方法来进行验证。例如，“品种”中的“品”在《现代汉语词典》中释义为“种类”，如果“品”是名词性成分的话，那么它就可以单独使用或在语料库中被标注为名词，但是通过检索“国家语委现代汉语语料库”并未发现用作此意义而单独使用的例证，故这类语素被排除在外。但是除了“种类”的意义，“品”还具有其他一些释义或是作为其他语词的并合义素出现，这时“品”可以被视为名词性成分，例如，释义为“产品”“品行”“物品”等意义的“品”。

4.2.3 来源和标注

本书以《现代汉语词典(第 7 版)》为数据采集来源，根据词典编排顺序，逐一筛选分析对象。以“鼓”为例，我们来了解分析对象的选取方法。在《现代汉语词典(第 7 版)》中，“鼓”的释义如下(以下释义节选略去了词性标注)：

❶(~儿)打击乐器，多为圆筒形或扁圆形，中间空，一面或两面蒙着皮革：腰~ | 手~ | 花~。❷形状、声音、作用像鼓的东西：石~ | 蛙~ | 耳~。❸使某些乐器或东西发出声音；敲：~琴 | ~掌。❹用风箱等扇(风)：~风。❺发动；振奋：~动 | ~励 | ~舞 | ~起勇气。❻凸起；胀大：他~着嘴半天没出声 | 额上的青筋都~起来了。❼形容凸起的程度高：钱包很~ | 口袋装得~~的。❽(Gǔ)姓。

根据名词性成分的定义，可以选取“腰鼓”“手鼓”“石鼓”“蛙鼓”“耳鼓”作为分析对象，“花鼓”未入选的原因是由于其意为“一种民间舞蹈，一般由男女两人对舞，一人敲小锣，一人打小鼓，边敲打，边歌舞”，其组成成分意义和整体意义之间不具有明显的组合关系或产生涌现意义的关系，如果要考证它的意义产生机制，就要通过考察文化、历史、风俗等来研究其词源。那么“花鼓”就可以被看作是已经词汇化的语言单位，不属于考察对象之列。

《现代汉语词典(第7版)》中还列出了与“鼓”相关的词条及它们的意义：

【鼓包】【鼓吹】【鼓捣】【鼓点】【鼓动】【鼓风机】【鼓鼓囊囊】【鼓惑】【鼓角】【鼓劲】【鼓励】【鼓楼】【鼓膜】【鼓弄】【鼓气】【鼓儿词】【鼓师】【鼓手】【鼓书】【鼓舞】【鼓乐】【鼓噪】【鼓掌】【鼓胀】

按照名名组合输入成分的定义，以及分析对象只选取双字词的要求，在这些词条中选取“鼓点”“鼓角”“鼓楼”“鼓膜”“鼓师”“鼓手”“鼓乐”作为语料。同样，“鼓书”意为“大鼓(曲艺的一种)”，不具有组合意义和涌现意义，被排除在外。

按照汉语名名组合输入成分之间的句法关系，可以将分析对象分为并列型和从属型两类。根据类型的不同分别建立并列型和从属型两个语料库，共筛查到并列型双字名名组合 1183 个，从属型双字名名组合 6862 个。

接着，我们对两类名名组合进行语义特征标注，包括其输入成分的内部语义关系、语义域、概念类型、输出类型、阐释模式、描述中心成分及表述中心成分等，可以参考表 4.3 的标注方式。

表 4.3 并列型组合标注示例

并列型	内部语义关系	语义域	概念类型	输出类型	阐释模式	描述中心成分	表述中心成分
烽火	包含	武器	类别	交集	概念＋概念	烽和火	烽和火；战火或战争
甲壳	包含	动物身体	功能	交集	概念＋概念	甲和壳	甲
江淮	聚合	自然现象和景观	个体	并合、范围	概念＋概念	长江和淮河	长江和淮河；长江与淮河之间的地区
棺柩	包含	容器	类别	交集	概念＋概念	棺和柩	柩
商旅	聚合	人物	类别	并合、交集	概念＋概念	商人和旅客	商人和旅客；是商人也是旅客
眉目	聚合	身体	关系	并合、上位、隐喻	概念＋概念	眉毛和眼睛	眉毛和眼睛；事情的头绪
南北	配对	方位	个体	并合、范围	概念＋概念	南和北	南和北；从南到北

表 4.3 列出了并列型词项输入成分的内部语义关系、语义域、概念类型、输出类型、阐释模式、描述中心成分及表述中心成分等内容。并列型组合的两个输入成分一般具有相同的语义域和概念类型，因此未分别标注 N_1 和 N_2。然而，语料标注显示，也存在一些并列型词项两个输入成分的语义域和概念类型不同的情况，在标注时一般使用“A＋B”的形式表示，例如“部位＋身体”

“处所 + 建筑”“类别 + 关系”“个体 + 类别”等。此外，如果一个组合具有多种不同输出类型，这些输出类型都会被标注。同样，如果一个组合具有多种不同的表述中心，也会在表中进行标注，见表 4.4。

表 4.4 从属型组合标注示例

从属型	内部语义关系	语义域		概念类型		输出类型	阐释模式	描述中心成分	表述中心成分
		N_1	N_2	N_1	N_2				
岸炮	位置	处所	武器	类别	类别	在/从 N_1(V)的 N_2	意向 + 概念	炮	炮
鳌山	属性	动物	自然	类别	类别	A(N_1)的 N_2	意向 + 概念	山	山
吧女	位置	处所	人物	类别	类别	在/从 N_1(V)的 N_2	意向 + 概念	女	女
吧台	位置	处所	建筑	类别	类别	在/从 N_1(V)的 N_2	意向 + 概念	台	台
网吧	用途	工具	处所	个体	类别	(用于)VN_1 的 N_2	意向 + 概念	吧	吧
氧吧	用途	气体	处所	个体	类别	(用于)VN_1 的 N_2	意向 + 概念	吧	吧
雀斑	属性	动物	外观	类别	类别	A(N_1)的 N_2	意向 + 概念	斑	斑
斑鸠	属性	外观	动物	类别	类别	A(N_1)的 N_2	意向 + 概念	鸠	鸠
雹灾	来源	自然现象和景观	灾害	类别	类别	N_1V 的 N_2	意向 + 概念	灾	灾
人海	质料 + 形状	人物	自然	类别	类别	形状像 N_2 的 N_1	概念 + 意向	人	海
浪花	质料 + 形状	自然	植物	类别	类别	形状像 N_2 的 N_1	概念 + 意向	浪	花
泪珠	质料 + 形状	身体分泌物	珠宝	类别	类别	形状像 N_2 的 N_1	概念 + 意向	泪	珠

表 4.4 列出了从属型组合输入成分的内部语义关系、语义域、概念类型、输出类型、阐释模式、描述中心成分及表述中心成分等内容。从属型组合的两个输入成分一般具有不同的语义域和概念类型，因此分别标注了 N_1 和 N_2。同样，如果一个组合具有多种不同输出或多种不同的表述中心，都会在表中进行标注。

本 章 小 结

基于名名组合意义的心理加工过程，本章提出了“输入-组合-输出”分析框架，并通过讨论对该框架进行了充实。输入成分的特征可以从语义关系、概念类型和语义域等多个维度进行描述。输入成分的意义内容被划分为概念性意义内容和意向性聚焦意义内容，进而形成了“概念 + 概念”“概念 + 意向”及“意向 + 概念”“意向 + 意向”4 种组合模式。名名组合作为一种形式与功能的配对体，其输出词项的类型是通过构式语法的思想来描述的。

第5章 并列型名名组合的“输入-输出”语义框架

本章将深入探讨并列型名名组合的语义框架，揭示其输入成分的内部语义关系、语义域和概念类型，系统梳理并列型名名组合的输出类型，并在此基础上分析输入对输出的影响规律。通过总结并列型名名组合的能产性规律、语义透明度规律以及词项形成的限制性条件，我们将更全面地理解并列型汉语名名组合的语义特征和生成机制。本章的研究将有助于深化我们对汉语名名组合语义关系的认识，为自然语言处理和语义计算提供理论支持和实践指导。

5.1 并列型名名组合的定义

5.1.1 并列关系

语法分析中的“并列”指将若干有相等句法地位的语言单位(例如小句、短语、词)连接起来的过程或结果(克里斯特尔，2000)[87]。并列关系一般表示“A 和 B”的概念，并列的成分之间可以由连词“和”相连接，也可能没有任何连接词而直接并置。

Fine(2007)[5] 认为，并列关系是最主要的语义关系之一，它呈现在很多方面：变量或名字的使用、思维、思维和语言的联系，以及不同的说话者与思想者的联系等。

Haspelmath(2004)[3] 指出：“如果 A 和 B 具有同等地位，构式[A B]被称为是并列的；如果 A 和 B 不对称，其中一方明显更为突显和重要，而另一方在某种意义上处于从属地位，构式[A B]则被称为是非并列的。”

陆志韦(1964)[97] 提出：“构词法上，一个词前后两部分的并列关系相当于造句法上两个词或词组的并列关系。”

从语料分析可知，双中心名名组合内部不仅仅是“A 和 B”的关系。

简言之，并列关系型包括以下两种类型：一是由连接词“和”连接两个成分；二是具有同等地位的两个成分直接并置在一起形成。并列型名名组合的并列关系无法仅用“和”表示。例如，“南北”“桌椅”“成败”可以分别意为“从南到北”“家具”“成功或失败”。因此，并列型名名组合的并列关系属于第二类，即具有同等句法地位的名词性成分且其之间在没有任何连接词的情况下并置在一起的形式。

5.1.2　相似定义辨析

如第 3 章所述，并列型名名组合可以被称为并列型名名复合词、连接型名名复合词，在梵语中被称作 dvandva。但是，本书所指的并列型名名组合和这几个术语的内涵略有不同。

Wälchli(2005)[1] 所定义的并列型名名复合词是指由两个或多个部分组成的、表达自然并列关系的像词一样的单位；而自然并列是指组成成分表达了语义上紧密相关的概念，例如“弟弟和妹妹”“手和脚”“吃和喝”“刀和叉”等。但是，Wälchli 对并列复合词的定义排除了很多其他类型，如中间指示复合词、同位型复合词、关系型复合词、融合型复合词等。中间指示复合词是指像“东南”“蓝绿”这类成分之间具有紧密的词汇语义关系，但其意义不能仅用“和”型并列关系来表达，其整体与组成成分相比不具有更概括的意义，而是指示中间概念的复合词，如“东南”即“东和南中间某位置”。同位型复合词是指组成成分之间形成同位关系，表达了“既是……也是……”意义的复合词。关系型复合词是指像“母女”“父子”“夫妻”这类组成成分之间意义密切相关，可以表达“在……之间”的关系概念的复合词，例如“在母亲和女儿之间”。融合型复合词是指当两个组成成分组合时相互融合，产生新事物的复合词，例如，“罐笼”意为“矿井里的升降机”，“水粉”指“调制而成的化妆品”；再如，当两个组织机构进行合作或联合时，将机构名称并置形成的复合词，如在由中国和韩国合办的某项比赛中，“中韩”指称主办方。这些复合词都满足对并列型名名组合的定义要求，将被纳入讨论范围。

连接型名名复合词被 Olsen(2001)[290] 定义为包含了两个成分之间的并列关系，使得两种概念被同时赋予同一个体的复合词，如“诗人医生”既是诗人又是医生。这类复合词就是之前提到的同位型复合词，也在本书的语料分析范围之中。

梵语的 dvandva 最早表示具有副词性质的表语性补语，意为“成双成对的形式”，而后来 Panini 摒弃了其副词性用法，借用此术语表达了“包含成对成员的复合词形式”(Sadovski，2002)。符合这种形式的复合词同样包含在本书的语料中。

并列型名名组合是指并置两个语义相近、相反或相关的名词性成分而构成的复合词，其中两个组成成分的句法地位相等，没有主次之分。按照此定义，本书的语料包含了上述 Wälchli 定义的并列型复合词、Olsen 定义的连合型复合词、梵语的 dvandva，以及中间指示复合词、同位型复合词、关系型复合词、融合型复合词等多种类型的词项。

5.2　并列型名名组合的分类

5.2.1　分类标准

Wälchli(2005)[136] 认为并列型复合词可以从语义上进行分类，其分类基础包括：①部分之间的语义关系；②部分和整体之间的语义关系；③整体意义；④整体与其使用语境之间的语义关系；⑤以上这些因素的混合。在这些分类基础上，常见的操作有基于部分之间的语义关系分类(如 Aikhenvald，2007；赵元任，1979)及基于部分和整体之间的语义关系分类(如 Wälchli，2005)。基于整体意义的分类由于其不具备清晰分类的实用价值，因此未被使用(Wälchli，2005)[137]。本书仅作无语境释义研究，故基于整体与其使用语境之间的语义关系的分类依据在这里不适用。

Aikhenvald(2007)[31] 区分了同义和反义两类并列型复合词，前者如孟加拉语中的 *lok-jɔn*(人/人们-人)；后者用来指称一个统一概念，如“长短”指称长度，“大小”指称体积。赵元任(1979)[186-189] 基于部分之间的语义关系，把并列型复合词分为同义、反义、平行和聚合 4 种类型。同义指两个组成成分的意义相同，如“屏幕”“言语”；反义指组成成分的意义相反，如“大小”“多少”；平行指组成成分的意义平行或相近，如“山水”“手脚”；聚合指由多个字串联在一起，像一串原子构成一个分子，形成一个具有概括意义的复合词，一般语序固定不能调换，如表达“五行”意义的“金木水火土”、表达“四季”意义的“春夏秋冬”等。Haspelmath(2004)[5] 区分了并列的 3 种语义类型：合取(“和”型并列)、析取(“或”型并列)、转折(“但是”型并列)。但是以上类型都是以西方语言为语料分析得出的，汉语与之存在很多不同之处，因此不能直接用于汉语语料分析。以并列型复合词的内部语义关系作为分类依据的分类方法的优点是分类标准明确，易于操作。但是这些分类却不能完全照搬用来分析并列型汉语名名组合。首先，这些分类针对所有并列型复合词，而并列型名名组合形成的复合词作为其中一类，并不一定完全与这些分类匹配，需要根据其自身特点分析和归纳出针对性更强的分类模式。其次，赵元任的 4 种分类法并不能完全涵盖所有语料，这是由于平行和聚合类型的定义存在一定程度界限不明的问题。平行类型的“意义平行”概念没有清晰的定义。例如，“平行”是否只能存在于同类事物之间，如输入成分同属于人体构造的“骨血”“骨肉”，或同属于地点的“京沪”“苏杭”“深广”，还是也可以存在于完全不相关的事物之间，例如，“粪土”“铁血”“风骨”等。如果“粪土”“铁血”“风骨”等语料不属于平行型复合词，那么它们只能被归在聚合型之下，但是它们又不是聚合型所称的“具有概括意义的复合词”，这样就给分类造成了诸多困难。

Wälchli(2005)[137-154] 基于部分和整体之间的语义关系，把并列型复合词分为叠加型、概括型、集合型、同义型、修饰型、模拟型、比喻型、析取型、量级型等 9 类，并在此基础上归纳出基本型并列复合词和非基本型并列复合词。叠加型复合词一般表达配对概念，如“手脚”“父母”等；概括型复合词指称概括性的概念，如“这里那里”指称“到处”的意义；集合型复合词表达集合性的概念，如“刀叉”指称“餐具”；同义型复合词表达了一个与组成成分 A 和 B 完全一致的概念，如“琼瑶”的意义和“琼”与“瑶”的意义均为“美玉”；修饰型复合词表达了其中一个成分为语义空项的复合词，如“盾牌”指称“盾”；模拟型复合词包含了一个无意义的组成成分，其整体意义仅与有意义成分同义或表达该成分的集合概念；比喻型复合词表达了组成成分之外的另一域的概念；析取型复合词表达了组成成分 A 和 B 之间的析取关系，指称 A 或 B；量级型复合词表达抽象的量级，组成成分 A 和 B 分别代表了该量级的两极。这些类别中有几类很难区分，相互之间有重合内容。首先，叠加型、概括型和集合型复合词之间存在重合。例如，“父母”表达了“家长”这一概括性概念，“刀叉”表达的“餐具”也是一个相对概括的概念。因此，就连 Wälchli(2005)[141] 自己也称划分叠加型和集合型复合词之间的界限是不可能的。其次，修饰型和模拟型复合词从定义本身显示出二者非常相似，都包含了一个无语义贡献的组成成分。

由此可见，使用 Wälchli 的分类来对汉语名名组合进行分类并不可行，因为其本身就存在标准不清、界限模糊的问题。而且，部分之间的语义关系和部分与整体之间的语义关系无法完全割裂，它们在以上分类中均有体现。例如，修饰型、同义型、模拟型、析取型、量级型复合词的定义都涉及部分之间的语义关系和部分与整体之间的语义关系两个方面。因此，很难辨别其分类到底是基于哪一种标准。

名名组合的分析可以分解为两个部分：输入部分和输出部分。为了使分类标准清晰、分类界限明确，本书仅以输入部分之间即内部语义关系来对并列型名名组合进行分类。

5.2.2 内部语义关系类型

名名组合的输入部分为名词性成分，输入部分之间的语义关系实际上是名词性成分之间的语义关系，即第 3 章讨论过的词汇关系的分类。Cruse(2009)[87]将词汇间的语义关系分为同义、上下义、相容和不相容等 4 种类型。Geeraerts (2010)[82] 则指出了同义、反义、上义及部分整体 4 类词汇意义的关系。Pustejovsky(1996)[23] 区分了词汇意义的 5 类关系：同义、反义、上下义和词汇承继、部分整体、蕴含和预设。根据框架语义学，第 3 章还提出了相关型词汇语义关系。在这些语义关系中，由于相容和不相容的概念比较宽泛，且蕴含和预设通常被用在句子层面的分析中，因此对这些类型暂不考察。这样一来，词汇语义关系主要包括同义、反义、上下义、部分整体和相关等 5 种类型。

参考这 5 种语义关系，对语料进行分析，可以看出并列型名名组合的两个输入成分语义均密切相关，这与 Wälchli(2005)[5] 的观点一致："并列型复合词表达了自然并列，并列项被期待同时出现，在语义上密切相关。"但是语料分析发现，有一些并列型名名组合的内部语义相关性相较于其他词项表现出更强的规律性，其联系也更为紧密。例如，"婆媳"的关联程度明显高于"玉帛"的关联程度。按照内部语义成分的相关密切程度，同义型是相关最为密切的类型。依据内部语义关系的规律性和联系性强弱，本书将并列型汉语名名组合的内部语义关系分为同义和非同义两大类，非同义又进一步分为反义、配对、包含和聚合 4 种类型。其中，除聚合之外的 4 类在内部语义联系上更为规律，属于自然并列或相关关系的特殊样态，聚合则是并列项在语义上密切相关，大多数词项中并列的两个成分来自同一语义域，仅有少数词项的成分分别来自不同的语义域，但是也很容易被相同的语义框架所激活。从相关的紧密程度而言，同义和聚合分别占据了紧密程度连续统的两极。并列型名名组合的内部语义关系分类如图 5.1 所示。

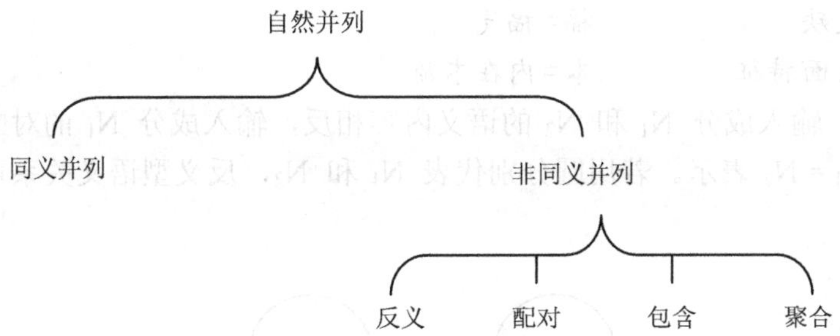

图 5.1　并列型名名组合内部语义关系分类

下面分别对各种类型的内部语义关系进行详细说明。

1. 同义型

同义型语义关系是指两个输入成分的意义相同，如“臂膊”“宾客”“兵卒”“娼妓”“处所”“房屋”“夫婿”等。这些复合词的输入成分所表达的意义如下：

臂=膊=胳膊
宾=客=客人
兵=卒=士兵
娼=妓=妓女
处=所=地方
房=屋=房子
夫=婿=丈夫

同义型并列名名组合的输入成分 N_1 和 N_2 的语义内容相同，可以用 $N_1=N_2$ 表示。若用圆分别代表 N_1 和 N_2，同义型语义关系也可以用图 5.2 表示。

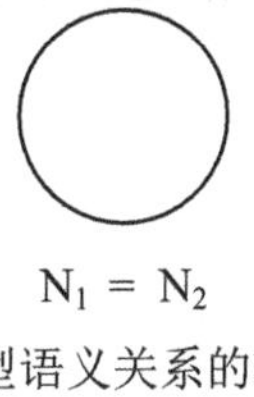

图 5.2　同义型语义关系的输入成分关系

2. 反义型

反义型语义关系是指两个输入成分的意义相反，如“利弊”“成败”“功过”“内外”“祸福”“标本”等。这些复合词的输入成分所表达的意义如下：

利=好处	弊=坏处
成=成功	败=失败
功=功劳	过=罪过
内=内部	外=外部

祸＝灾殃　　　　福＝福气

标＝表面特征　　本＝内在本质

可见，输入成分 N_1 和 N_2 的语义内容相反，输入成分 N_1 的对立面就是 N_2，用 $\neg N_1 = N_2$ 表示。若用圆分别代表 N_1 和 N_2，反义型语义关系可以用图 5.3 表示。

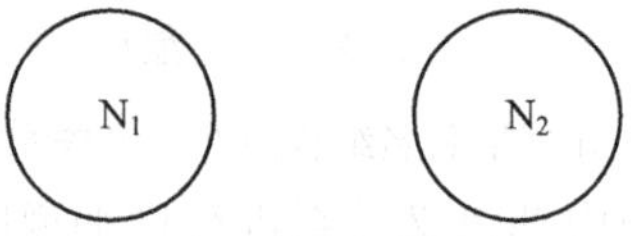

$\neg N_1 = N_2$

图 5.3　反义型语义关系的输入成分关系

3. 配对型

配对型是一种特殊的相关形式，由于其输入成分和整体意义的特殊性，将其单独归为一类。配对型语义关系是指两个输入成分各自指称了总是成对出现的事物中的一个，或是可以匹配使用，或是在某一特征上具有互补性，或是存在交互关系。这是一种特殊的相关类型，它类似于 Moyse-Faurie 等(2004)所称的紧密型并列，即在现实世界中密切相关的两件事物或配对体。配对型和反义型的区别：配对关系中的两个成分搭配起来刚好形成一个完整的、更具概括性的概念或完整的量表，而反义关系中的两个成分总是分别占据一个量表的两极。

配对型词项如“杵臼”“耳麦”“父母”“舰船”“砥砺”“烽燧”“潮汐”“医患”“夫妻”“弟兄”等。这些复合词的输入成分所表达的意义如下：

杵＝舂米或捣药的木棒	臼＝舂米或捣药的容器
耳＝耳机	麦＝麦克风
父＝父亲	母＝母亲
舰＝军用船	船＝民用船
砥＝细磨刀石	砺＝粗磨刀石
烽＝古时边防报警夜里点燃的火	燧＝古时边防报警白天放的烟
潮＝日间海潮	汐＝夜间海潮
医＝医生	患＝患者
夫＝丈夫	妻＝妻子
弟＝弟弟	兄＝哥哥

从上述示例可见，一些词项的输入部分各自所指称的事物可以匹配使用，

如“杵臼”可以匹配作为舂米或捣药的器具，“耳麦”可以匹配作为电子设备的听、说工具(“麦”指“麦克风”，由英文单词 microphone 音译而来)；一些词项的输入部分在某一特征上具有互补性，如“父母”的输入成分在性别上具有互补性，“舰船”在使用领域上具有互补性，“砥砺”在质料上具有互补性，“烽燧”和“潮汐”在时间上具有互补性；一些词项的输入部分所指称的事物具有交互关系，如“医患(若 N_1 是 N_2 的医生，则 N_2 是 N_1 的患者)”“夫妻(若 N_1 是 N_2 的丈夫，则 N_2 是 N_1 的妻子)”“弟兄(若 N_1 是 N_2 的弟弟，则 N_2 是 N_1 的哥哥)”。

在这些类型的语义关系中，往往两个输入部分组合就可以形成一个整体概念或交互关系，如“父母=家长”“医患=医患关系”。如果用半圆分别代表 N_1 和 N_2，C 表示整体概念或交互关系，则可以用图 5.4 来表示配对型语义关系，其中 $N_1+N_2=C$。

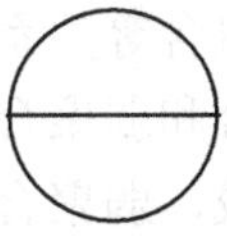

$$N_1+N_2=C$$

图 5.4　配对型语义关系的输入成分关系

4. 包含型

按照第 3 章依据句法关系对名名组合的分类，并列型词项的输入成分之间具有对等的句法关系，但不一定有对等的语义关系。包含型词项就属于这一类型，其输入成分在句法层面上具有并列关系，输入成分之间不存在相互限制和约束关系，但是在语义层面上却是一种上下义关系，因此被视为一种特殊的并列型名名组合。包含型语义关系是指一个输入成分的意义包含了另一个输入成分的意义。例如，“壁垒”“烽火”“器皿”“仓廪”“骨鲠”“祸祟”等。这些复合词的输入成分所表达的意义如下：

壁＝墙	垒＝防守用的墙
烽＝古时边防报警夜里点燃的火	火＝物质燃烧时所发出的光和焰
器＝用具	皿＝可以盛东西的用具
仓＝仓房	廪＝粮仓
骨＝骨头	鲠＝鱼骨头
祸＝灾祸	祟＝迷信说法指鬼神带来的灾祸

上述示例词项中均为一个输入成分的意义包含了另一个输入成分的意义，如“壁”包含“垒”，“火”包含“烽”，“器”包含“皿”，“仓”包含

“廪”，“骨”包含“鲠”，“祸”包含“祟”。包含关系实质上是一种上下义关系，其中一个成分的语义概括性更强。若 N_1 为包含成分，N_2 为被包含成分，用圆分别代表 N_1 和 N_2，则包含型语义关系可以用图 5.5 表示。

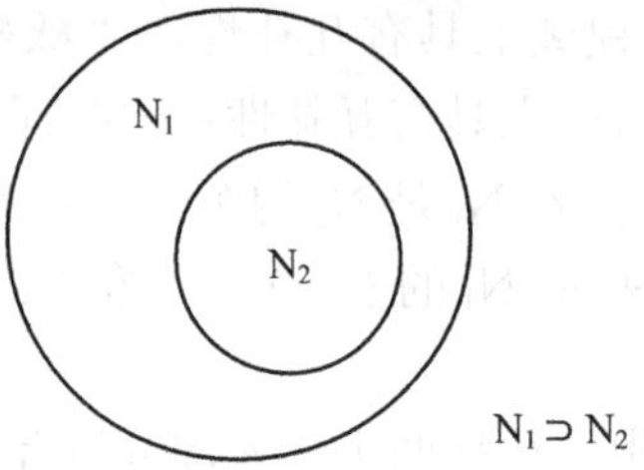

图 5.5　包含型语义关系的输入成分关系

5. 聚合型

聚合型语义关系是指两个输入成分可以由相同的语义框架激活，但是它们之间又不具有同义、反义、配对或包含等关系。按照语料所显现的相关紧密程度，聚合型语义关系可以分为强聚合和弱聚合两类：强聚合语义关系一般由两个来自相同语义域的名词性成分构成，弱聚合语义关系则由两个来自不同语义域的名词性成分构成。前者如“雷雨”“利禄”“沙砾”“林泉”“蝼蚁”“林薮”等，后者如“旗号”“钱谷”“拳棒”“玉帛”“手笔”“铁血”等。这些复合词的输入成分所表达的意义如下：

雷＝雷电	雨＝雨水
利＝钱财	禄＝爵禄
沙＝沙子	砾＝碎石块
林＝山林	泉＝山泉
蝼＝蝼蛄	蚁＝蚂蚁
林＝树林	薮＝湖泽
旗＝旗帜	号＝名号
钱＝钱财	谷＝谷物
拳＝拳头	棒＝棍棒
玉＝玉器	帛＝布匹
手＝人的上肢前端	笔＝写字、画图的工具
铁＝武器	血＝血液

从上述示例可见，“雷雨”“利禄”“沙砾”“林泉”“蝼蚁”“林薮”的输入成分都属于同一语义域。例如，“雷雨”“沙砾”“林泉”“林薮”中的两个输入成分同属自然事物，“利禄”属于钱财，“蝼蚁”属于动物。这些词项中的两个输入成分的语义内容比较相近。“旗号”“钱谷”“拳

棒”“玉帛”“手笔”“铁血”中的两个输入成分分别来自两个不同的语义域。例如，“旗号”涉及物品和称谓，“钱谷”涉及钱财和粮食，“拳棒”涉及人体和工具，“玉帛”涉及饰品和织物，“手笔”涉及身体和工具，“铁血”涉及物质和身体，这些词项中两个输入成分的语义内容比较疏远。但是，语义上的密切程度并不与其理解的难易程度成正比，而是与激活相关语义框架的难易有关，这将在后文详细阐述。这种类型的词项可以用图 5.6 表示。

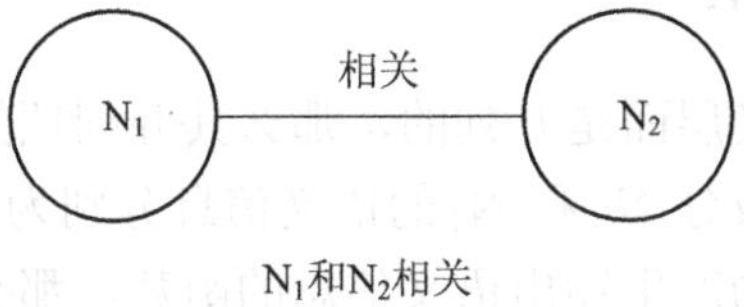

图 5.6　聚合型语义关系的输入成分关系

5.2.3　内部语义关系分布

并列型汉语名名组合被分为同义、反义、包含、配对和聚合 5 种类型。语料统计显示了各种类型的数量和占比，如表 5.1 所示。

表 5.1　并列型名名组合的类型分布

类　型		计数	占比	合计
同义型		280	23.67%	23.67%
非同义型	反义型	13	1.10%	76.33%
	包含型	34	2.87%	
	配对型	99	8.37%	
	聚合型	757	63.99%	
总计		1183	100.00%	100%

表 5.1 中显示了两种次类的占比关系，非同义型的占比为 76.33%，明显大于同义型，因此是并列型汉语名名组合的典型类型。在非同义型中，聚合型占据绝大部分比例，呈现这种分布的原因可能是由于反义型、包含型、配对型均是非同义型中输入语义成分关系更为规律的类型，因此也是更为特殊的类别。这 5 种关系的分布比例从高到低依次为：聚合＞同义＞配对＞包含＞反义。

5.3　并列型名名组合输入成分的语义贡献

并列型名名组合的输入成分在句法层面具有同等地位，一般情况下，这两个输入成分的语义贡献对等，但是也存在不对等的情况。

5.3.1　语义贡献对等型

如果并列结构在语义层面是并列的，那么其并列项的语义信息会被完整地传递到输出端。令输入成分 N_1 和 N_2 的语义信息分别为 N_{1S} 和 N_{2S}，输出成分 Z 的语义信息为 Z_s，F 为产生输出语义信息的函数，那么，语义贡献对等的并列型名名组合复合词的语义信息构成如图 5.7 所示。

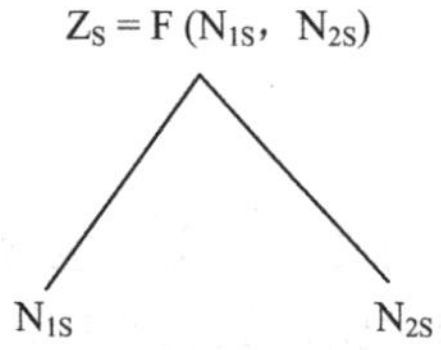

图 5.7　语义贡献对等的并列型名名组合复合词的语义信息构成

在汉语中，大部分并列型名名组合都属于这一类，两个输入成分的语义内容同时出现在语义输出端，在并列型名名组合复合词意义的贡献方面具有同等重要的地位。例如，“商旅”“奴婢”“报刊”“眉眼”“疮痍”等均属于此类型，它们的输入成分语义贡献对等，如下：

商旅　　N_{1S} = 商人　N_{2S} = 旅客
　　　　$Z_S = F(N_{1S}, N_{2S})$ = 商人和旅客/是商人也是旅客

奴婢　　N_{1S} = 男奴　N_{2S} = 女仆
　　　　$Z_S = F(N_{1S}, N_{2S})$ = 男奴和女仆/男奴和女仆之间

报刊　　N_{1S} = 报纸　N_{2S} = 杂志
　　　　$Z_S = F(N_{1S}, N_{2S})$ = 报纸和杂志

眉眼　　N_{1S} = 眉毛　N_{2S} = 眼睛
　　　　$Z_S = F(N_{1S}, N_{2S})$ = 眉毛和眼睛/容貌、神情

疮痍　　N_{1S} = 创伤　N_{2S} = 创伤
　　　　$Z_S = F(N_{1S}, N_{2S})$ = 创伤

从上述词例中可见，输出端的语义信息都是由两个输入成分贡献等量的语义信息所形成的。在这种语义贡献对等的并列组合中，N_{1S} 和 N_{2S} 同时充当了

描述中心成分，也同时充当表述中心成分，因此形成了语义贡献对等的并列型名名组合。

5.3.2　语义贡献不对等型

如果两个并列结构仅在句法层面存在并列关系，即相互之间没有修饰和限制关系，但在语义层面却存在从属关系，那么这两个输入成分的语义信息在输出端就不具有同等重要的地位。参照上一小节所用的符号，语义贡献不对等的并列型名名组合复合词的语义信息构成如图 5.8 所示。

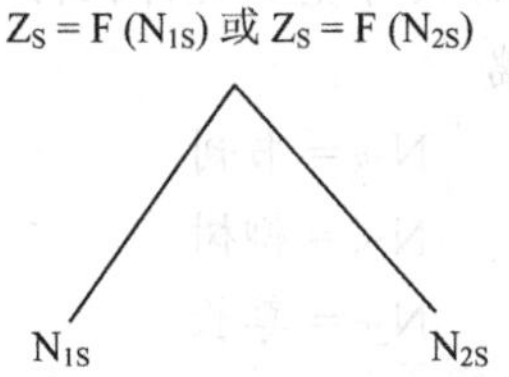

图 5.8　语义贡献不对等的并列型名名组合复合词的语义信息构成

内部语义关系为包含型的并列名名组合的输入成分语义贡献属于不对等型，例如前文所列举的包含型并列复合词“壁垒”“钢铁”“器皿”“仓廪”“骨鲠”“祸祟”“烽火”等，它们的语义贡献如下：

壁垒　N_{1S} = 墙
N_{2S} = 防守用的墙
$Z_S = F(N_{2S})$ = 防守用的墙

钢铁　N_{1S} = 经过精炼，不含磷砂等杂质的铁
N_{2S} = 铁
$Z_S = F(N_{1S})$ = 钢

器皿　N_{1S} = 用具
N_{2S} = 可以盛东西的用具
$Z_S = F(N_{2S})$ = 可以盛东西的用具

仓廪　N_{1S} = 仓房
N_{2S} = 粮仓
$Z_S = F(N_{2S})$ = 粮仓

骨鲠　N_{1S} = 骨头
N_{2S} = 鱼骨头
$Z_S = F(N_{2S})$ = 鱼骨头

祸祟　N_{1S} = 灾祸
N_{2S} = 迷信说法指鬼神带来的灾祸

$Z_S = F(N_{2S})$ = 迷信说法指鬼神带来的灾祸

烽火 N_{1S} = 古时边防报警夜里点燃的火

N_{2S} = 物质燃烧时所发出的光和焰

$Z_S = F(N_{1S})$ = 古时边防报警夜里点燃的火

还有一类词项，其输入成分之间不存在包含关系，但存在语义贡献不对等的情况。这类词的数量极少，属于并列型名名组合的特殊类型。例如，“锋芒”“图书”“杨柳”“师长”，它们的语义贡献情况如下：

锋芒 N_{1S} = 刀剑的锐利尖端

N_{2S} = 禾本植物籽实外壳上的针状物

Z_S = 刀剑的尖端

图书	N_{1S} = 图片	N_{2S} = 书刊	Z_S = 书籍
杨柳	N_{1S} = 杨树	N_{2S} = 柳树	Z_S = 柳树
师长	N_{1S} = 老师	N_{2S} = 尊长	Z_S = 老师

从上述词例中可见，输出端的语义信息都是由两个输入成分之一所贡献产生的，但是两个输入成分之间不存在相互修饰的关系，因此形成了句法层面上的并列关系和语义层面上的从属关系。在这种语义贡献不对等的并列组合中，N_{1S} 和 N_{2S} 同时充当了描述中心成分，但表述中心则由 N_{1S} 或 N_{2S} 单独充当，因此形成了语义贡献不对等的并列型汉语名名组合。

5.3.3 语义贡献规则

并列型名名组合存在语义贡献对等和不对等的现象，这促使我们需要进一步分析输入成分的语义层级。根据第 3 章所述，按照 Cruse 所提出的词汇意义的层级架构分析，所有语义贡献对等的并列型名名组合的输入成分都处在相同层级，而语义贡献不对等的并列型名名组合的输入成分则处在不同层级，一般层级较低的输入成分充当该复合词的表述中心。这样就形成了并列型名名组合语义贡献的两条规则。

规则 1：如果输入成分 N_{1S} 和 N_{2S} 属于词汇架构的同一层级，则输入成分的语义贡献相等。

规则 2：如果输入成分 N_{1S} 所属层级低于 N_{2S} 所属层级，则输入成分的意义贡献不对等，一般较低层级的成分充当表述中心。

对于上一小节中所提及的“锋芒”“图书”“杨柳”“师长”等词项，由于这种类型在汉语中极少见，而且它们的语义贡献存在两种情况，一种是上文所述的不对等型，另一种是与规则 1 相符合的“和”型并列。因此，在讨论并列型词项时仅列出这些词项，不作规则总结。

5.4　并列型名名组合的输出类型

汉语名名组合的输出类型是指词项的输出成分与输入成分之间的语义关系。例如，它可能与某一个输入成分一致，如“胆汁”意为一种“汁”；或与两个输入成分都一致，如“服装”意为“衣服”，也意为“衣装”；或与两个输入成分的合集一致，如“盗匪”意为“盗贼和匪徒”；也可能与输入成分都不一致，如“刀枪”意为“武器”；等等。这些输出类型或多或少都与输入成分有着某种联系，即便是与输入成分不一致，如“刀枪”，但是“刀”和“枪”都是其意义内容“武器”所指称事物的一种。由此，分析名名组合输出类型的问题就转变为分析其输出成分语义和输入成分语义的关系问题。这些关系类型被称为输出类型。

根据语料分析，并列型名名组合的输出类型可以分为 11 种：并合型输出、上位型输出、析取型输出、关系型输出、交集型输出、同指型输出、取中型输出、范围型输出、特指型输出、转喻型输出及隐喻型输出。

5.4.1　并合型输出

并合型输出是指该类词项的输出为两个输入成分语义的合集。

如果 R 表示输出，N_{1S} 和 N_{2S} 分别表示两个输入成分的语义内容，则 $R=N_{1S}\wedge N_{2S}$，即 N_{1S} 和 N_{2S}。

例如，“权利”“权威”“拳棒”“敌害”的输出如下：

权利	N_{1S} = 权力	N_{2S} = 利益	R = 权力和利益
权威	N_{1S} = 使人信服的力量	N_{2S} = 威望	R = 使人信服的力量和威望
拳棒	N_{1S} = 拳头	N_{2S} = 棍棒	R = 拳头和棍棒
敌害	N_{1S} = 敌人	N_{2S} = 祸害	R = 敌人和祸害

这些词项的输出均为两个输入成分的语义内容之合集。但是，进一步的语料分析显示，并合型输出还可以分为两个次类：融合并合型和非融合并合型。融合并合型是指两个输入成分的语义内容在并合后形成了一个不可分割的整体概念，从而可以指称一个独立事物，如“表格”指称“按项目画成格子，分别填写文字或数字的书面材料”；非融合并合型是指两个输入成分的语义内容在并合后仅被归并到一起，并未形成统一融合的整体意义，所指称的对象一般是“N_{1S} 和 N_{2S}”，如“果蔬”指称“水果和蔬菜”。

下面以“云霞”“杠杆”“歌曲”“书本”“屏幕”为例，说明融合并合型输出。

云霞　N_{1S} = 云　N_{2S} = 彩霞　R = 彩云
杠杆　N_{1S} = 棍子　N_{2S} = 杆子　R = 简单机械，能绕着固定点转动的杆
歌曲　N_{1S} = 诗歌　N_{2S} = 音乐　R = 供人歌唱的作品
书本　N_{1S} = 著作　N_{2S} = 装订成册的东西
　　R = 装订成册的著作
屏幕　N_{1S} = 形状像屏风的东西　N_{2S} = 形状像幕布的东西
　　R = 荧光屏/显示屏

这些词项的输入成分在并合的基础上发生融合，形成了对某个独立事物的指称，而不指称“N_{1S} 和 N_{2S}”。例如，“云霞”意不为“云和霞”，“杠杆”意不为“杠和杆”，“歌曲”意不为“诗歌”和“音乐”，“书本”意不为“书和本”，“屏幕”意不为“屏和幕”。这种类型的词项相对较少，在所有的 656 条并合型语料中，仅有 33 条为融合型并合，仅占并合型语料的 5%，因此被视为非典型性并合类型。

5.4.2 上位型输出

上位型输出是指该类词项的输出为输入成分的上义词或上位概念，在意义上比输入成分更具有概括性。换言之，只要并列型名名组合所产生的概念内容在词汇语义架构中的层级高于输入成分的概念内容，那么这种输出类型就可以被称为上位型输出。

如果用 R 表示输出，N_{1S} 和 N_{2S} 分别表示两个输入成分的语义内容，F_{SUPER} 为“上位概念(Superordinate)”函数，则 $R = F_{SUPER}(N_{1S}, N_{2S})$。上位型输出可以分为上义词型输出和上位概念型输出两种。

1. 上义词型输出

上义词型输出即输出为上义词的词项，例如“桌椅”“虫豸”“刀枪”“金玉”“菽粟”，它们的输出如下：

桌椅　N_{1S} = 桌子　N_{2S} = 椅子　R = 家具
虫豸　N_{1S} = 有脚的虫　N_{2S} = 没有脚的虫　R = 虫子
刀枪　N_{1S} = 刀　N_{2S} = 枪　R = 武器
金玉　N_{1S} = 黄金　N_{2S} = 玉器　R = 珠宝
菽粟　N_{1S} = 豆子　N_{2S} = 小米　R = 粮食

这些词项的输出部分均是输入成分的相应上义词，其意义和两个输入成分的意义均形成了上下义关系。

2. 上位概念型输出

上位概念型输出也是比输入成分更高一级或概括性更强的概念，但是并没有相应的表示上位概念的词。例如，“柴米”“奴仆”“针线”“火烛”“布帛”等。这些词项的输出如下：

柴米　N_{1S} = 木柴　N_{2S} = 大米　R = 生活必需品
奴仆　N_{1S} = 奴隶　N_{2S} = 仆人　R = 旧时在主人家从事贱役者的通称
针线　N_{1S} = 针　N_{2S} = 线　R = 缝纫刺绣等工作的总称
火烛　N_{1S} = 火　N_{2S} = 蜡烛　R = 泛指可以引起火灾的东西
布帛　N_{1S} = 织物　N_{2S} = 丝织物　R = 棉纺品和丝、麻织品的总称

语料统计显示，并列型名名组合的上位型输出共有语料 100 条。在所有的上位型输出中，输出为上位概念的有 60 条，占比为 60%，而输出为上义词的有 40 条，占比为 40%。词项的输出为输入成分的上位概念却没有相应的上义词来概括这一概念的现象的存在，可能是由于对应的上义词在语言系统里的缺失，所以才促使语言使用者用一些最为典型的基本层级概念的并置来表达这些上位概念，这可能是这类并列型名名组合产生的动因之一。

3. 上义词型输出词项和其上义词的语用差异

虽然大部分上位概念型输出都表达了缺失相应上义词的上位概念，但是也有既存在由基本层级概念所组成的名名组合来表达上位概念，也存在直接表达上位概念的上义词的情况。这里需要解释表达基本层级范畴的成分的并列组合和表达上位概念的上义词同时存在的原因。通过将表达上位概念的并列型名名组合及其相应的上义词逐一在“国家语委现代汉语语料库”和“北京大学现代汉语语料库(CCL)”中检索发现，这种类型的复合词和上义词同时存在的现象主要是由语用差异造成的。下面分别以“刀枪”和“武器”、“父母”和“家长”、“刍秣”和“草料”在两个语料库中的检索情况来说明其语用差异，见表 5.2。

表 5.2　上义词型输出词项和其上义词的语用差异

词项	频数(次)		语用特点
	国家语委现代汉语语料库	北京大学现代汉语语料库	
刀枪	26	516	具体性、时间性、特定语义域倾向性
武器	666	40328	隐喻性、书面性
父母	871	22204	个体性、感情性
家长	372	11679	群体性、中性
刍秣	0	5	书面性
草料	32	453	口语兼书面性

如表 5.2 所示，并列型名名复合词“刀枪”常用来指代具体化的武器，一般指的就是“刀和枪”。例如，通过检索“国家语委现代汉语语料库”和“北京大学现代汉语语料库”，我们可以看到这一特征。“他来到关帝庙前，广场上像往常一样热闹，威武的神坛健儿正在那里比武较量，刀枪剑戟寒光闪闪。”此外，这个词项的使用和时代相关，多指古代战争中的武器。例如，“事前布置好的五百名官兵拿着明晃晃的刀枪，突然拦住了道路，唐玄宗吓得几乎从马背上掉了下来。”它经常也被用于与戏曲相关的语义框架中。例如，“武戏刀枪交接，一攻一防，异常惊险，但恰恰游刃于分寸之内，并不损害对方一根毫毛，看者既惊心动魄，却又能欣赏技巧的精美。”上义词“武器”一词绝大多数情况是隐喻性用法。例如，“文字和语言一样，是一种社会现象，是人们进行交际，互相了解，交流思想的工具和武器。”此词项在书面用语中也频繁使用。

并列型复合词“父母”常用来强调个体的“父亲和母亲”，一般都带有表达亲情和依恋的感情色彩。例如，“在祖先留下的美德中，尊敬老人和赡养父母，一直被我国人民所重视。”这里的“父母”强调个体之间的血缘关系。再如，“劳动人民的子女深刻地体会到，是父母一生的辛苦劳动，才把自己抚养长大；通过父母的殷勤教育，自己才学会了如何劳动。”此句中“父母”的使用表达了深切的感恩之情。上义词“家长”一般不具感情色彩，多用在比较正式的场合，用来表达“家长们”的群体概念。例如，“于是造成教育者(包括教师和学生家长)权威的相对削弱，这必然会趋向于比较民主的教育模式。”同时，“家长”强调辈分的高低，不仅指“父母”，也包含了“家中长辈”的意义。例如，“实际上，上述视角知识内外之别，当父亲以家长的身份对外处置财产时，他是家产的全权所有人。”

并列型复合词“刍秣”仅作为书面用语，而上义词“草料”在口语和书面语中均普遍使用，虽然是上义词，但属于基本层级范畴概念。

以上分析表明，具有上位型输出的词项与其相应的上义词具有不同的语用功能。虽然语料分析并未显示出统一的语用规律，但是揭示出这两种类型的词项各有独特的功能，这也是它们并存于语言之中的原因。

4. 上位型输出的本质

上位型输出实际上是 5.4.10 小节中即将讨论的转喻型输出的一类。所谓转喻，汉语修辞研究中一般称为借代，是指“所说事物纵然同其他事物没有类似点，假使中间还有不可分离的关系，作者也可以借助关系事物的名称，来替代所说的事物”(陈望道，2008)。按照此定义，上位型输出词项的输入成分和输出之间一般都具有具体代概括、部分代整体、特定代普通的关系。因此，从本质上讲，上位型输出是转喻型输出的一种。

5.4.3 析取型输出

析取型输出是指该类词项的输出为输入成分的一方或另一方。

如果 R 表示输出，N_{1S} 和 N_{2S} 分别表示两个输入成分的语义内容，则 $R = N_{1S} \vee N_{2S}$，即 N_1 或 N_2。

例如，“成败”“凭照”“园囿”“族类”等，它们的输出如下：

成败	N_{1S} = 成功	N_{2S} = 失败	R = 成功或失败
凭照	N_{1S} = 证件	N_{2S} = 执照	R = 证件或执照
园囿	N_{1S} = 花园	N_{2S} = 动物园	R = 花园或动物园
族类	N_{1S} = 同族	N_{2S} = 同类	R = 同族或同类

以上这些词项的输出为 N_{1S} 或 N_{2S}，即在输入成分之间进行了选择。Haspelmath(2004)[27] 指出，在语言使用中析取型(“或者”型)并列比联合型并列明显偏少。语料统计显示，这一点对汉语也同样适用，在《现代汉语词典(第 7 版)》的 1183 条语料中，仅发现 7 条析取型输出语料。这类语料偏少的原因也有可能与本书对析取型输出类型的判定标准有关，判定标准依据《现代汉语词典(第 7 版)》对词项的释义，如果词项释义为“……或……”，则词项被判定为析取型输出。这种释义框架在《现代汉语词典(第 7 版)》的词项中不多见，因此析取型输出词项相对较少。但是，在实际语境中，其他词项也有可能具有析取型输出的特征。

5.4.4 关系型输出

关系型输出是指该类词项的输出为输入成分之间的关系。

如果 R 表示输出，N_{1S} 和 N_{2S} 分别表示两个输入成分的语义内容，F_R 表示“在……之间”的关系(Relation)函数，则 $R = F_R(N_{1S}, N_{2S})$。

相关语料如“父母”“干群”“医患”“君臣”“主仆”等。这些组合在“父母关系”“干群关系”“医患矛盾”“君臣斗争”“主仆情谊”等表达中都具有“N_{1S} 和 N_{2S} 之间”之意。它们的输出如下：

父母	N_{1S} = 父亲	N_{2S} = 母亲	R = 父亲和母亲之间
干群	N_{1S} = 干部	N_{2S} = 群众	R = 干部和群众之间
医患	N_{1S} = 医生	N_{2S} = 患者	R = 医生和患者之间
君臣	N_{1S} = 君王	N_{2S} = 臣子	R = 君王和臣子之间

主仆 N_{1S} = 主人 N_{2S} = 仆人 R = 主人和仆人之间

值得注意的是，这些组合不仅为关系型输出类型，还是并合型输出类型，可以表示“父亲和母亲”“干部和群众”等“N_{1S}和N_{2S}”形式的意义。

5.4.5 交集型输出

交集型输出是指该类词项的输出为输入成分意义的交集。

如果 R 表示输出，N_{1S} 和 N_{2S} 分别表示两个输入成分的语义内容，F_{IN} 为“交集(Intersection)”函数，则 R = F_{IN} (N_{1S}，N_{2S})。

交集型输出的输入成分有两种情况：一种是一个输入成分的意义包含另一个输入成分的意义，即前文所述内部语义关系为包含型的并列复合词；另一种是两个输入成分各自独立，但有意义重合的部分。

属于第一种情况的语料除前文列举的之外，还有如“棺柩”“馆舍”“甲壳”“山岳”等，它们的输出如下：

棺柩 N_{1S} = 装殓死人的器具
N_{2S} = 装着尸体的棺材
R = 装着尸体的棺材

馆舍 N_{1S} = 招待宾客或旅客食宿的房舍
N_{2S} = 居住的房子
R = 招待宾客或旅客食宿的房舍

甲壳 N_{1S} = 某些动物身上有保护功能的硬壳
N_{2S} = 坚硬外壳
R = 某些动物身上有保护功能的硬壳

山岳 N_{1S} = 山峰
N_{2S} = 高大的山
R = 高大的山

这些词项的输出均是存在包含关系的两个输入成分中的被包含项。

属于第二种情况的语料如“裤袜”“裙裤”“虫草”“房车”等，它们的输出如下：

裤袜 N_{1S}=裤子 N_{2S}=袜子 R=既是裤子也是袜子
裙裤 N_{1S}=裙子 N_{2S}=裤子 R=既是裙子也是裤子
虫草 N_{1S}=虫 N_{2S}=草 R=既是虫也是草
房车 N_{1S}=房屋 N_{2S}=车 R=既是房也是车

这些词项的输出均是两个输入成分的交集，意为“既是……也是……”。

5.4.6　同指型输出

同指型输出是指当两个输入成分语义相同时，该类组合的输出以及输入成分的任意一个都具有相同的指称对象。

如果 R 表示输出，N_{1S} 和 N_{2S} 分别表示两个输入成分的语义内容，且 $N_1S = N_{2S}$，则 $R = N_{1S} = N_{2S}$。例如前文阐述并列型复合词的内部语义为同义关系时所列的语料，它们的输出如下：

臂膊　$R=N_{1S}=N_{2S}=$胳膊
宾客　$R=N_{1S}=N_{2S}=$客人
兵卒　$R=N_{1S}=N_{2S}=$士兵
娼妓　$R=N_{1S}=N_{2S}=$妓女
处所　$R=N_{1S}=N_{2S}=$地方
房屋　$R=N_{1S}=N_{2S}=$房子
夫婿　$R=N_{1S}=N_{2S}=$丈夫

这些组合的输出和每一个输入成分都具有相同指称，因此被称为同指型输出。

5.4.7　取中型输出

取中型输出是指当两个输入成分分别指代非相反方向的方位名词时，该类组合的输出为两个输入成分所指称方位的中间某一位置。

如果 R 表示输出，N_{1S} 和 N_{2S} 分别代表具有表示方位语义内容的输入成分，且两个方位不为相反方位(如“东”和“西”)，F_{BTW} 为“在……和……中间(Between)”函数，则 $R = F_{BTW}$ (N_{1S}，N_{2S})。例如，“东北”“东南”“西北”“西南”，它们的输出如下：

东北　$N_{1S}=$东方　$N_{2S}=$北方　$R=$东方和北方中间某位置
东南　$N_{1S}=$东方　$N_{2S}=$南方　$R=$东方和南方中间某位置
西北　$N_{1S}=$西方　$N_{2S}=$北方　$R=$西方和北方中间某位置
西南　$N_{1S}=$西方　$N_{2S}=$南方　$R=$西方和南方中间某位置

这类组合在收集到的语料中仅有以上 4 个，这是由其输入成分的语义域特殊性所造成的，只有当两个输入成分表示非相反方位时才具有这类输出特性。

5.4.8　范围型输出

范围型输出是指该类词项的输出为输入成分 N_{1S} 到 N_{2S} 的范围。

如果 R 表示输出，N_{1S} 和 N_{2S} 分别表示两个输入成分的语义内容，$F_{a\to b}$ 为"从……到……(a→b)"函数，则 $R = F_{a\to b}(N_{1S}, N_{2S})$。

例如，"京沪""南北""前后""东西""首尾"等词项，它们的输入成分一般表示两个相反方向的成分或是两个相距一段距离的地理位置，它们的输出如下：

京沪	N_{1S}=北京	N_{2S}=上海	R=从北京到上海
南北	N_{1S}=南方	N_{2S}=北方	R=从南方到北方
前后	N_{1S}=前面	N_{2S}=后面	R=从前面到后面
东西	N_{1S}=东方	N_{2S}=西方	R=从东方到西方
首尾	N_{1S}=头部	N_{2S}=尾部	R=从头部到尾部

需要指出的是，这些组合不仅为取中型输出类型，还为并合型输出类型，可以表达"北京和上海""南方和北方"等"N_{1S} 和 N_{2S}"并合输出意义。

5.4.9 特指型输出

特指型输出是指该类词项的输出为输入成分之一，且输入成分之间不存在包含关系。之所以用"特指"来命名此类输出，是由于在这类词项的释义中，一般都会出现"专指""特指"这样的表达，因而借用于此。

如果 R 表示输出，N_{1S} 和 N_{2S} 分别表示两个输入成分的语义内容，F_{SPEC} 为"特指(Specification)"函数，则 $R = F_{SPEC}(N_{1S}, N_{2S})$。这类词项数量极少，在 1183 条语料中仅检索到 4 条，分别是"锋芒""图书""杨柳""师长"，它们的特指型输出如下：

锋芒　N_{1S}=刀剑的锐利尖端　N_{2S}=禾本植物籽实外壳上的针状物

　　　R=刀剑的锐利尖端

图书	N_{1S}=图片	N_{2S}=书刊	R=书籍
杨柳	N_{1S}=杨树	N_{2S}=柳树	R=柳树
师长	N_{1S}=老师	N_{2S}=尊长	R=老师

在这些词项中，输入成分间的语义关系均为聚合型，因此它们不同于因包含关系而呈现的层级较低的输入成分意义的现象，属于一类具有特殊输出形式的并列型名名组合。这类词项在句法上具有明显的并列关系，而在语义上却呈现出从属关系。而且，它们还有一个共同点，即同为特指型输出和其他类型输出。例如，"杨柳"具有并合型输出"杨树和柳树"的特点，"锋芒"具有隐喻型输出"事物的尖利部分，显露出来的才干"的特点。这类词项数量极少，

可能是由于其违背了并列型名名组合的一般输出规律，而且没有明确的规律来解释它们表达输入成分中的哪一个。这种不规律性可能直接导致了它们在语言使用中的能产性较低。

5.4.10 转喻型输出

转喻型输出是涌现型输出的一类，是指该类词项表达了输入成分的非组合性意义，输出中含有输入成分中所没有的意义。

如果 R 表示输出，N_{1S} 和 N_{2S} 分别表示两个输入成分的语义内容，F_M 为“转喻(Metonymy)”函数，则 $R = F_M(N_{1S}, N_{2S})$。

转喻型输出的特点是该词项的输出与输入成分在形式上不相似，但在意义上相互关联，它是在单一认知域中基于输入成分发生联想而获得的。Lakoff 等(2003)对转喻的定义为“一方面，转喻主要是一种指称功能，它允许使用一个实体代表另一实体；另一方面，转喻也具有提供理解的功能”。因此，转喻型输出可以理解为用输入成分去指称另一与之相关的实体，而该实体就是组合的指称。例如，“斗箕”“唇舌”“笔墨”“斧钺”“巾帼”等词项都属于此类，它们的输出如下：

斗箕	N_{1S}=斗形指纹	N_{2S}=箕形指纹	R=指纹
唇舌	N_{1S}=嘴唇	N_{2S}=舌头	R=言辞
笔墨	N_{1S}=笔	N_{2S}=墨汁	R=文字或诗文书画等
斧钺	N_{1S}=斧(斩刑工具)	N_{2S}=钺(斩刑工具)	R=重刑
巾帼	N_{1S}=头巾	N_{2S}=发饰	R=妇女

上述组合中，输入成分和输出之间的关系包括具体代抽象、工具代行为、工具代产物、衣物代人物等。虽然上位型输出的本质也是转喻型输出，但是它和这里所讨论的转喻型输出有着显著的区别：前者的输出是输入成分的上位概念，而后者不是。鉴于此特殊性，我们将上位型输出单独划分为一类。另外需要指出的是，本书仅作无语境分析，因此这里的讨论不涉及由于语境因素而触发的转喻，隐喻型输出的讨论亦是如此。

5.4.11 隐喻型输出

隐喻型输出是另一类典型的涌现型输出，它指该类词项的输出与输入成分具有相似性，是通过源域和目标域两个不同认知域之间发生映射而获得的。

如果 R 表示输出，N_{1S} 和 N_{2S} 分别表示两个输入成分的语义内容，F_M 为“隐喻(Metaphor)”函数，则 $R = F_M(N_{1S}, N_{2S})$。例如，“糠秕”“命

脉”“风浪”“枷锁”“豺狼”等词项都属于此类，它们的输出意义是与输入成分组合意义完全不同的内容。

糠秕	N_{1S}=糠	N_{2S}=秕子	R=没有价值的东西
命脉	N_{1S}=生命	N_{2S}=血脉	R=关系重大的事物
风浪	N_{1S}=风	N_{2S}=浪	R=艰险遭遇或斗争环境
枷锁	N_{1S}=枷	N_{2S}=锁链	R=所受的压迫和束缚
豺狼	N_{1S}=豺	N_{2S}=狼	R=凶残的人

5.4.12 输出类型的构式描述

构式形态学提出的复合词释义图式和次级图式描述了复合词的句法结构及其相应释义模板。借鉴这一观点，同一类复合词在意义描述上可以有统一的构式表述，从而对汉语并列型名名组合的输出类型进行如下描述：

并合型输出：$[N_1N_2] = N_1 \wedge N_2 = N_1$ 和 N_2；

上位型输出：$[N_1N_2] = F_{SUPER}(N_{1S}，N_{2S}) = N_1$、$N_2$ 的上位概念或上义词；

析取型输出：$[N_1N_2] = N_{1S} \vee N_{2S} = N_1$ 或 N_2；

关系型输出：$[N_1N_2] = F_R(N_{1S}，N_{2S}) = N_1$ 和 N_2 之间；

交集型输出：$[N_1N_2] = F_{IN}(N_{1S}，N_{2S}) = N_1$ 和 N_2 的交集；

同指型输出：$[N_1N_2] = N_{1S} = N_{2S} = N_1 = N_2$；

取中型输出：$[N_1N_2] = F_{BTW}(N_{1S}，N_{2S}) =$ 在 N_1 和 N_2 中间；

范围型输出：$[N_1N_2] = F_{a \to b}(N_{1S}，N_{2S}) =$ 从 N_1 到 N_2；

特指型输出：$[N_1N_2] = F_{SPEC}(N_{1S}，N_{2S}) =$ 特指 N_1 和 N_2 中的一个；

转喻型和隐喻型输出：$[N_1N_2] = F_M(N_{1S}，N_{2S}) =$ “N_1 和 N_2”的转喻或隐喻。

其中，结合前文的讨论，为了描述的简洁，引入了几个函数符号，SUPER 代表上位概念或上位词，IN 代表取交集，R 代表“在……和……之间(的关系)”，BTW 代表“在……和……中间”，SPEC 代表特指，M 代表转喻或隐喻。这些输出类型的出现和其输入成分的特征密切相关，输入成分特征对输出类型的影响也将在本章讨论。

5.4.13 输出类型的分布规律

输出类型的分布是指每种输出类型在并列型名名组合的输出中所占的数量和比例，此数据可以显示并列型名名组合的典型与非典型性输出类型。前文中所述的 11 种输出类型分布情况如表 5.3 所示。

表 5.3　并列型名名组合的输出类型分布

输出类型	数量	占比
并合型	656	55.45%
同指型	258	21.81%
上位型	99	8.37%
隐喻型	78	6.59%
转喻型	71	6.00%
交集型	38	3.21%
关系型	31	2.62%
范围型	9	0.76%
析取型	7	0.59%
特指型	7	0.59%
取中型	4	0.34%

表 5.3 中输出类型分布的占比总和并不是 100%，这是由于一些词项具有多重输出类型，但是仍然可以反映其整体分布趋势。输出类型从典型到非典型的排列顺序依次为：并合型＞同指型＞上位型＞隐喻型＞转喻型＞交集型＞关系型＞范围型＞析取型＞特指型＞取中型。

因此，并列型名名组合最为典型的 5 类输出类型为并合型、同指型、上位型、隐喻型和转喻型。由于上位型输出是一类特殊的转喻型输出，所以可以将上面 5 种类型合并为并合型、同指型、转喻型和隐喻型 4 种类型。

其中，上位型、转喻型、隐喻型输出具有两个特征。首先，转喻型和上位型输出的比例大于隐喻型。由于上位型输出也是转喻型输出的一种，故将二者合并统计。数据显示，转喻型(含上位型)与隐喻型输出的比例约为 2∶1。这种现象的成因可能是并列型名名组合的输入成分一般均为基础层级成分，它们是语言使用者最熟悉的成分。转喻型输出正是用熟悉的部分指代不熟悉的事物，或用部分指代整体。相较于隐喻型输出的跨域映射所带来的认知复杂性，并置最熟悉的成分更易形成转喻型输出。其次，很多隐喻型输出表达了极端特征。例如，很多隐喻型输出的词项表达了极好、极坏、极小等语义，如“豺狼”“草芥”“虎狼”“蛇蝎”“爪牙”“腹心”等。这与 Wälchli(2005)[149] 的研究结论相同。

其余 6 种输出类型数量相对较少，除了特指型为习惯用法，其余类型数量偏少是由于它们对输入成分的特征有特殊的要求。例如，它们对输入成分的语义域或语义关系有所要求，这将在下文关于输入成分对输出的影响中详细讨论。

此外，从语义贡献是否对等的角度看，语义贡献不对等的词项的输出类型一般为交集型或特指型，而且这类词项如果具有多种不同的输出类型，一般只能为交集型和上位型、交集型和隐喻型、特指型和上位型、特指型和隐喻型。

5.5 并列型名名组合的中心成分

第 3 章提出，名名组合表达的意义内容可以划分为命题内容和信息内容，前者表达描述性意义，后者传递交际信息。命题内容和信息内容的主要成分分别被称作描述中心成分和表述中心成分。

5.5.1 描述中心成分

并列型名名组合的两个成分在句法上具有并列关系，因此，其描述性意义一般呈现“具有并列关系的 N_1 和 N_2”。按照并列关系连接的方式，可以将并列型名名组合分为并列连接词连接、关系性连接和选择性连接：

(1) 并列连接词连接：和、或。

(2) 关系性连接：……和……之间。

(3) 选择性连接：是……也是……；选择其中之一；选择被包含成分。

如此，并列型名名组合的描述性意义的形式至少包括以下几种：N_1 和 N_2，N_1 或 N_2，N_1 和 N_2 之间，是 N_1 也是 N_2，$N_1(N_2)$。

对于上述这些描述性意义，即并列型名名组合的命题内容，由于组合表达的是并列关系，因此描述性意义内部成分不区分中心与非中心，其本身就是并列型名名组合的描述中心成分。

5.5.2 表述中心成分

并列型名名组合具有并合、上位、析取、同指、关系、交集、取中、范围、特指、转喻、隐喻等 11 种输出类型。根据 5.5.1 小节中关于并列关系的呈现形式的论述，并列型名名组合输出的命题内容和信息内容相同的类型包括并合、析取、同指、关系、交集、取中、范围、特指，不相同的类型包括上位、转喻、隐喻。命题内容和信息内容相同时，描述中心成分和表述中心成分相同；命题内容和信息内容不同时，信息内容的中心成分则根据输出端的主要传达信息而确定。例如，“铁血”同时具有并合型输出和转喻型输出的特点，分别意为“武器和鲜血”“战争或暴力”，前者的描述中心和表述中心相同，而后者的描述中心为“武器和鲜血”，表述中心为“战争或暴力”。

5.6　并列型名名组合的语义域

Wälchli(2005)[9] 认为，并列型复合词总是出现在某些词汇域中，例如“父母”“兄弟姐妹”“家庭”“人们”“财物”“面部”和“衣物”等；尽管在特定语言中哪些概念将会出现在并列型复合词中无法精确预测，导致总是存在大量的特异性词汇，但是可以预测的是，在存在中度和高度并列复合现象的语言中，并列型复合词总是出现在很多特征词项并列复合域中。正是这一点，使得并列型复合词成为跨语言研究的相关对象。Wälchli 所称的特征词项并列复合域就是并列型复合词输入成分所在的词汇域，即词汇的语义域。分析并列型名名组合的语义域，可以从语义搭配的角度揭示其构词机制，也为讨论输入成分和输出成分的关系奠定了基础。

5.6.1　语义域的种类

本书在借鉴《圣经希伯来语语义词典》语义域、词网语义域、澳大利亚语言词汇语义域 3 种语义域标注方法的基础上，根据汉语语料的特点，对汉语名名组合输入成分的语义域逐一进行了标注。语料分析表明，并列型名名组合的输入成分涉及 54 种语义域：符号标志、织物、材料、床品、动物、动物身体、方位、处所、部位、类型、感受、工具、关系、成果、行业、化妆品、疾病、家具、建筑、交通工具、精神、领域、神学、声誉、能力、年龄、品德、凭证、钱财、情感、权力、人物、容器、身份地位、身体、时间、食物、祸福、活动、利害、数量、文具、文艺、物质、文字信息、外观形态、衣物、医用品、语言、武器、植物、制度、珠宝、自然现象和景观(简称“自然”)。

5.6.2　语义域的层级分类

由于每个成分的范畴层级并非完全相同，存在一些成分的范畴层级较高而另一些较低的情况，因此在标注时，对前者的语义域使用了概括性更强的概念，而对后者采用了更为具体的概念。我们参照《圣经希伯来语语义词典》语义域、词网语义域以及澳大利亚语言词汇语义域的分类方法，对并列型名名组合输入成分的 54 类语义域中存在的层级进行了归纳，以便于统计分析，如表

5.4 所示。

表 5.4 并列型名名组合输入成分语义域层级

层级 1	层级 2	层级 3	层级 4
自然物	生物	人物	
		动物	
		植物	
		身体	动物身体
	自然现象和景观		
	物质		
	方位		
	时间		
人造物	物品	工具	家具、交通工具、文具、容器、凭证、武器、语言、符号标志、床品、化妆品、医用品
		珠宝	
		材料	
		衣物	
		食物	
		织物	
		建筑	
		钱财	
		文字信息	
		处所	
		文艺	
		行业	
		领域	神学
		制度	
		身份地位	

续表

层级 1	层级 2	层级 3	层级 4
事件	行为	疾病、精神、能力、情感、权力、声誉、品德、成果、感受	
	活动		
	祸福		
	利害		
	关系		
属性	年龄、数量、外观形态、类型		
部位			

5.6.3　语义域的分布规律

并列型名名组合输入成分的语义域分布如表 5.5 所示。

表 5.5　并列型名名组合输入成分的语义域分布

语义域	例项	数量	占比
人物	商贾、婆媳	117	9.89%
自然现象和景观	云霄、烟尘	114	9.64%
身体	筋骨、脾胃	101	8.54%
外观形态	风姿、棱角	64	5.41%
建筑	馆舍、宫殿	63	5.33%
处所	牢狱、园圃	52	4.40%
工具	斧凿、管线	47	3.97%
食物	米面、酒菜	39	3.30%
能力	才学、胆识	35	2.96%
文艺	字画、诗词	29	2.45%
植物	荆棘、柑橘	27	2.28%
动物	凤凰、虎狼	25	2.11%
文字信息	书札、音讯	25	2.11%

续表一

语义域	例项	数量	占比
制度	法则、风纪	25	2.11%
感受	节律、意韵	23	1.94%
钱财	财宝、银钱	23	1.94%
部位	边沿、端口	21	1.78%
成果	效能、功业	21	1.78%
语言	词句、音义	21	1.78%
时间	岁月、日夜	20	1.69%
衣物	裤袜、衣履	19	1.61%
符号标志	徽章、旗号	17	1.44%
品德	道义、品节	16	1.35%
武器	兵戈、锋镝	16	1.35%
精神	神智、气魄	13	1.10%
情感	情谊、耻辱	13	1.10%
床品	被褥、衾枕	12	1.01%
方位	西南、前后	12	1.01%
声誉	名望、威望	12	1.01%
动物身体	翼翅、羽绒	11	0.93%
类型	型号、品级	11	0.93%
疾病	疠疫、病疫	10	0.85%
容器	钵盂、箩筐	10	0.85%
祸福	祸祟、福祉	10	0.85%
物质	钢铁、塑胶	10	0.85%
权力	权势、威势	9	0.76%
身份地位	王公、官爵	9	0.76%
材料	资材、物料	8	0.68%
年龄	年辈、年齿	8	0.68%
文具	笔墨、笔砚	8	0.68%
行业	农林、工交	6	0.51%
交通工具	舟车、舟楫	6	0.51%

续表二

语义域	例项	数量	占比
领域	文史、文体	6	0.51%
凭证	凭照、证照	6	0.51%
织物	绸缎、锦缎	5	0.42%
珠宝	珠翠、琼瑶	5	0.42%
利害	利弊、弊害	4	0.34%
关系	机缘、因果	3	0.25%
化妆品	粉黛、脂粉	3	0.25%
家具	橱柜、柜橱	3	0.25%
数量	频次、数额	3	0.25%
医用品	药石、针灸	3	0.25%
神学	谶纬	2	0.17%
活动	会展、影展	2	0.17%

表 5.5 显示，在并列型名名组合中，输入成分出现最为频繁的前 7 个语义域占据了并列型名名组合总量的 50%，它们分别是人物、自然现象和景观、身体、外观形态、建筑、处所、工具。而且，由于标注中遵循了尽可能具体的原则，一些占比较低的语义域实际上是占比较高的语义域的次类。例如，文具、容器、交通等都可以归在工具域之下；动物身体可以归在身体域之下。如果把这些都计算在内，前 7 个语义域的占比还会增加。因此，这 7 个语义域是并列型名名组合输入成分所在的主要语义域。数据还显示，人物语义域中有 27 个是表示亲属关系的词项，而同义、反义、配对和包含型关系中的输入成分一般都来自相同语义域。

此外，并非所有并列型名名组合两个输入成分的语义域都相同，尽管大部分输入成分因相互之间的语义关系限制而使得其语义域相同，但仍存在 56 例输入成分语义域不同的词项，占语料总量的 4.7%。在统计语义域的分布时，由于统计的是输入成分的语义域，所以那些由两个不同语义域的成分形成的词项，我们按照其各自成分的语义域分别进行了统计。这些输入成分语义域不同的词项具有一个共同特点：输入成分之间的语义关系除 1 例为包含关系外，其他全部为聚合关系，这是因为其语义域不同而无法形成同义、反义、配对关系。

根据 5.6.2 小节对并列型名名组合输入成分语义域层级的归纳，笔者进一步按照较高分类层级对语义域的分布情况作了分析，以便从宏观角度更全面地把握输入成分的语义域分布。表 5.6 是并列型名名组合的输入成分语义域相同时，依据高层级统计得到的分布情况。

表 5.6 并列型名名组合输入成分语义域的高层级分布

层级	数量	占比
人造物	455	38.46%
自然物	440	37.19%
事件	163	13.78%
属性	91	7.69%
部位	34	2.87%

表 5.6 显示，并列型名名组合的输入成分语义域从典型到非典型依次为：人造物＞自然物＞事件＞属性＞部位。在绝大部分情况下，输入成分的语义域相同，仅有 56 个词项的两个成分语义域不同。由于这些不同语义域的搭配多为个例，因此在这里暂不作讨论，或留待将来以个案进行研究。

5.7 并列型名名组合输入成分的概念层级范畴

5.7.1 输入成分的主要层级范畴

第 3 章阐述了概念范畴化的 3 个层级：上位层级、基本层级和下位层级。并列型名名组合的输入成分大部分都属于基本层级范畴。这一结论来源于语料统计分析。利用从“国家语委现代汉语语料库”在线网站下载的字频词频统计软件，对 1183 条语料进行了字频统计，结果显示所有并列型名名组合中出现的汉字即输入成分共有 974 个。随后，在“现代汉语语料库字频表”中对这些汉字进行逐一检索，发现其中 958 个成分都被该字频表所收录。建立该字频表的语料规模为 2000 万字，表内只列出现次数大于 50 次的字。鉴于其庞大的语料规模，可以认为这些字是汉语使用频率最高、语言使用者最为熟悉的汉字，这与基本层级范畴所具有的特征一致。虽然不能断定这些成分表达的概念全部属于基本层级范畴，但是至少可以推知它们表达的概念大多数都属于基本层级范畴。

在“现代汉语语料库字频表”中未检索到的输入成分包括以下 15 个：“鞯”“楮”“镝”“垤”“鲠”“藿”“耪”“阓”“骐”“闬”“蜮”“祉”“旓”

“豸”“笫”。这 15 个成分在《现代汉语词典(第 7 版)》里的主要释义如下：

韂：<书>垫在马鞍下面、垂于马背两侧遮挡泥土的东西

楮：<书>纸

镝：<书>箭头

垤：<书>小土堆

鲠：<书>鱼骨头

藿：<书>豆类作物的叶子

阃：<书>门槛

闱：<书>宫的侧门

鞯：<书>马鞍下面的垫子

骐：<书>青黑色的马

蜮：传说中在水里暗中害人的怪物

祉：<书>幸福

黹：<书>刺绣

豸：<书>没有脚的虫

笫：<书>竹篾编的席

从释义可见，这些成分除“蜮”之外，全部是书面用语，使用频率较低，因此并不代表其表达的概念不属于基本层级范畴，如“楮”“镝”“垤”“祉”“黹”“笫”，它们表达的概念均是基本层级范畴。另一些成分却表达了特征更为具体的下位层级范畴，如“韂”“鲠”“藿”“阃”“鞯”“骐”“闱”“蜮”“豸”。它们和其他成分组合形成并列型名名组合时，一般都会造成理解上的障碍，需要依靠另一成分的意义进行推测或从词典中获取释义。

并列型名名组合的输入成分大多数表达了基本层级范畴概念，也有少量表达下位范畴概念，但是不存在表达上位范畴概念并列的情况。这可能是因为基本层级和下位层级概念包含的信息量更大，彼此之间的相似和相关性更强，更有可能形成并列关系；而上位层级概念一般更抽象，表达的信息多为功能性的，彼此之间相似和相关度较低，因此难以形成并列关系。

5.7.2　输入成分之间的层级关系

并列型名名组合的输入成分在句法层面具有并列关系，成分之间没有修饰和限制关系，但是在语义层面，一些组合的成分之间却存在从属关系。因此，在输入成分的层级上，大部分词项的成分为相同层级成分，例如“报刊”“绸缎”“词句”等。

输入成分层级不相同的情况主要有以下 3 种：

第一，当内部语义关系为包含型时，词项的两个输入成分存在上下义关系。其中一个成分表达基本层级概念，另一成分表达下位层级概念，这一类型的词项仅有 26 个，在语料中仅占 2.4%。

第二，现代汉语中层级不同而古代汉语中相同的情况。例如，“虫豸”意为“虫子”，按照《现代汉语词典(第 7 版)》的释义，“虫”意为“虫子”，“豸”意为“没有脚的虫子”。两个输入成分存在层级的不对等性，而且内部语义关系为包含型，输出类型却是层级较高的一方，这与前文关于语义关系为包含型的词项的语义中心和输出类型规律不符。但是，按照《尔雅·释虫》的解释，“有足谓之虫，无足谓之豸”，则“虫豸”的两个输入成分在古代汉语中处在同一层级上，形成了配对关系。

第三，输入层级不对等，但输出迫使其对等的情况。例如，“鬼蜮”的输入成分分别为“鬼”和“传说中在水里暗中害人的怪物”，输出为“鬼怪”。在输出中，“蜮”作为一种怪物“在水里暗中害人”的具体特征被去除，而只保留了与“鬼”同层级的“怪物”的概念。“鬼”和“蜮”之间是聚合关系，在这种聚合并列构式中迫使不对等的层级按照对等概念范畴进行并合输出相关语义。

但是，语料分析显示，输入成分层级不对等的情况在并列型名名组合中所占比例非常少，尤其是第二种和第三种情况仅为个例，因此并列型名名组合的主要内部层级关系为对等型。

5.8 并列型名名组合输入成分的概念类型

按照类别、个体、关系、功能 4 类名词概念类型逐一分析语料的输入成分，并标注所属类型，其分类数据统计如表 5.7。

表 5.7 并列型名名组合输入成分的概念类型分布

类型	词例	数量	占比
类别	山川、水火	637	53.85%
功能	心胸、性气	327	27.64%
关系	翼翅、爪牙	152	12.85%
个体	岐黄、西北	67	5.66%

数据统计表明，并列型名名组合输入成分的概念类型分布从高到低为：类别＞功能＞关系＞个体，这种分布可能和语言中名词概念类型的分布比例有关。Löbner(2011)[280] 指出，类别型名词是名词的原型次类。因此，类别名词在

并列型名名组合的输入中比例最高，符合基本分布规律。

大部分并列型名名组合的两个输入成分都属于相同概念类型，仅有 50 例不同类型的组合，占总数的 4.6%，具体数据统计如表 5.8。

表 5.8　并列型名名组合输入成分概念类型相异情况分布

类型组合	词项	数量	占比
功能 + 关系	君臣	13	26.0%
关系 + 类别	拳棒	12	24.0%
关系 + 功能	宾东	9	18.0%
功能 + 类别	津液	7	14.0%
类别 + 功能	旗号	4	8.0%
个体 + 类别	天渊	2	4.0%
类别 + 个体	风月	2	4.0%
类别 + 关系	律例	1	2.0%
合　计		50	100%

从表 5.8 可见，“功能 + 关系”组合数量最多，这是由于功能名词和关系名词都具有关系性，它们可以隶属于同一所有者。例如，“心目”的输入成分都属于身体，也可以相互之间形成所有者和隶属者关系；“父女”的输入成分也属于这种情况。另外可以发现，“类别 + 功能”“类别 + 个体”“类别 + 关系”的组合数量极少，这是因为类别名词的意义是其所指称对象的特征，置于其他名词前时，极有可能成为其他名词的修饰成分，所以在并列型名名组合中非常少见。另外，如果按照 4 种概念类型名词的两两排列，理论上可以产生 12 种概念类型相异情况的组合，但是语料中仅出现了 8 种，未出现的组合分别是“个体 + 关系”“个体 + 功能”“关系 + 个体”“功能 + 个体”。这说明在并列型名名组合中，个体名词与具有关系性的关系名词和功能名词无法搭配。而且从上表中可见，个体名词与类别名词的组合也仅有 4 例。这可能是由于个体名词一般指称了唯一性事物，且与其他事物不发生联系，因此和其他类型的概念产生对等的并列关系比较困难。

5.9　并列型名名组合“输入-输出”框架

前面我们讨论了两个方面的话题：一是输入成分的内部语义关系、范畴层级关系、语义域和概念类型；二是输出成分的输出类型。这里，我们来分析这两部分之间的关联，即输入成分的相关属性对输出类型的影响，以及这些输入成分因素之间的关系。这构成了我们所说的“输入-输出”语义框架。

5.9.1 内部语义关系对输出类型的影响

并列型名名组合的输入成分内部语义关系分为同义、反义、配对、包含和聚合 5 种。基于对语料的标注，分别对 5 种内部语义关系的输出类型进行了分类检索，发现不同的语义关系倾向于产生不同的输出类型，具体统计数据如表 5.9 所示。虽然一些词项具有多重输出类型，但鉴于统计的目的是考察不同内部语义关系与每种输出类型之间的关联，因此检索中仅按照每种输出类型出现的频次统计。

表 5.9　并列型名名组合的内部语义关系和输出类型的关系

内部语义关系	同义		反义		配对		包含		聚合	
输出类型和数量	类型	数量	类型	数量	类型	数量	类型	数量	类型	数量
	同指	252	并合	10	并合	80	交集	31	并合	563
	上位	4	范围	5	关系	31	上位	2	上位	84
	隐喻	3	隐喻	2	上位	8	并合	2	隐喻	64
	转喻	5	析取	1	隐喻	7	隐喻	1	转喻	60
			转喻	1	转喻	5			交集	7
					范围	2			特指	6
					特指	1			析取	6
									取中	4
									范围	2

从表 5.9 中可以归纳出并列型名名组合的输入成分内部语义关系和输出类型之间的关系。

规律 1：输出类型的数量与语义关系的紧密程度基本成反比。语义关系的紧密程度是指两个输入成分之间语义的相关程度，依次从同义、反义、包含、配对到聚合递减。具体来说，同义型语义关系产生 4 类输出，反义型语义关系产生 5 类输出，包含型语义关系产生 4 类输出，配对型语义关系产生 7 类输出，聚合型语义关系产生 9 类输出。虽然反义型语义关系的输出类型数量比包含型语义关系的输出类型数量多，但它的两个输入成分之间的相关程度比包含型语义关系更紧密，所以排在包含前面。

规律 2：每种语义关系都有相应的特征输出类型。同义型语义关系的特征输出类型为同指型，反义型相应为范围型，配对型相应为关系型，包含型相应为交集型，聚合型相应为上位型。

特征输出类型是指在所有输出类型中除并合型之外，数量最多的输出类型。由于并合型输出是并列型复合词的原型输出类型，所以被排除在特征输出类型之外。从表 5.9 中可见，同义型组合只具有特征输出，不具有原型输出，而其他类型的组合同时具有原型输出和特征输出，如表 5.10 所示。其中，“-”表示无，“+”表示有。

表 5.10　并列型名名组合输入成分内部语义关系的原型输出和特征输出分布

内部语义关系	原型输出	特征输出	特征输出类型
同义	-	+	同指型
反义	+	+	范围型
配对	+	+	关系型
包含	+	+	交集型
聚合	+	+	上位型

另外，一些类型的内部语义关系不可能与某些输出类型匹配。例如，反义型排除了同指输出的可能，但也不排除有一些类型的语义关系可能在特定语境下与某些输出类型匹配。例如，从理论上讲，除同义型关系之外，其余关系类型均可以产生关系型输出。这是由于关系型输出的结构为“N_1 和 N_2 之间”，只要在两个输入成分之间存在差异，就有可能在特定语境中形成“N_1 和 N_2 的差异”这样的表达。但是，由于本书不考察语境因素的影响，因此不作进一步讨论。

规律 3：同指型输出只能由同义型语义关系产生。

5.9.2　输入成分语义域对输出类型的影响

基于对语料的标注，我们对前文所述的并列型名名组合的 54 种语义域输入成分的相应输出类型进行了分类检索，发现不同的语义域倾向于产生不同的输出类型，具体统计数据如表 5.11 所示。如前所述，56 例词项的两个输入成分语义域不同，比例很少，因此在分析中暂时忽略这 56 例词项，仅考察相同语义域对每种输出类型的影响情况。与 5.9.1 小节中的操作相同，对语义域的相应输出类型进行分类统计，数据显示出了每种语义域的特征输出类型，如表 5.11 所示。

表 5.11 并列型名名组合输入成分语义域和输出类型的关系

<table>
<tr><th rowspan="2">语义域</th><th>原型输出</th><th colspan="2">特征输出</th><th rowspan="2">特征/原型(x)</th><th rowspan="2">语义域</th><th>原型输出</th><th colspan="2">特征输出</th><th rowspan="2">特征/原型(x)</th></tr>
<tr><th>数量</th><th>类型</th><th>数量</th><th>数量</th><th>类型</th><th>数量</th></tr>
<tr><td>人物</td><td>73</td><td>关系</td><td>31</td><td>0.43</td><td>自然</td><td>74</td><td>同指</td><td>24</td><td>0.32</td></tr>
<tr><td>身体</td><td>42</td><td>转喻</td><td>24</td><td>0.57</td><td>外观形态</td><td>31</td><td>同指</td><td>24</td><td>0.77</td></tr>
<tr><td>建筑</td><td>21</td><td>同指</td><td>26</td><td>1.24</td><td>处所</td><td>25</td><td>同指</td><td>16</td><td>0.64</td></tr>
<tr><td>工具</td><td>32</td><td>转喻</td><td>5</td><td>0.16</td><td>能力</td><td>20</td><td>无</td><td>0</td><td>0.00</td></tr>
<tr><td>文艺</td><td>20</td><td>上位</td><td>4</td><td>0.20</td><td>动物</td><td>10</td><td>隐喻</td><td>10</td><td>1.00</td></tr>
<tr><td rowspan="2">植物</td><td rowspan="2">13</td><td>同指</td><td>4</td><td>0.31</td><td rowspan="2">文字信息</td><td rowspan="2">0</td><td rowspan="2">同指</td><td rowspan="2">13</td><td rowspan="2">∞</td></tr>
<tr><td>上位</td><td>4</td><td>0.31</td></tr>
<tr><td rowspan="2">制度</td><td rowspan="2">21</td><td>同指</td><td>1</td><td>0.05</td><td rowspan="2">感受</td><td rowspan="2">11</td><td rowspan="2">同指</td><td rowspan="2">8</td><td rowspan="2">0.73</td></tr>
<tr><td>转喻</td><td>1</td><td>0.05</td></tr>
<tr><td>钱财</td><td>9</td><td>同指</td><td>5</td><td>0.56</td><td>部位</td><td>6</td><td>同指</td><td>12</td><td>2.00</td></tr>
<tr><td>成果</td><td>13</td><td>同指</td><td>4</td><td>0.31</td><td>语言</td><td>14</td><td>同指</td><td>3</td><td>0.21</td></tr>
<tr><td>时间</td><td>10</td><td>同指</td><td>5</td><td>0.50</td><td>衣物</td><td>3</td><td>同指</td><td>5</td><td>1.67</td></tr>
<tr><td>符号标志</td><td>7</td><td>同指</td><td>7</td><td>1.00</td><td>品德</td><td>10</td><td>同指</td><td>2</td><td>0.20</td></tr>
<tr><td>武器</td><td>9</td><td>上位</td><td>3</td><td>0.33</td><td>精神</td><td>11</td><td>无</td><td>0</td><td>0.00</td></tr>
<tr><td>情感</td><td>11</td><td>同指</td><td>1</td><td>0.09</td><td>床品</td><td>3</td><td>同指</td><td>7</td><td>2.33</td></tr>
<tr><td rowspan="2">方位</td><td rowspan="2">6</td><td>范围</td><td>4</td><td>0.67</td><td rowspan="2">声誉</td><td rowspan="2">7</td><td rowspan="2">同指</td><td rowspan="2">2</td><td rowspan="2">0.29</td></tr>
<tr><td>取中</td><td>4</td><td>0.67</td></tr>
<tr><td>动物身体</td><td>3</td><td>交集</td><td>4</td><td>1.33</td><td>类型</td><td>6</td><td>同指</td><td>3</td><td>0.50</td></tr>
<tr><td>疾病</td><td>0</td><td>同指</td><td>8</td><td>∞</td><td>容器</td><td>4</td><td>交集</td><td>2</td><td>0.50</td></tr>
<tr><td rowspan="3">祸福</td><td rowspan="3">2</td><td rowspan="3">同指</td><td rowspan="3">6</td><td rowspan="3">3.00</td><td rowspan="3">物质</td><td rowspan="3">0</td><td>隐喻</td><td>2</td><td>∞</td></tr>
<tr><td>交集</td><td>2</td><td>∞</td></tr>
<tr><td>转喻</td><td>2</td><td>∞</td></tr>
</table>

续表

语义域	原型输出	特征输出		特征/原型(x)	语义域	原型输出	特征输出		特征/原型(x)
	数量	类型	数量			数量	类型	数量	
权力	7	无	0	0.00	身份地位	6	上位	2	0.33
材料	3	同指	1	0.33	年龄	1	同指	5	5.00
文具	5	转喻	3	0.60	行业	5	无	0	0.00
交通工具	3	上位	2	0.67	领域	5	无	0	0.00
凭证	1	同指	2	2.00	织物	1	上位	3	3.00
珠宝	0	上位	2	∞	利害	3	无	0	0.00
关系	2	无	0	0.00	化妆品	2	转喻	1	0.50
家具	2	无	0	0.00	数量	1	同指	1	1.00
医用品	2	上位	1	0.50	神学	0	上位	1	∞
活动	2	无	0	0.00	食物	19	上位	7	0.37

表 5.11 表明，不具有原型输出类型即并合型输出的词项，其输入成分语义域为疾病、珠宝、信息、物质、神学；只具有原型输出而不具有其他类型输出的词项，其输入成分语义域为权力、关系、家具、活动、能力、精神、行业、领域、利害。

表 5.11 中“特征/原型(x)”是指特征输出数量和原型输出数量之比。据此，可以判断两种输出中的哪一种为该语义域的主要输出类型。依据表 5.11，特征输出和原型输出按其之比，可以分为 4 类：一是比为 0，即只有原型输出而无特征输出；二是比为无穷大，即只有特征输出而无原型输出；三是比大于等于 1 小于无穷大，特征输出数量大于等于原型输出数量；四是特征输出与原型输出之比小于 1，特征输出数量小于原型输出数量。如表 5.12 所示。

表 5.12 并列型名名组合输入成分语义域与特征输出和原型输出的关系

比例范围	语 义 域
x = 0	权力、关系、家具、活动、能力、精神、行业、领域、利害
x = ∞	疾病、珠宝、文字信息、物质、神学
1≤x<∞	建筑、符号标志、动物身体、祸福、凭证、动物、衣物、部位、床品、年龄、织物、数量
x<1	人物、身体、工具、文艺、植物、制度、钱财、成果、时间、武器、情感、方位、材料、文具、交通工具、医用品、自然、外观形态、处所、感受、语言、品德、声誉、类型、容器、身份地位、化妆品、食物

(1) 当 $x = 0$ 时，所在语义域的成分组合形成的词项一般只具有并合型输出。

(2) 当 $x = \infty$ 时，所在语义域的成分组合形成的词项一般不具有并合型输出。

(3) 当 $1 \leq x < \infty$ 时，所在语义域的成分组合形成的词项同时具有并合型输出和特征输出，但大多数情况下为特征输出类型。

(4) 当 $x < 1$ 时，所在语义域的成分组合形成的词项同时具有并合型输出和特征输出，但大多数情况下为并合型输出。

以上统计分析是依据《现代汉语词典(第 7 版)》中检索到的语料进行的，且未考虑语境因素的影响，因此仅提供并列型名名组合输入成分语义域对输出类型影响的大致趋势。在实际语境中，这些统计结果可能会有一定偏差。

语料分析还显示，一些输出类型与特定语义域之间存在较为固定或紧密的关系。例如，取中型输出类型的输入成分全部出自“方位”域，关系型输出类型的输入成分全部出自“人物”域，范围型输出类型中 66.7%出自“时间”域和“方位”域。

5.9.3 输入成分的范畴层级关系对输出类型的影响

并列型名名组合输入成分的范畴层级关系分为对等型和不对等型两类，它们与输出类型的关系较为直接。结合内部语义关系对输出类型的影响，可以归纳出层级关系对输出类型的影响规律。

规律 1：层级不对等型的两个输入成分之间形成包含关系，一般产生交集型输出，或产生少量上位、并合、隐喻型输出。

规律 2：层级对等型的两个输入成分之间形成同义、反义、配对、聚合等关系，产生的输出类型主要由其内部语义关系决定。

5.9.4 输入成分概念类型对输出类型的影响

基于对语料的标注，分别对并列型名名组合 4 种概念类型输入成分的相应输出类型进行分类检索，可以发现不同的概念类型倾向于产生不同的输出类型，具体统计数据如表 5.13。如前所述，50 例词项的两个输入成分概念类型不同，比例很少，因此先排除这 50 例词项，仅考察相同概念类型对每种输出类型的影响。通过对概念类型的相应输出类型的分类统计，数据显示出每种概念类型对应的输出类型，其中 4 种概念类型的特征输出均为同指型，具体如表 5.13 所示。

表 5.13　并列型名名组合输入成分概念类型和输出类型的关系

概念类型	原型输出	特征输出		特征/原型(x)
	数量	类型	数量	
个体	46	同指	8	0.17
类别	446	同指	192	0.43
关系	62	同指	49	0.79
功能	247	同指	83	0.33

4 种概念类型的特征输出均为同指型，而且它们都具有原型输出类型。其特征输出数量与原型输出数量的比反映了概念类型组合产生相应特征输出类型的可能性。比值越大，输出特征输出即同指型输出类型的可能性越大。4 种概念类型输出同指型输出类型的可能性从高到低依次为：关系＞类别＞功能＞个体。

5.9.5 输出成分语义域和概念类型的保持和改变

大部分情况下，并列型名名组合输出成分的语义域与输入成分语义域相同。它们是否发生改变取决于输出类型。当输出类型为并合、范围、交集、特指、同指、上位、析取、取中时，输出成分的语义域和输入成分相同。例如，“蓑笠”具有并合输出“蓑衣和斗笠”，其输入和输出的语义域均为工具。当输出类型为关系、转喻、隐喻时，语义域往往会发生变化。例如，“虎狼”意为“凶狠残暴的人”，输入成分的语义域为动物，而输出却为人物，并且涌现出了原输入成分语义中没有的新意义。

同样，并列型名名组合输出成分的概念类型与输入成分的概念类型相同。当输出类型为并合、交集、特指、同指、析取时，输出成分的概念类型和输入成分的概念类型相同。例如，“腮颊”具有同指输出“脸的两侧面”，输入和输出的概念类型为关系型。当输出类型为上位、范围、关系、转喻、隐喻、取中时，概念类型会发生变化。例如，“南北”指称“从南到北的范围”，输入成分的概念类型为个体，而输出却为类别。

5.9.6 输入成分语义因素对内部语义关系的影响

1. 概念类型和内部语义关系的关系

通过对并列型语料的检索，可以发现一些概念类型更倾向于产生某些特定的语义关系，具体统计数据如下表。需要说明的是，为了确定哪种概念类型更易产生哪种特定的语义关系，我们只检索了两个输入成分概念类型相同的词项，共计 1133 项，具体统计如表 5.14 所示。

表 5.14 并列型名名组合的输入成分概念类型对内部语义关系的影响

内部语义关系	概念类型									
	个体(57)		类别(655)		关系(113)		功能(308)		总量(1133)	
	数量	占比	数量	占比	数量	占比	数量	占比	数量	平均占比
同义	7	12.28%	168	25.66%	42	37.17%	71	23.05%	288	25.42%
反义	1	1.75%	0	0.00%	0	0.00%	10	3.25%	11	0.97%
包含	1	1.75%	26	3.97%	0	0.00%	4	1.30%	31	2.74%
配对	9	15.79%	44	6.72%	18	15.93%	18	5.84%	89	7.86%
聚合	39	68.42%	417	63.66%	54	47.79%	205	66.56%	715	63.11%

表 5.14 中的“个体(57)”表示个体概念名词形成的词项有 57 个，每个概念类型之下的“占比”表示该类概念形成的词项中特定语义关系类型数量占据该类词项数量的百分比，“总量(1133)”之下的“平均占比”是几种概念类型形成的某一类语义关系数占据几种概念类型形成的词项总数的平均百分比。假设每种概念类型在产生语义关系时没有偏向性，那么每种语义关系数量在每种概念类型词项数量中所占的比例应该和每种语义关系总数量在所有概念类型词项数量中所占比例基本一致。例如，个体概念词项产生的包含型关系数/个体概念词项数 = 包含型关系总数/所有概念类型词项数。如果前者大于后者，说

明这类概念类型组成的词项具有生成某种语义关系的偏向性。

将上表中的各类概念类型产生的语义关系占比和平均占比进行对照，我们可以发现：

(1) 个体名词偏向于形成反义、配对和聚合型语义关系，较少形成同义和包含型语义关系；

(2) 类别名词偏向形成同义、包含和聚合型语义关系，难以形成反义型语义关系，较少形成配对型语义关系；

(3) 关系名词偏向于形成同义和配对型语义关系，难以形成反义和包含型语义关系，较少形成聚合型语义关系；

(4) 功能名词偏向于形成反义和聚合型语义关系，较少形成同义、包含和配对型语义关系。

2. 语义域对内部语义关系的影响

并列型名名组合的语义域同样对其内部语义关系产生影响。按照 5.6 节的讨论，并列型名名组合的语义域共有 54 类，其中人物、自然现象和景观(简称“自然”)、身体、外观形态、建筑、处所、工具 7 类占据了约 50%的词项，因此可以视为并列型名名组合的典型语义域。表 5.15 统计了这些典型语义域和内部语义关系之间的关系。

表 5.15　并列型名名组合的输入成分典型语义域对内部语义关系的影响

语义域	内部语义关系				
	同义(数量)	反义(数量)	包含(数量)	配对(数量)	聚合(数量)
人物	33	0	1	38	50
自然现象和景观	31	0	1	7	83
身体	23	1	6	7	72
外观形态	25	0	0	0	36
建筑	31	0	5	2	28
处所	18	0	4	1	35
工具	7	0	1	13	35

表 5.15 显示，不同语义域倾向于产生不同的内部语义关系，产生各种内部语义关系的语义域从典型到非典型的序列具体为：

(1) 同义关系：人物＞自然/建筑＞外观形态＞身体＞处所＞工具；

(2) 反义关系：身体；

(3) 包含关系：身体＞建筑＞处所＞人物/自然/工具；

(4) 配对关系：人物＞工具＞自然/身体＞建筑＞处所；

(5) 聚合关系：自然＞身体＞人物＞外观形态＞处所＞工具/建筑。

由于以上数据仅是对输入成分的典型语义域对内部语义关系影响的统计，尚不能反映并列型组合的输入成分语义域与内部语义关系之间的整体关系。因此，笔者进一步按照 5.6 节所总结的高层级语义域分类，对这一关系进行了统计分析，如表 5.16 所示。

表 5.16　并列型名名组合的输入成分高层级语义域分类和内部语义关系的关系

高层级语义域	内部语义关系				
	同义(数量)	反义(数量)	包含(数量)	配对(数量)	聚合(数量)
人造物	122	0	17	25	280
自然物	99	6	13	64	247
事件	34	4	2	1	111
属性	34	0	0	0	46
部位	15	1	0	1	5

从表 5.16 中可以发现，并列型组合的不同高层级语义域类型也倾向于产生不同的内部语义关系。纵向观察表 5.16 可见，产生不同语义关系的语义域从典型到非典型的序列具体如下：

(1) 同义关系：人造物＞自然物＞事件/属性＞部位；

(2) 反义关系：自然物＞事件＞部位；

(3) 包含关系：人造物＞自然物＞事件；

(4) 配对关系：自然物＞人造物＞事件/部位；

(5) 聚合关系：人造物＞自然物＞事件＞属性＞部位。

横向观察表 5.16 可见，所有语义域类型中最能产语义关系均为聚合关系，其次是同义关系。除这两种内部语义关系之外，人造物和自然物语义域倾向于产生配对关系，事件语义域倾向于产生反义关系，部位语义域可以产生反义和配对关系，而属性语义域一般只能产生聚合和同义关系。

5.10　并列型名名组合的能产性和透明度

5.10.1　能产性

汉语的并列型名名组合与从属型名名组合相比能产性较低，但与英语等其他语言相比，能产性很强。这类词项的能产性可以从输入和输出两个角度分别讨论。前文已经分析了内部语义关系、语义域、概念域、输出类型的各自内部分布比例。分析结果显示：

(1) 输入成分内部语义关系产生并列型名名组合的能产性从高到低依次为：聚合型＞同义型＞配对型＞包含型＞反义型；

(2) 不同概念类型的名词形成并列型名名组合的能产性从高到低依次为：类别＞功能＞关系＞个体；

(3) 不同语义域名词形成并列型名名组合的能产性从高到低依次为(仅列前 7 类)：人物＞自然＞身体＞外观形态＞建筑＞处所＞工具；

(4) 输出类型的能产性从高到低依次为：并合型＞同指型＞上位型＞隐喻型＞转喻型＞交集型＞关系型＞范围型＞析取型＞特指型＞取中型。

输入成分的语义因素有语义关系、语义域和概念类型 3 种，但是上述输入与能产性关系的讨论仅从单一因素进行分析，综合性较差。由于概念类型里已经暗含了语义域的一些特征，例如表示方位、人名的名词一般都是个体名词，表示才能、情感的名词一般都是功能名词，表示非唯一亲属的名词一般都是关系名词，表示动物、植物、床品、织物的名词一般都是类别名词等，而且语义域的划分也存在层次包含的问题。因此，这里只讨论概念类型和语义关系两个因素结合的能产性规律，其能产性从高到低依次为：

类别聚合＞功能聚合＞类别同义＞功能同义＞类别配对＞个体聚合＞类别包含＞功能配对(关系配对)＞功能反义＞个体配对＞个体同义＞功能包含＞个体反义(个体包含)

5.10.2　语义透明度

大部分并列型名名组合具有高语义透明度，其透明度的高低与输出类型有密切关系。在 11 种输出类型中，并合型、析取型、交集型、同指型、关系型、取中型、范围型和特指型等 8 种输出类型具有较高的语义透明度，而上位型、转喻型和隐喻型 3 种输出类型的语义透明度较低。3 种透明度较低的输出类型的词项占比仅为 22.94%，但是它们并非能产性最低的类型。

5.11　并列型名名组合的限制条件

并列型名名组合的两个输入成分大多数情况下处于相同语义域，属于相同概念类型，处于相同层级范畴，但在语料检索中也存在一些例外，有输入成分不对等的情况，不过这些例外有一定限制条件。

在概念类型不相同的搭配中，未出现的组合包括“个体+关系”“个体+功能”“关系+个体”及“功能+个体”。这说明在并列型名名组合中，个体名词与具有关系性的关系名词和功能名词难以搭配。

共有 9 种输出类型参与了多重输出，未出现的两种类型是析取和取中。析取型输出在语料中的数量极少，仅有 7 例。虽然不能排除其并合型输出，但是为了突出析取这种特殊的输出类型，一般不会有其他类型出现。取中型输出的输入仅限于方位名词成分，只有 4 例，即“东南”“东北”“西南”“西北”，因此无法形成其他类型的输出。

从语义域看，不同语义域并列时，一般只能形成聚合语义关系，而且大多数情况下，这两个语义域具有相关性或属于相同的更高层级语义域。如果两个输入成分不能被同一认知框架所激活，无法建立相互关联，那么就无法形成并列型名名组合。

本章小结

本章通过分析并列型名名组合的“输入-组合-输出”框架，发现并列型名名组合具有同义、反义、配对、包含、聚合等 5 种内部语义关系，具有并合、上位、同指、析取、交集、关系、范围、取中、特指、转喻、隐喻等 11 种输出类型。并列型名名组合的描述中心和表述中心有两种分布情况：一是描述中心和表述中心相同，均居于组合内部；二是描述中心与表述中心不同，前者居于组合内部而后者居于组合外部。输入成分的语义域共有 54 类，以人造物居多。输入成分的语义域、概念类型和内部语义关系对输出类型均有一定影响。

第 6 章　从属型名名组合的“输入-输出”语义框架

本章将深入探讨从属型名名组合的语义框架，详细分析输入成分的内部语义关系、语义域和概念类型，并以构式的形式对输出类型进行梳理。在此基础上，我们将进一步探讨输入对输出的影响规律，总结从属型名名组合的能产性规律和语义透明度规律。本章旨在带领读者深入理解从属型名名组合的语义特点及其形成机制，为汉语语言学研究提供新的视角和启示。

6.1　从属型名名组合的定义

从属型名名组合的定义来源于句法学的从属关系。从属关系是一种连接语言单位的过程或结果，使得连接单位具有不同的句法地位，一个依赖于另一个，一般是作为另一个单位的组构成分。在向心短语中，从属语指修饰中心语的词语(克里斯特尔，2000)[344]。从属关系的本质是一个成分依附于另一成分，依附性成分为修饰语，被依附成分为被修饰语。第 3 章关于并列关系的讨论区分了句法并列与语义并列两种情况。与之不同的是，从属关系不能将句法和语义割裂开来，它是既在句法层面也在语义层面的同时依附现象，即其中一个成分同时在句法和语义层面依附于另一成分，前者为辅，后者为主。据此，本书对从属型名名组合的定义是：在名名组合内部，如果一个名词性输入成分同时在句法和语义层面依附于另一名词性成分，并对这一成分进行修饰和限定，那么该组合就被称为从属型名名组合。

在从属型名名组合中，两个输入成分的语义信息在输出端不具有同等重要的地位，其中一个为限定成分，另一个为被限定成分。设限定成分 X 和被限定成分 Y 的语义信息分别为 X_S 和 Y_S，输出成分 Z 的语义信息为 Zs，F_{Mod} 为产生输出语义信息的函数，其中 F 为函数，Mod 代表修饰关系，那么，从属型名名组合的语义输出 $Z_S = F_{Mod}(X_S, Y_S)$，如图 6.1 所示。

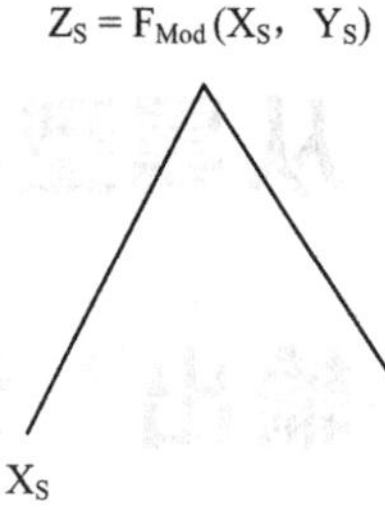

图 6.1 从属型名名组合关系的语义贡献

从属型名名组合的内部修饰关系可以分为两类：N_1 修饰 N_2 型、N_2 修饰 N_1 型。我们仍然用 F_{Mod} 表示产生输出语义信息的函数，Z_S 表示输出成分的语义信息，上述两类修饰关系可以用树形图 6.2 和 6.3 描述。

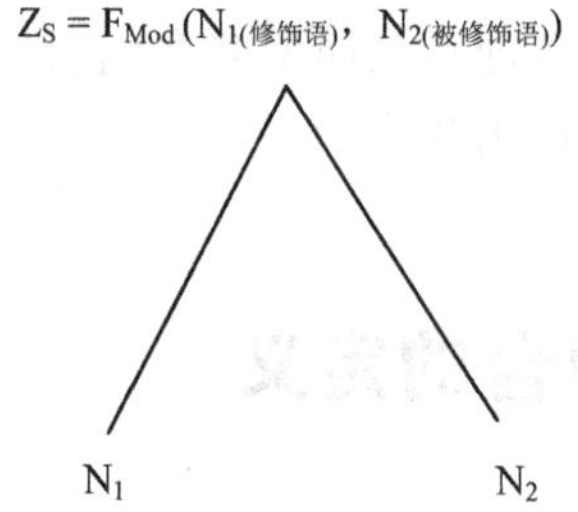

图 6.2 N_1 修饰 N_2 型从属关系

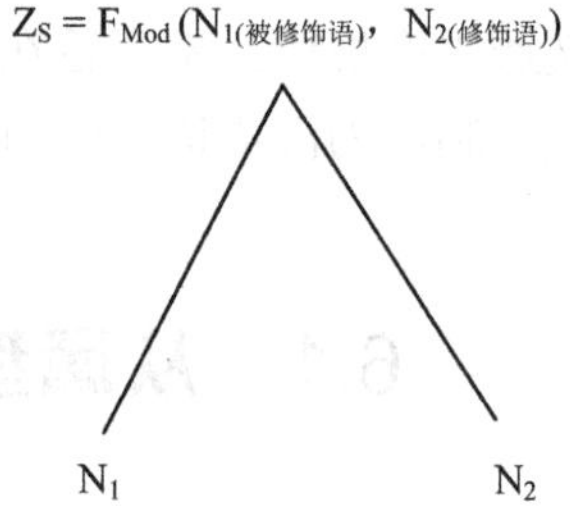

图 6.3 N_2 修饰 N_1 型从属关系

由于从属型名名组合内这种修饰关系的存在，这类组合通常不会表达一个基础层级的概念，而是表达一个下位概念。例如，当 N_1 修饰 N_2 时，输出的 Zs 总是 N_2 的一个子集，如图 6.4 所示。

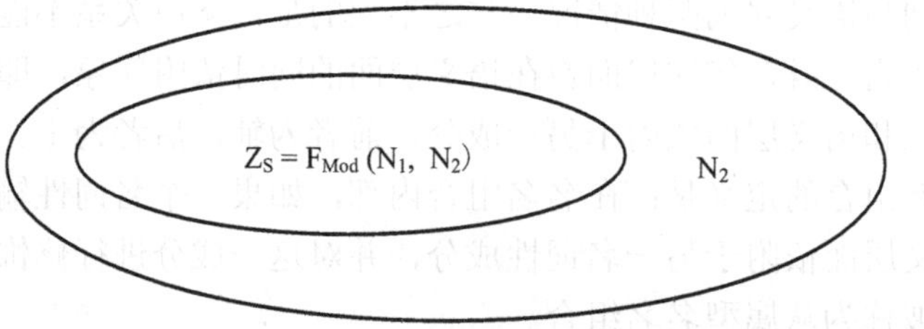

图 6.4 从属型名名组合的“输入-输出”概念层级范畴关系

因此，一般而言，输出成分 Z_S 总是 N_2 的下义词或下义概念。与上义词或

上位概念 N_2 相比，Z_S 一般具有更丰富的语义特征。

6.2 从属型名名组合的中心成分

6.2.1 描述中心成分和表述中心成分

在从属型词项中，存在修饰关系，其描述性意义通常以 F_{Mod} ($N_{1(修饰语)}$, $N_{2(被修饰语)}$)或 F_{Mod} ($N_{1(被修饰语)}$, $N_{2(修饰语)}$)的形式呈现，这两种形式的描述中心成分分别是 N_2 和 N_1。换言之，从属型词项的描述中心成分是词项中受到修饰的成分。由于 97%以上的从属型词项都属于 N_1 修饰 N_2 型，因此可以认定 N_2 位置是从属型名名组合描述中心成分的默认位置。而在 N_1 修饰 N_2 型的从属型词项中，描述中心成分一般与表述中心相同，因此 N_2 也是表述中心的默认位置。

6.2.2 中心成分的位置

从属型名名组合的描述中心成分和表述中心成分的位置存在以下 3 种情况：

(1) 当 N_1 修饰 N_2，且其输出意义为组合性意义时，描述中心成分和表述中心成分均位于词项右侧且相同。例如，“茶杯”，其描述中心成分和表述中心成分均为词项内的“杯”。

(2) 当 N_2 修饰 N_1，且其输出意义为组合性意义时，描述中心成分和表述中心成分均位于词项内部但不相同。例如，“泪珠”意为“形状像珠子的泪”，其中描述性意义中受到修饰的成分是“泪”，但该词意指的对象却是“珠状物”，即说话者将泪水意向为珠状物，要传达的主要信息是“像珠状的”。因此，该词的描述中心成分为左侧的“泪”，而表述中心成分为右侧的“珠”，两者不同，但都处于复合词内部。

(3) 当 N_1 修饰 N_2，且其输出意义为涌现型意义时，描述中心成分和表述中心成分不同，描述中心成分位于词项内部，而表述中心成分位于词项外部。例如，“石佛”，词项中受到修饰的成分是“佛”，但是该词项意指的是“沉着而冷静的人”。因此，该词项的两种中心成分不相同，且位置也不同。其描述中心成分为“佛”，是输入成分之一，位于词项内部，而表述中心成分为“人”，位于词项外部。

6.2.3　描述中心成分的移位动因

从属型名名组合的描述中心的默认位置为右侧 N_2。通常，描述中心和表述中心是一致的，但是也存在不一致的情况。例如，“泪珠”“浪花”，这类词项将修饰成分“珠”和“花”置于原本属于被修饰语的默认描述中心成分的位置上，而把被修饰成分“泪”和“浪”移到了左侧。这种现象可以称作描述中心成分移位，即被修饰成分作为描述中心成分从默认描述中心位置移出，用修饰成分即非描述中心成分填充这一位置。

以“浪花”为例来分析描述中心成分移位的过程。

首先，名名组合一般用来指称某一新事物或给旧事物分类，这一过程涉及心灵对外在世界的意向性活动。当客观事物被感知时，心灵对其进行分析，按照逻辑原子主义的观点，呈现在思维中的并非客观事物本身，而是关于该事物属性和关系的原子命题，如“这是浪”“这是花”，继而在心智中合成“这是浪花”。而判断“这是浪”和“这是花”依赖于已建立的信念网络：说话人已知“浪”是海水形成的波涛，“花”有各种形状和颜色，一般很美丽，有的有香味，凋谢后结成果实，而且也知道“海”“水”“波涛”“形状”“颜色”等意味着什么，因此可以依赖这种连贯的信念网络作出合理的判断和联想。根据前文所述，Husserl 认为意识活动内容与实在相关，实在的内容随着意识活动种类的不同而变化。在意向性活动中，“粉笔点”可以是物理实在的，也可以是纯心理的，由此产生了理想活动的意义、知觉活动的意义和想象活动的意义。儿童对“粉笔点”的意向活动是想象，其内容是糖果、月亮等；小学生的意向活动是知觉，其内容是一个粉笔点；而中学生的意向活动则是理想性的意义活动，其内容是几何点的概念。同样，在对“浪”的意向性活动中，“浪”是知觉活动的意义，而“花”是将“浪”想象成了“花”，是想象性活动的意义。之所以把“浪”看作“花”，认为两者具有相似性，一方面是因为信念网络的支撑，另一方面是基于逻辑原子主义哲学所认为的事物之间存在各种关系的观点。“浪”和“花”都是意向性活动产生的内容，在表述该内容时，按照 Searle 的观点，就产出了派生的意向内容，即言语的意义是从心灵的意向性中派生出来的。

其次，信息传达的焦点总是意向性关指的焦点。在“浪花”这一词项中，传达的主要信息是想象性活动产生的“像花一样形状的”内容。在产出“浪花”的意向性活动中，想象活动的意义是要凸显的对象，因为“浪”是周知的事物，而“像花一样”是新信息。由于绝大多数从属型词项的右侧默认描述中心成分等同于表述中心成分，因此可以认为，想象性活动的产物“像花一样形状的”这一修饰成分就被置于此位置，用来强调输出信息的内容。

6.2.4　基于中心位置的从属型名名组合分类

常见的从属型名名组合的分类依据有以下两种：基于内部语义关系的分类，即用一定数量的介词或动词来表示内部语义关系而达到分类的目的；基于中心位置的分类，一般分为向心型和离心型两类。这两种分类方法都存在一定不足。一方面，基于内部语义关系的分类由于存在关系种类无法穷尽、相同词项具有多种不同内部语义关系，而无法对名名组合进行准确分类。例如，陆志韦(1964)[21] 指出：“名名组合里名 1 和名 2 的关系有二三十种。”内部语义关系数量的不确定性使其不足以作为可靠的分类依据。另一方面，文献中已有的基于中心位置的分类不能完全套用于汉语。这是因为，已有文献中的中心是指语义中心，即词项中被限制和修饰的成分，该成分在英语等西方语言中总是位于右侧。而汉语的从属型名名组合的修饰关系并非全部为 N_1 修饰 N_2 型，语义中心成分并不总是在右侧。例如，在“煤饼”“豆沙”“火海”“腐乳”这样的词项中，关于哪一成分是语义中心的问题就出现了两种不同判断，容易导致分类不清。但是，相较于复杂多变、数量难定的内部语义关系而言，以中心位置为依据对从属型名名组合进行分类更为可行，因为一旦对中心成分作出清晰的定义，中心的位置也会成为确定值。6.2.1 小节讨论了从属型名名组合的两类中心：描述中心成分和表述中心成分，并将其位置情况划分为 3 类。这里就借此将从属型名名组合划分为 3 类，并根据语料标注和统计，对从属型名名组合的分类进行了分布统计，如表 6.1 所示。

表 6.1　从属型名名组合的分类和分布

<table>
<tr><th colspan="2">类型</th><th>位置</th><th>中心内容一致性</th><th>修饰关系</th><th>数量</th><th>占比</th></tr>
<tr><td rowspan="2">第一类</td><td>描述中心</td><td>内(右)</td><td rowspan="2">一致</td><td rowspan="2">N_1 修饰 N_2</td><td rowspan="2">6636</td><td rowspan="2">96.35%</td></tr>
<tr><td>表述中心</td><td>内(右)</td></tr>
<tr><td rowspan="2">第二类</td><td>描述中心</td><td>内(左)</td><td rowspan="2">不一致</td><td rowspan="2">N_2 修饰 N_1</td><td rowspan="2">207</td><td rowspan="2">3.01%</td></tr>
<tr><td>表述中心</td><td>内(右)</td></tr>
<tr><td rowspan="2">第三类</td><td>描述中心</td><td>内</td><td rowspan="2">不一致</td><td rowspan="2">N_1 修饰 N_2
N_2 修饰 N_1</td><td rowspan="2">44</td><td rowspan="2">0.64%</td></tr>
<tr><td>表述中心</td><td>外</td></tr>
</table>

表 6.1 的数量总和大于语料数 6862，这是由于一些组合存在多重释义。表 6.1 显示，从属型名名组合绝大多数属于第一类，因此描述中心和表述中心重合居右侧是最典型的构词方式。第二类即两个中心均居内部但不重合，这种情况属于汉语特有的构词方式，它与典型构词方式的差异在于描述中心移位至左侧。第三类词项一般是对整词的隐喻或转喻性意向性活动的结果，其数量偏少是由于本书语料来源于《现代汉语词典(第 7 版)》，实际上这类词项的产生往往更依赖于语境，因而改变语料来源，比例可能会有一定变化。

6.3 从属型名名组合输入成分的内部语义关系

6.3.1 内部语义关系的分类

从属型名名组合的内部语义关系不同于并列型名名组合，前者的输入成分之间存在修饰关系，而后者却不存在。因此，用于分析并列型名名组合内部语义关系的方法不适用于从属型名名组合。虽然已有研究用介词、动词或函数表达了从属型名名组合的内部语义关系，但是这些研究一般都是针对英语的，正如 Jackendoff 所指出的，名名组合的内部语义关系并非适用于所有语言。因此，笔者对从属型汉语名名组合的内部语义关系进行了分类梳理，共得到 11 种内部语义关系。这些分类借鉴了既往研究总结的内部语义关系，但分类方法与之有所不同。虽然一些词项可以使用既往研究中所提出的连接性动词或介词，但是仍然有大量连接关系并不能用单一介词或动词表示。以下选取几例语料进行说明，见表 6.2。

表 6.2 从属型名名组合的释义特征

词例	释 义	连接性动词或介词
石蜡	石油中提炼的固态混合物，用来制蜡烛、绝缘物等	无直接连接
棒球	以棒打球为主要特点的运动	无直接连接
笔势	写字、画画用笔的风格	无直接连接
茶砖	形状像砖的茶	像
矿灯	在矿井里使用的灯	在，使用
鳔胶	用鱼鳔或猪皮等熬制的胶	用……熬制

表 6.2 中，词项“石蜡”“棒球”“笔势”的两个输入成分之间并不存在单一介词或动词表达的连接关系；“茶砖”的输入成分之间的关系也无法用介词或动词表达；“矿灯”的释义中不仅涉及介词“在”，还有动词“使用”；“鳔胶”的两个输入成分之间存在动词“熬制”，但是还必须搭配动词“用”才能表达完整意义。

由此可见，从属型名名组合的内部语义关系无法依赖于单一的介词或动词获得充分揭示。但这并不意味着汉语名名组合的内部语义关系无规律可循。由从属型名名组合的定义可知，这类组合的内部核心关系为修饰关系，其中两个输入成分分别充当修饰成分和被修饰成分。考察这两种成分之间的修饰关系，即修饰成分在哪一个维度或从哪一个方面对被修饰语进行了限定，可以抛开二者之间存在单一连接词的限制，因为修饰关系是一种更为概括和更为图式化的描述。一种修饰关系可能可以由不同的动词表述，或者可以由多个词项联合表述，也可以不涉及隐含动词或介词，还可以附加一些其他相关世界知识来表述。

通过对语料的分析和标注，将名名组合的内部语义关系分为以下 11 类：领有、被领有、属性、方式、位置、来源、功能、材料、时间、内容、质料+形状/方式。其中，有两点需要说明：第一，领有和被领有可以分为固有性和非固有性两类。前者是指在描述中心成分的论元结构中固有性地包含一个所有者论元，如“针尖”“牛角”“龙胆”“路肩”等组合中，第二个成分的论元结构中均含有所有者论元，第一个成分恰好填补了这一论元位置。非固有性领有则是指描述中心成分的论元结构中并不包含所有者论元，而仅在搭配语境中与另一成分构成了领有关系，如“皇庄”“市花”“城北”“民居”等组合中，描述中心成分论元结构中均不存在所有者论元，而只是在搭配语境中根据世界知识推知才得到领有关系。第二，这些类别是在大量语料分析基础上归纳出的概括性分类，它们下面还存在一些子类。例如，属性关系中包含了从不同方面对被修饰成分属性的限定，如形状、颜色、味道、温度、功能等；位置关系既包含时间位置也包含空间位置，甚至还包含表达范围的概念；来源可以说明原因、产出源等；功能可以说明某事物的用途，也可以说明某处所的功能，还可以说明做某事的能力等；时间暗含了修饰成分表达条件的情况；内容关系可以说明某事物或某群体的具体组成成员，也可以表达“关于”的含义。接下来，通过具体的词例来说明各类语义关系的具体含义和表现类型。

1. 领有型内部语义关系

领有型内部语义关系是指 N_1 限定了 N_2 的所有者，即 N_2 为 N_1 所有，或者 N_2 是 N_1 的一部分或一种属性。如上文所述，领有型内部语义关系可以分为固有型领有和非固有型领有两类。前者例如“鳖头”“靶心”“桶帮”“面色”“气温”等，后者例如“国宝”“党纪”“匪窟”“校规”等。其中，固有型领有关系中的两个成分存在整体与部分的关系，或存在属性与属性所有者的关系。这些词项的内部语义关系如表 6.3 所示。

表 6.3 领有型内部语义关系的表现类型

词例	释　义	表现类型
鳖头	鳖的头	固有(整体-部分)
靶心	靶子的中心	固有(整体-部分)
桶帮	桶的边沿	固有(整体-部分)
面色	脸的颜色	固有(属性)
气温	空气的温度	固有(属性)
国宝	国家的宝物	非固有
党纪	党的纪律	非固有
匪窟	土匪的窝	非固有
校规	学校的规定	非固有

2. 被领有型内部语义关系

被领有型内部语义关系是指 N_1 限定 N_2 领有的对象。具体而言，N_1 为 N_2 所有。例如，“齿轮”“毛桃”“色带”“罐车”“财阀”“疵品”。同样，这种被领有关系也可以分为固有型被领有和非固有型被领有。上述组合的内部语义关系如表 6.4 所示。

表 6.4 被领有型内部语义关系的表现类型

词例	释　义	表现类型
齿轮	有齿的轮子	固有
毛桃	有毛的桃子	固有
色带	有颜色的带子	固有
罐车	有罐子的车	非固有
财阀	拥有垄断资本的集团	非固有
疵品	有瑕疵的物品	非固有

在前 3 例词项中，N_1 的论元结构中存在一个所有者论元位置，而 N_2 填充的正是这一位置，因此形成固有型被领有关系。而后 3 例词项中的 N_1 却不存在这样的论元位置，因此形成非固有型被领有关系。

3. 属性型内部语义关系

属性型内部语义关系是指用 N_1 的某一属性限定了 N_2 某一方面的特征，如形状、颜色、味道、温度、功能、质地、年龄、能力、地位等属性。例如，“板鸭”“斑竹”“蜜供”“冰期”“壁障”“钢纸”“苗猪”“虎将”“鼠辈”。这些组合的内部语义关系如表 6.5 所示。

表 6.5 属性型内部语义关系的表现类型

词例	释 义	表现类型
板鸭	经盐渍并压成扁平状风干的鸭子	形状
斑竹	茎上有紫褐色斑点的竹子	颜色
蜜供	甜供品	味道
冰期	温度极低的时期	温度
壁障	像墙壁的障碍物	功能
钢纸	硬质的纸	质地
苗猪	幼小的猪	年龄
虎将	勇猛善战的将领	能力
鼠辈	微不足道的人	地位

4. 方式型内部语义关系

方式型内部语义关系略复杂，为了说明这一关系，用字母 V 表示动词，用 n 表示名词，则有 N_1 限定了 VN_2 的某种方式，或 N_1 限定了 Vn 的 N_2。例如，“马车”“电船”“牌价”“候鸟”“茶会”“法庭”“火铳”等。这些组合的内部语义关系如表 6.6 所示。

表 6.6 方式型内部语义关系的表现类型

词例	释 义	表现类型
马车	用马拉的车	N_1 限定 V N_2
电船	用电力驱动的船	N_1 限定 V N_2
牌价	用挂牌公布的价格	N_1 限定 V N_2
候鸟	按照季节迁徙的鸟类	N_1 限定 V N_2
茶会	用茶点招待宾客的社交性聚会	N_1 限定 Vn 的 N_2
法庭	依据法律审理案件的地方	N_1 限定 Vn 的 N_2
火铳	用火药发射石弹、铁弹或铅弹的管形火器	N_1 限定 Vn 的 N_2

5. 位置型内部语义关系

借用上一小节中设定的符号，位置型内部语义关系是指 N_1 限定了 N_2 的位置。位置既包含时间位置也包含空间位置，甚至包含了表达范围的概念。例如，“壁画”“耳垢”“前朝”“前期”“鬼雄”“党棍”。这些组合的内部语义关系如表 6.7 所示。

表 6.7　位置型内部语义关系的表现类型

词例	释　义	表现类型
壁画	墙上的画	空间位置
耳垢	耳朵里的污垢	空间位置
前朝	时间在前的朝代	时间位置
前期	时间在前的时期	时间位置
鬼雄	鬼之中的雄杰	范围
党棍	政党中倚仗权势作恶多端的人	范围

6. 来源型内部语义关系

来源型内部语义关系是指 N_1 限定了 N_2 产生的源头，具体可以归纳为以下几类修饰关系：N_1 产的 N_2、N_1 变化而成的 N_2、N_1 引起的 N_2 等。例如，“茶油”“蜂蜜”“风能”“川菜”“灯花”“钢水”“沙荒”“水患”等。这些组合的内部语义关系如表 6.8 所示。

表 6.8　来源型内部语义关系的表现类型

词例	释　义	表现类型
茶油	茶树产的油	N_1 产的 N_2
蜂蜜	蜜蜂用采集的花蜜酿成的黏稠液体	N_1 产的 N_2
风能	空气运动产生的能量	N_1 产的 N_2
川菜	四川产的菜	N_1 产的 N_2
灯花	灯芯燃烧时结成的花状物	N_1 变化而成的 N_2
钢水	钢铁熔化后的水状物	N_1 变化而成的 N_2
沙荒	因沙化形成的荒地	N_1 引起的 N_2
水患	久雨、山洪暴发、河水泛滥等造成的灾害	N_1 引起的 N_2

7. 功能型内部语义关系

功能型内部语义关系是指 N_1 限定了 N_2 的功能。具体而言，N_1 可以说明某事物的用途，也可以说明某处所的功能，还可以说明做某事的能力等。例如，“汤匙”“衣柜”“冰场”“茶馆”“报童”“球队”“棋艺”“马术”等。这些组合的内部语义关系如表 6.9 所示。

表 6.9　功能型内部语义关系的表现类型

词例	释　义	表现类型
汤匙	舀汤的小勺	用途
衣柜	放置衣物的柜子	用途
冰场	滑冰的场地	功能
茶馆	卖茶水的铺子	功能
报童	卖报的孩子	做某事的能力
球队	打球的队伍	做某事的能力

8. 材料型内部语义关系

材料型内部语义关系是指 N_1 限定了组成或制造 N_2 的原材料。其中，N_1 可能是 N_2 的全部原材料，也可能是 N_2 的部分原材料。例如，“钢板”“铁纱”“粉肠”“油墨”等。这些组合的内部语义关系如表 6.10 所示。

表 6.10　材料型内部语义关系的表现类型

词例	释　义	表现类型
钢板	用钢制造的板子	N_1 是 N_2 的全部原材料
铁纱	用铁制的窗纱	N_1 是 N_2 的全部原材料
粉肠	用团粉加少量油脂、盐、作料等灌入肠衣做熟的副食品	N_1 是 N_2 的部分原材料
油墨	由颜料、油类、合成树脂及溶剂等制成的黏性流体	N_1 是 N_2 的部分原材料

9. 时间型内部语义关系

若仍然用 V 表示动词，则时间型内部语义关系是指 N_1 限定 VN_2 的时间。由于 N_1 的语义一般在释义中被充实为“N_1 时”，这一结构也可以用于表述条件。因此，时间型内部语义关系也包含了 N_1 限定 N_2 发生的条件的情况。在这类修饰关系中，区分时间和条件的方法是，如果 N_1 为表示时间的名词性成分，则表示时间，反之则表示条件。例如，“秋装”“晚饭”“马枪”“梦话”等。这些组合的内部语义关系如表 6.11 所示。

表 6.11 时间型内部语义关系的表现类型

词例	释　义	表现类型
秋装	秋天时穿的衣服	时间
晚饭	晚上时吃的饭	时间
马枪	骑马时用的枪	条件
梦话	做梦时说的话	条件

10. 内容型内部语义关系

内容型内部语义关系是指 N_1 限定了 N_2 的组成成员或内容，或者 N_1 限定了 N_2 关于的对象。例如，“匪帮”“马队”“木材”“草丛”“病情”“税务”等。这些组合的内部语义关系如表 6.12 所示。

表 6.12 内容型内部语义关系的表现类型

词例	释　义	表现类型
匪帮	有组织的匪徒或行为如同盗匪的反动政治集团	成员
马队	以马组成的运输队伍	成员
木材	树木砍伐后，经初步加工，可供建筑及制造器物用的材料	内容
草丛	杂草丛生处	内容
病情	(关于)疾病的情况	关于
税务	(关于)税收的事务	关于

11. 质料 + 形状/方式型内部语义关系

质料 + 形状/方式型内部语义关系是指 N_2 限定了 N_1 所指的质料的形状或做某事的方式，而这种形状和方式是 N_2 所具有的属性。这类修饰关系是所有修饰关系中最为特殊的类型，这是由于此类型的修饰顺序与前述所有类型相反，即与前述类型中 N_1 限定 N_2 的模式相反，此类修饰关系为 N_2 限定 N_1 的模式。尽管修饰形状是属性关系的次类，但是由于修饰的顺序不同，而且质料 + 形状/方式这类修饰关系是汉语中特有的类型，因此单独将其归为一类。例如，“冰砖”“浪花”“刀片”“粉条”“麦浪”“股海”等。这些组合的内部语义关系如表 6.13 所示。

表 6.13　质料 + 形状/方式型内部语义关系的表现类型

词例	释　义	表现类型
冰砖	形状像砖的冰块	质料 + 形状
浪花	形状像花的浪	质料 + 形状
刀片	片状的刀	质料 + 形状
粉条	条状的淀粉制品	质料 + 形状
麦浪	像浪一样起伏的麦子	质料 + 方式
股海	像海浪一样起伏不定的股票市场	质料 + 方式

虽然前 4 例词项“冰砖”“浪花”“刀片”“粉条”的修饰关系均为质料 + 形状，但是它们之间却存在差异。前两例词项的 N_2 意为具有特定形状的某一具体事物，而后两例词项的 N_2 本身就意为一种形状。这种差异会造成两类词项的意义阐释方式不同，这将在第 7 章进行详述。

本书摒弃了既往研究用单一介词或动词来说明从属型名名组合内部语义关系的方法，转而考察输入成分中的修饰成分限定了被修饰成分的哪一方面，从而得出了领有、被领有、属性、方式、位置、来源、功能、材料、时间、内容、质料 + 形状等 11 类修饰关系。上述讨论又进一步详细论述了各类修饰关系的具体表现类型，为了更为直观地呈现这些修饰关系及其表现类型之间的关系，这里用表 6.14 来进行小结。

表 6.14　从属型名名组合的内部语义关系及表现类型

修饰关系	含　义	表现类型
领有	N_1 限定 N_2 的所有者	固有型 非固有型
被领有	N_1 限定 N_2 含有的对象	固有型 非固有型
属性	N_1 限定 N_2 的属性	形状、颜色、味道、温度、功能、质地、年龄、能力、地位等
方式	N_1 限定 V N_2 或 Vn N_2 的方式	用 N_1V 的 N_2 用 N_1Vn 的 N_2
位置	N_1 限定 N_2 的位置	空间位置 时间位置
来源	N_1 限定 N_2 的来源	N_1 产的 N_2 N_1 变化而成的 N_2 N_1 引起的 N_2

续表

修饰关系	含　义	表现类型
功能	N_1限定N_2的功能	用途 功能 做某事的能力
材料	N_1限定N_2的原材料	N_1是N_2的全部原材料 N_1是N_2的部分原材料
时间	N_1限定V N_2发生的时间	时间 条件
内容	N_1限定N_2的内容	N_1是N_2的组成成员 N_1是N_2关于的对象
质料＋形状/方式	N_2限定N_1的形状	形状 方式

6.3.2 内部语义关系的分布规律

内部语义关系的分布是指上述提到的 11 类语义关系中的每种类型在从属型名名组合的内部语义关系中所占的数量和百分比，这些数据可以显示从属型名名组合中典型与非典型性内部语义关系类型。11 类内部语义关系类型分布情况如表 6.15 所示。

表 6.15 从属型名名组合的内部语义关系类型分布

内部语义关系类型	总数量	占比
领有	2039	29.60%
功能	1377	20.00%
位置	1039	15.08%
材料	617	8.96%
来源	340	4.94%
被领有	257	3.73%
方式	221	3.22%
属性	211	3.07%
质料＋形状/方式	209	3.03%
内容	204	2.97%
时间	160	2.32%

表 6.15 中内部语义关系类型的占比总和大于 100%，这是由于一些词项具有多种内部语义关系，这也是很多从属型名名组合具有多义性的表现。从表中可见，从属型名名组合的内部语义关系类型按照数量和占比从典型到非典型依次为：

领有＞功能＞位置＞材料＞来源＞被领有＞方式＞属性＞质料＋形状/方式＞内容＞时间。

其中，领有关系和功能关系的比例明显高于其他类型，因此可以作为从属型名名组合内部语义关系的典型类型。

6.4　从属型名名组合输入成分的语义域

6.4.1　输入成分语义域分析的必要性

根据 Wälchli(2005)[9] 的“在存在中度和高度并列复合现象的语言中，并列复合词总是出现在很多特征词项并列复合域中”这一观点，第 5 章对并列型名名组合的输入成分语义域进行了研究，发现并列型名名组合输入成分的语义域确实存在其特有规律。对于从属型名名组合的语义域，虽然文献检索尚未发现相关研究，但是对语料进行观察发现，这一类型的组合输入成分语义域对其输出类型也存在影响。例如，当空壳名词(Shell Noun)充当描述中心成分时，修饰语一般用来填充空壳名词的内容。空壳名词是一类概念较为概括或抽象、能够容纳和承载具体信息的名词。例如，“现象”可以承载“水结冰”“温度上升”“热胀冷缩”等具体现象，“情况”可以承载“关于风向”“关于测试”“关于救援”等具体情况。“象”“情”分别为空壳名词“现象”“情况”的并合义素，它们作为描述中心与其他成分搭配时，一般形成“关于……”的语义关系。明显表示人物的名词性成分如“员”“家”等用作描述中心与其他成分搭配时，一般形成“做某事的人”的意义。明显表示容器的名词性成分如“框”“袋”“瓶”等用作描述中心与其他成分搭配时，一般形成“装某物的容器”之意。

鉴于此，从属型名名组合的语义域及其组合方式可能也具有某种偏向性规律，对输出类型也有直接影响。

6.4.2　输入成分语义域及其分类层级

根据汉语语料的特点对从属型名名组合输入成分的语义域进行标注，分为

N_1的语义域和N_2的语义域。

N_1的语义域为：部位、成员、处所、床品、地域、动物、方位、分泌排泄物、符号标志、工具、行为、行业、活动、祸福、疾病、技艺、家具、建筑、交通工具、精神、乐器、理论、利害、领域、能力、能量、凭证、钱财、情感、情况、权力、人物、容器、身体、生长阶段、声音、时间、食物、属性、数学、文具、文艺、武器、物品、物质、文字信息、药物、衣物、音乐、语言、灾害、责任、织物、植物、制度、种类、自然现象和景观(简称“自然”)、宗教、组织群体。

N_2 的语义域为：部位、成员、处所、床品、地域、动物、方法、方位、分泌排泄物、符号标志、工具、过程、行为、行业、活动、祸福、机会、疾病、技艺、家具、建筑、交通工具、精神、乐器、理论、领域、能力、能量、凭证、钱财、情感、情况、权力、人物、容器、身体、生物、生长阶段、声音、声誉、时间、食物、事务、饰品、属性、数学、文具、文艺、武器、物品、物质、文字信息、药物、衣物、音乐、语言、原因、运气、灾害、织物、植物、制度、种类、自然现象和景观(简称“自然”)、宗教、组织群体。

比较N_1和N_2的语义域并将其合并，可以得到从属型名名组合的语义域共计 68 类，如表 6.16 所示。

表 6.16 从属型名名组合输入成分的语义域

语义域	例项	语义域	例项
部位	边、底	凭证	票、契
成员	例、丁	钱财	资、租
处所	店、园	情感	怨、仇
床品	被、褥	情况	况、境
地域	川、赣	权力	权
动物	牛、鳖	组织群体	社、队
方法	法、策	人物	友、民
方位	内、外	容器	袋、筒
分泌排泄物	粪、汗	身体	头、牙
符号标志	标、衔	生长阶段	苗、胎
工具	刀、钳	生物	菌
过程	程、途	声音	音、调

续表

语义域	例项	语义域	例项
行为	徭、步	声誉	威、望
行业	农、商	时间	春、期
活动	会、赛	食物	羹、糕
祸福	祸、福	事务	事、务
机会	机	饰品	镯、钗
疾病	疮、病	属性	龄、色
技艺	术、道	数学	根、式
家具	桌、榻	文具	笔、砚
建筑	楼、亭	文艺	剧、画
交通工具	车、船	武器	炮、弹
精神	魂、瘾	物品	品、货
乐器	琴、鼓	物质	铜、铁
理论	学、理	文字信息	书、报
利害	弊	药物	药、剂
领域	科、史	音乐	音、曲
能力	才、力	语言	词、句
能量	热、能	运气	运
衣物	裤、鞋	责任	职
原因	因、由	制度	纪、规
灾害	灾、难	自然现象和景观	山、河
织物	布、纱	宗教	教、佛
植物	草、花	种类	种、系

关于语义域的分类有以下两点需要说明：

首先，存在一些输入成分的范畴层级较高而另一些较低的情况，因此笔者在标注时对前者的语义域使用了概括性更强的概念，而对后者使用了更为具体的概念。例如，一些成分被标注为“物品”，这是由于这些输入成分均为范畴层级较高的成分“货”“品”“产”“物”等。

其次，由于成分本身范畴层级存在差异性，导致语义域的划分也可能存在层级性。参照《圣经希伯来语语义词典》语义域、词网语义域、澳大利亚语言词汇语义域的分类方法，以下对 68 类语义域中存在的层级关系进行归纳，如

表 6.17 所示。

表 6.17 从属型名名组合输入成分语义域的层级关系

层级 1	层级 2	层级 3	层级 4
自然物	生物	人物	
		动物	
		植物	
		组织群体	成员
		生长阶段	
		身体	
	能量		
	物质		
	自然现象和景观		
	地域		
	方位		
	时间		
人造物	物品	工具	家具、交通工具、文具、容器、饰品、乐器、凭证、武器、语言、符号标志、床品
		药物	
		衣物	
		食物	
		分泌排泄物	
		织物	
		建筑	
		钱财	
		文字信息	
		处所	

续表

层级 1	层级 2	层级 3	层级 4
		文艺	音乐
		声音	
		行业	
		领域	数学
		理论	
		制度	
		宗教	
事件	行为	疾病、精神、能力、情感、权力、技艺、责任、声誉	
	活动		
	祸福		
	利害		
	灾害		
	情况		
	过程		
	方法		
	原因		
	运气		
	机会		
属性			
部位			

6.4.3　语义域的分布规律

1. N_1 语义域的分布规律

从属型名名组合 N_1 语义域的数量和占比统计如表 6.18 所示。

表 6.18　从属型名名组合输入成分 N_1 的语义域分布

N_1 语义域	总数量	占比	N_1 语义域	总数量	占比
物质	748	10.90%	音乐	30	0.44%
自然现象和景观	727	10.59%	容器	27	0.39%
身体	695	10.13%	生长阶段	24	0.35%
工具	612	8.92%	家具	23	0.34%
植物	398	5.80%	床品	21	0.31%
人物	365	5.32%	符号标志	21	0.31%
食物	349	5.09%	凭证	21	0.31%
动物	344	5.01%	制度	19	0.28%
处所	315	4.59%	乐器	17	0.25%
方位	220	3.21%	宗教	17	0.25%
组织群体	216	3.15%	物品	14	0.20%
时间	211	3.07%	领域	11	0.16%
建筑	196	2.86%	理论	9	0.13%
文字信息	139	2.03%	能力	9	0.13%
部位	137	2.00%	权力	9	0.13%
地域	111	1.62%	种类	7	0.10%
交通工具	103	1.50%	责任	7	0.10%
疾病	79	1.15%	祸福	7	0.10%
语言	76	1.11%	灾害	7	0.10%
活动	63	0.92%	成员	4	0.06%
衣物	61	0.89%	药物	4	0.06%
文艺	60	0.87%	精神	3	0.04%
武器	53	0.77%	利害	3	0.04%
钱财	50	0.73%	能量	3	0.04%
织物	47	0.68%	情感	3	0.04%
属性	39	0.57%	数学	3	0.04%
声音	33	0.48%	行为	1	0.01%
文具	33	0.48%	技艺	1	0.01%
分泌排泄物	31	0.45%	情况	1	0.01%
行业	30	0.44%			

从表 6.18 中可见，从属型名名组合输入成分 N_1 最为典型的 10 类语义域从典型到非典型依次为：物质＞自然现象和景观＞身体＞工具＞植物＞人物＞食物＞动物＞处所＞方位。考虑到范畴层级的问题，仅有“工具”语义域存在次级范畴，如果把这些次级范畴的成分都计算在内，那么具有“工具”语义域的成分数量远远超过其他位列前 10 的语义域，是 N_1 最为典型的输入成分。因此，在考虑次级范畴后，N_1 的语义域从典型到非典型的序列为：工具＞物质＞自然现象和景观＞身体＞植物＞人物＞食物＞动物＞处所＞方位。为了更全面地了解从属型词项输入成分语义域的大类分布，我们又进一步考察了较高分类层级语义域在 N_1 中的表现，具体如表 6.19 所示。

表 6.19　从属型名名组合输入成分 N_1 的语义域高层级分类统计

层　级	数量	占比
自然物	4073	59.36%
人造物	2426	35.35%
事件	191	2.78%
部位	135	1.97%
属性	37	0.54%

从表 6.19 中可见，从属型名名组合的输入成分 N_1 最为典型的高层级语义域为自然物，即表示人物、动物、植物、组织群体、生长阶段、身体、能量、物质、自然现象和景观、地域、方位、时间等语义的成分。

2. N_2 语义域的分布规律

从属型名名组合 N_2 语义域的数量和占比统计如表 6.20 所示。

表 6.20　从属型名名组合输入成分 N_2 的语义域分布

N_2 语义域	总数量	占比	N_2 语义域	总数量	占比
工具	1076	15.68%	生长阶段	27	0.39%
处所	654	9.53%	技艺	26	0.38%
属性	587	8.55%	声音	26	0.38%
身体	506	7.37%	武器	24	0.35%
部位	504	7.34%	交通工具	23	0.34%
人物	460	6.70%	理论	23	0.34%
自然现象和景观	233	3.40%	情感	23	0.34%
物质	201	2.93%	权力	23	0.34%
容器	196	2.86%	乐器	21	0.31%

续表

N_2 语义域	总数量	占比	N_2 语义域	总数量	占比
食物	193	2.81%	种类	20	0.29%
建筑	186	2.71%	药物	19	0.28%
文字信息	150	2.19%	成员	17	0.25%
植物	130	1.89%	凭证	17	0.25%
动物	123	1.79%	能量	16	0.23%
组织群体	111	1.62%	床品	13	0.19%
衣物	109	1.59%	地域	13	0.19%
文艺	107	1.56%	方法	13	0.19%
活动	100	1.46%	分泌排泄物	11	0.16%
织物	93	1.36%	精神	10	0.15%
钱财	80	1.17%	过程	9	0.13%
语言	80	1.17%	行业	7	0.10%
符号标志	74	1.08%	领域	7	0.10%
疾病	61	0.89%	文具	7	0.10%
家具	59	0.86%	行为	6	0.09%
时间	57	0.83%	音乐	4	0.06%
物品	56	0.82%	原因	4	0.06%
灾害	44	0.64%	运气	4	0.06%
方位	40	0.58%	机会	3	0.04%
制度	40	0.58%	生物	3	0.04%
能力	39	0.57%	声誉	3	0.04%
饰品	39	0.57%	宗教	3	0.04%
情况	37	0.54%	祸福	1	0.01%
事务	30	0.44%	数学	1	0.01%

表 6.20 显示，从属型名名组合输入成分 N_2 最典型的 10 类语义域从典型到非典型依次为：工具＞处所＞属性＞身体＞部位＞人物＞自然现象和景观＞物质＞容器＞食物。同样，考虑到范畴层级的问题，仅有“工具”语义域存在次级范畴，如果把这些次级范畴的成分都计算在内，那么具有“工具”语义域的成分数量最多，是 N_2 最为典型的输入成分。笔者又进一步考察了较高分类层级语义域在 N_2 中的表现，具体如表 6.21 所示。

表 6.21　从属型名名组合输入成分 N_2 的语义域高层级分类统计

层级	数量	占比
人造物	3394	49.46%
自然物	1949	28.40%
属性	582	8.48%
部位	502	7.32%
事件	435	6.34%

从上表可见，从属型名名组合的输入成分 N_2 最为典型的高层级语义域为人造物，即表示工具、药物、衣物、食物等语义的成分。

3. N_1 和 N_2 的语义域搭配规律

N_1 和 N_2 的语义域分别有不同的选择倾向性，其中 N_1 更多为自然物，而 N_2 则多为人造物。通过分析 N_1 和 N_2 各自的典型语义域与其他语义域的搭配情况，可以了解从属型名名组合输入成分在语义域方面的搭配规律。

根据前文所述，N_1 的典型语义域为工具、物质、自然现象和景观、身体、植物、人物、食物、动物、处所、方位，N_2 的典型语义域为工具、处所、属性、身体、部位、人物、自然现象和景观、物质、容器、食物。

与 N_1 典型语义域形成搭配数量最多的前 10 类模式如表 6.22 所示。

表 6.22　从属型名名组合输入成分 N_1 典型语义域的搭配

N_1 典型语义域	N_2 语义域	总数量	占比
工具(含次类)	工具(含次类)	319	4.65%
物质	工具(含次类)	314	4.58%
身体	工具(含次类)	180	2.62%
自然	工具(含次类)	170	2.48%
身体	身体	107	1.56%
工具	部位	101	1.47%
工具	人物	99	1.44%
身体	部位	99	1.44%
动物	身体	99	1.44%
工具	属性	97	1.41%

与 N_2 典型语义域形成搭配数量最多的前 10 类模式如表 6.23 所示。

表 6.23 从属型名名组合输入成分 N_2 典型语义域的搭配

N_1 语义域	N_2 典型语义域	总数量	占比
工具(含次类)	工具(含次类)	319	4.65%
物质	工具(含次类)	314	4.58%
身体	工具(含次类)	180	2.62%
自然	工具(含次类)	170	2.48%
身体	身体	107	1.56%
动物	身体	99	1.44%
身体	部位	99	1.44%
自然	自然	81	1.18%
食物	工具	76	1.11%
自然	部位	76	1.11%

综合以上两类搭配模式数据可知，从属型名名组合的语义域典型搭配模式按照典型性从高到低依次为：

工具＋工具→物质＋工具→身体＋工具→自然＋工具→身体＋身体→工具＋部位→工具＋人物→身体＋部位→动物＋身体→工具＋属性→自然＋自然→食物＋工具→自然＋部位

6.5 从属型名名组合输入成分的概念类型

我们对所有名名组合输入成分的概念类型进行了标注。第 5 章对并列型名名组合的讨论表明，并列型语料中两个输入成分的概念类型一般为相同类型。本章所讨论的从属型名名组合的两个输入成分的概念类型却并非总是相同。从属型名名组合的输入成分之间存在修饰关系，总是其中一个成分在某方面对另一成分进行限定，因此二者的关系并不密切，概念类型可能存在不一致的情况。按照理论上的模式计算，4 种概念类型依次两两组合可以形成 16 种组合类型，如表 6.24 所示。

但是，语料标注和检索显示，并非上述所有搭配都在从属型名名组合的两个输入成分之间出现，具体组合模式如表 6.25 所示。其中，“+”表示出现，“−”表示未出现。

表 6.24　概念类型的理想组合模式

类别型组合	个体型组合	关系型组合	功能型组合
类别＋类别	个体＋个体	关系＋关系	功能＋功能
类别＋个体	个体＋类别	关系＋类别	功能＋类别
类别＋关系	个体＋关系	关系＋个体	功能＋个体
类别＋功能	个体＋功能	关系＋功能	功能＋关系

表 6.25　从属型名名组合输入成分概念类型组合模式

概念类型	类别	个体	关系	功能
类别	＋	＋	＋	＋
个体	＋	－	＋	＋
关系	＋	＋	＋	＋
功能	＋	＋	＋	＋

从表 6.25 中可见，未出现的从属型名名组合输入成分的组合模式仅为“个体+个体”。这可能是由于个体名词概念具有唯一性而不具有关系性，是一个自足型的封闭概念，这就导致个体名词概念受到改变其属性限定的可能性非常小，而限定另一个个体名词概念的可能性更小。因此，“个体+个体”的组合模式未在语料中出现，这种结果是名词概念类型的本质特征所致。由于受语料限制，笔者并不否认在合适的语境中可能出现“个体+个体”这一搭配模式，但总体趋势表明，这种组合模式比较罕见。

针对出现的 15 类概念类型组合模式进一步作统计分析，表 6.26 显示了各类组合模式出现的频次和占比情况。

表 6.26　从属型名名组合输入成分概念类型组合模式分布

组合模式	数量	占比	组合模式	数量	占比
类别＋类别	3895	56.47%	关系＋功能	81	1.17%
类别＋功能	1093	15.85%	关系＋关系	54	0.78%
功能＋类别	536	7.77%	个体＋功能	43	0.62%
类别＋关系	451	6.54%	个体＋关系	22	0.32%
个体＋类别	224	3.25%	功能＋个体	16	0.23%
关系＋类别	217	3.15%	类别＋个体	3	0.04%
功能＋功能	161	2.33%	关系＋个体	4	0.01%
功能＋关系	101	1.46%			

表 6.26 中的数量合计并不等于语料总数，这是因为，其中个别语料有一词多义的现象，同一个输入成分具有两种不同的概念类型。例如“纸版”，一种意为“纸质的版本”，其中“版”为类别型概念；另一种意为“纸的类型”，其中“版”为功能性概念。但是，这种情况并不多见。

表 6.26 显示数量明显偏多的前 4 类组合模式为“类别+类别”“类别+功能”“功能+类别”“类别+关系”。从中可见，类别名词概念在从属型名名组合的构词中表现活跃，既可以充当修饰成分，也可以充当被修饰成分。这与类别型概念的定义相吻合，即类别名词按照属性描述其潜在所指，可以搭配形容词和属性词。类别名词概念的核心内涵就是属性描述，而这些属性既可以被其他概念限定，也可以限定其他概念。表 6.26 中的数据还表明，凡是个体名词概念参与的组合一般能产性都比较低，尤其是个体名词概念出现在默认的被限定位置即右侧时，形成的组合能产性最低，位列最后 3 位。这一数据统计表明了前文对“个体+个体”组合未出现情况所作讨论的合理性，即个体名词概念的自身具有唯一性而不具有关系性的特点不易作为被限定成分出现，同时也较少作为限定成分出现。

6.6 从属型名名组合的输出类型

6.6.1 两种输出类型

与并列型名名组合不同，从属型名名组合的输入成分之间由于修饰关系复杂，具体组合方式多种多样，因此输出类型不像并列型那样可以用一些简单的名称来定义。为了避免潜在的具体组合方式无法穷尽归纳的问题，可以先从更为抽象的层面将输出类型分为两类。由于输入成分之间存在的修饰关系仅可以分为两个次类：N_1 修饰 N_2 和 N_2 修饰 N_1，因此从属型名名组合的输出类型也据此分为两类：$F(N_{1\,修饰语}N_{2\,被修饰语})$，$F(N_{1\,被修饰语}N_{2\,修饰语})$。其中，F 为 N_1 和 N_2 之间的具体修饰关系。

如此，从属型名名组合的两种输出类型为：

$[N_1N_2] = F(N_{1\,修饰语}N_{2\,被修饰语})$

$[N_1N_2] = F(N_{1\,被修饰语}N_{2\,修饰语})$

6.6.2 输出类型的构式描述

上述分类是基于较为抽象的层面进行的概括性分类，并不能充分归纳从属型名名组合的具体输出类型。而且，这两种分类仅考虑了 N_1 和 N_2 之间相互修饰产生的字面意义，没有涉及潜在的转喻或隐喻的产生。为了解决这一问题，可以继续采用构式形态学的理论，将从属型名名组合的两种输出类型的次类进一步细分为几种不同的构式类型。

根据语料分析和标注，$F(N_{1\,修饰语}N_{2\,被修饰语})$类型的具体输出构式共有 13 种，$F(N_{1\,被修饰语}N_{2\,修饰语})$类型的具体输出构式共有 3 种，具体如下：

$[N_1N_2] = F(N_{1\,修饰语}N_{2\,被修饰语})$

$[N_1N_2] = N_1$ 的 N_2

$[N_1N_2] =$ 有 N_1 的 N_2

$[N_1N_2] = A(N_1)$的 N_2

$[N_1N_2] =$ 用 $N_1\ V(n/a)$的 N_2

$[N_1N_2] =$ 按照 $N_1V(n)$的 N_2

$[N_1N_2] =$ 在/从 $N_1(V)$的 N_2

$[N_1N_2] =$ (用于)$V\ N_1$ 的 N_2

$[N_1N_2] = N_1\ V$ 的 N_2

$[N_1N_2] =$ 用作 N_1 的 N_2

$[N_1N_2] = (V)N_1$ 时(V)的 N_2

$[N_1N_2] =$ 关于 N_1 的 N_2

$[N_1N_2] = N_1$ 类的 N_2

$[N_1N_2] = M(N_1N_2)$

$[N_1N_2] = F(N_{1\,被修饰语}N_{2\,修饰语})$

$[N_1N_2] =$ 形状像 N_2 的 N_1

$[N_1N_2] =$ 像 N_2 一样 V 的 N_1

$[N_1N_2] = N_2$ 的 N_1

其中，我们引入了函数 A 和 M，A 表示提取属性，M 表示转喻或隐喻。n 表示名词，a 表示形容词，V 表示动词。括号里的词类符号表示可能出现，也可能不出现。需要指出的是，转喻和隐喻的意义是在复合词字面意义的基础上通过同域或跨域映射产生的，因此函数 M 作用的对象是 N_1 与 N_2 之间的修饰关系发生之后的产物。而且，通过语料检索发现，M 的作用对象都是 N_1 修饰 N_2 的产物，而未见 N_2 修饰 N_1 的产物。

1. N_1 修饰 N_2 型输出构式

1)“N_1 的 N_2”构式

这种构式的具体词例如下：

碑额 $[N_1N_2]$=[碑 $_1$ 额 $_2$]=碑的额
鼻尖 $[N_1N_2]$=[鼻 $_1$ 尖 $_2$]=鼻子的尖
床边 $[N_1N_2]$=[床 $_1$ 边 $_2$]=床的边
勺柄 $[N_1N_2]$=[勺 $_1$ 柄 $_2$]=勺子的柄
病程 $[N_1N_2]$=[病 $_1$ 程 $_2$]=疾病的过程
词源 $[N_1N_2]$=[词 $_1$ 源 $_2$]=词的来源

2) "有 N_1 的 N_2" 构式

这种构式的具体词例如下：

槽钢 $[N_1N_2]$=[槽 $_1$ 钢 $_2$]=有槽的钢材
草滩 $[N_1N_2]$=[草 $_1$ 滩 $_2$]=有草的大片靠水的地方
叉车 $[N_1N_2]$=[叉 $_1$ 车 $_2$]=有叉的车
碘盐 $[N_1N_2]$=[碘 $_1$ 盐 $_2$]=有碘的盐
毒蛇 $[N_1N_2]$=[毒 $_1$ 蛇 $_2$]=有毒的蛇
核果 $[N_1N_2]$=[核 $_1$ 果 $_2$]=有核的果

3) "$A(N_1)$的 N_2" 构式

这种构式的具体词例如下：

棒针 $[N_1N_2]$=[棒 $_1$ 针 $_2$]=形状像棒一样的针
胆瓶 $[N_1N_2]$=[胆 $_1$ 瓶 $_2$]=形状像胆囊一样的瓶子
茶晶 $[N_1N_2]$=[茶 $_1$ 晶 $_2$]=颜色像浓茶的水晶
铁汉 $[N_1N_2]$=[铁 $_1$ 汉 $_2$]=像铁一样坚强的汉子
浪桥 $[N_1N_2]$=[浪 $_1$ 桥 $_2$]=像浪一样来回摇摆的桥
皮糖 $[N_1N_2]$=[皮 $_1$ 糖 $_2$]=像皮一样有韧性的糖

4) "用 N_1 V(n/a)的 N_2" 构式

这种构式的具体词例如下：

核电 $[N_1N_2]$=[核 $_1$ 电 $_2$]=用核能发的电
风鸡 $[N_1N_2]$=[风 $_1$ 鸡 $_2$]=用风吹干的鸡
旗语 $[N_1N_2]$=[旗 $_1$ 语 $_2$]=用旗子表示的语言
竹鞭 $[N_1N_2]$=[竹 $_1$ 鞭 $_2$]=用竹子做的鞭子
纸币 $[N_1N_2]$=[纸 $_1$ 币 $_2$]=用纸做的钱币
菜油 $[N_1N_2]$=[菜 $_1$ 油 $_2$]=用菜籽榨的油
光碟 $[N_1N_2]$=[光 $_1$ 碟 $_2$]=用激光束记录和读取信息的圆盘形存储载体
茶会 $[N_1N_2]$=[茶 $_1$ 会 $_2$]=用茶点招待宾客的社交性聚会

火铳　　$[N_1N_2]$=[火 $_1$ 铳 $_2$]=用火力发射铁弹丸、铅弹丸等的管形火器

水牌　　$[N_1N_2]$=[水 $_1$ 牌 $_2$]=用水洗去字迹后可再写的牌子

闸机　　$[N_1N_2]$=[闸 $_1$ 机 $_2$]=用特制的闸控制出入的机器

5) “按照 $N_1V(n)$的 N_2” 构式

这种构式的具体词例如下：

候鸟　　$[N_1N_2]$=[候 $_1$ 鸟 $_2$]=按照季节迁徙的鸟类

候虫　　$[N_1N_2]$=[候 $_1$ 虫 $_2$]=按照季节而生或发鸣的昆虫

方剂　　$[N_1N_2]$=[方 $_1$ 剂 $_2$]=按照药方配成的药

法人　　$[N_1N_2]$=[法 $_1$ 人 $_2$]=按照法定程序设定的社会组织

日薪　　$[N_1N_2]$=[日 $_1$ 薪 $_2$]=按照一日计算的工资

6) “在/从 $N_1(V)$的 N_2” 构式

这种构式的具体词例如下：

碑铭　　$[N_1N_2]$=[碑 $_1$ 铭 $_2$]=在碑上刻的文字

壁钟　　$[N_1N_2]$=[壁 $_1$ 钟 $_2$]=在墙壁上挂的钟

灯谜　　$[N_1N_2]$=[灯 $_1$ 谜 $_2$]=在灯上贴的谜语

胃襞　　$[N_1N_2]$=[胃 $_1$ 襞 $_2$]=在胃里的褶皱

腹水　　$[N_1N_2]$=[腹 $_1$ 水 $_2$]=在腹部的积水

道碴　　$[N_1N_2]$=[道 $_1$ 碴 $_2$]=在铁路路基上面铺的石子

7) “(用于)V N_1 的 N_2” 构式

这种构式的具体词例如下：

书包　　$[N_1N_2]$=[书 $_1$ 包 $_2$]=用于装书的包

报馆　　$[N_1N_2]$=[报 $_1$ 馆 $_2$]=(用于)出版报纸的机构

蛋鸡　　$[N_1N_2]$=[蛋 $_1$ 鸡 $_2$]=用于下蛋的鸡

蚕箔　　$[N_1N_2]$=[蚕 $_1$ 箔 $_2$]=用于养蚕的器具

菜刀　　$[N_1N_2]$=[菜 $_1$ 刀 $_2$]=用于切菜的刀

盐池　　$[N_1N_2]$=[盐 $_1$ 池 $_2$]=用于产盐的池子

8) “N_1 V 的 N_2” 构式

这种构式的具体词例如下：

蚕蛾　　$[N_1N_2]$=[蚕 $_1$ 蛾 $_2$]=蚕变成的蛾子

潮绣　　$[N_1N_2]$=[潮 $_1$ 绣 $_2$]=潮州产的绣品

川马　　$[N_1N_2]$=[川 $_1$ 马 $_2$]=四川产的马

工潮　　$[N_1N_2]$=[工 $_1$ 潮 $_2$]=工人掀起的浪潮

匪帮 $[N_1N_2]=[匪_1帮_2]$=匪徒组成的帮派

9) “用作 N_1 的 N_2” 构式

这种构式的具体词例如下：

靶船 $[N_1N_2]=[靶_1船_2]$=用作靶子的船
标灯 $[N_1N_2]=[标_1灯_2]$=用作标志的灯
岗楼 $[N_1N_2]=[岗_1楼_2]$=用作岗哨的楼
例句 $[N_1N_2]=[例_1句_2]$=用作例子的句子
料酒 $[N_1N_2]=[料_1酒_2]$=用作调料的酒
材树 $[N_1N_2]=[材_1树_2]$=用作木材的树

10) “(V)N_1 时(V)的 N_2” 构式

这种构式的具体词例如下：

病容 $[N_1N_2]=[病_1容_2]$=生病时的面容
晨报 $[N_1N_2]=[晨_1报_2]$=早晨出版的报纸
冰点 $[N_1N_2]=[冰_1点_2]$=结冰时的温度
马刀 $[N_1N_2]=[马_1刀_2]$=骑马时用的刀
早膳 $[N_1N_2]=[早_1膳_2]$=早上吃的饭
冬装 $[N_1N_2]=[冬_1装_2]$=冬天穿的衣服

11) “关于 N_1 的 N_2” 构式

这种构式的具体词例如下：

地理 $[N_1N_2]=[地_1理_2]$=关于地球的理论
光学 $[N_1N_2]=[光_1学_2]$=关于光的学科
海事 $[N_1N_2]=[海_1事_2]$=关于海洋的事务
房展 $[N_1N_2]=[房_1展_2]$=关于房屋的展览
党务 $[N_1N_2]=[党_1务_2]$=关于党的事务
虫情 $[N_1N_2]=[虫_1情_2]$=关于虫的情况

12) “N_1 类的 N_2” 构式

这种构式的具体词例如下：

钢材 $[N_1N_2]=[钢_1材_2]$=钢类的材料
刀具 $[N_1N_2]=[刀_1具_2]$=刀类的器具
肝脏 $[N_1N_2]=[肝_1脏_2]$=肝类的脏器
木料 $[N_1N_2]=[木_1料_2]$=木类的材料

13) “$M(N_1N_2)$” 构式

这种构式的具体词例如下：

冰轮　$[N_1N_2]$=M(颜色像冰的轮状物)=月亮
背心　$[N_1N_2]$=M(背的中心)=不带袖子和领子的上衣
鹑衣　$[N_1N_2]$=M(鹑穿的外衣)=破烂的衣服
床帏　$[N_1N_2]$=M(床上的帐子)=男女私情
草根　$[N_1N_2]$=M(草的根)=平民百姓
虎口　$[N_1N_2]$=M(老虎的口)=危险的地方

2. N_2修饰N_1型输出构式

1) “形状像N_2的N_1”构式

这种构式的具体词例如下：

雪花　$[N_1N_2]$=[雪 $_1$ 花 $_2$]=形状像花的雪
号角　$[N_1N_2]$=[号 $_1$ 角 $_2$]=形状像角的号
石笋　$[N_1N_2]$=[石 $_1$ 笋 $_2$]=形状像笋的石头
路网　$[N_1N_2]$=[路 $_1$ 网 $_2$]=形状像网的道路
雨幕　$[N_1N_2]$=[雨 $_1$ 幕 $_2$]=形状像幕的雨
煤球　$[N_1N_2]$=[煤 $_1$ 球 $_2$]=形状像球的煤

2) “像N_2一样 V 的N_1”构式

这种构式的具体词例如下：

股海　$[N_1N_2]$=[股 $_1$ 海 $_2$]=像海洋一样起伏的股票市场
麦浪　$[N_1N_2]$=[麦 $_1$ 浪 $_2$]=像海浪一样起伏的麦子
声浪　$[N_1N_2]$=[声 $_1$ 浪 $_2$]=像海浪一样起伏的声音
车流　$[N_1N_2]$=[车 $_1$ 流 $_2$]=像河流一样连续不断行驶的车辆
人流　$[N_1N_2]$=[人 $_1$ 流 $_2$]=像河流一样连续不断行走的人
光线　$[N_1N_2]$=[光 $_1$ 线 $_2$]=像直线一样传播的光

3) “N_2的N_1”构式

这种构式的具体词例如下：

南美　$[N_1N_2]$=[南 $_1$ 美 $_2$]=美洲的南部
南亚　$[N_1N_2]$=[南 $_1$ 亚 $_2$]=亚洲的南部
北美　$[N_1N_2]$=[北 $_1$ 美 $_2$]=美洲的北部

6.6.3　输出类型分布规律

从属型名名组合输出类型的分布是指每种输出类型在所有输出中所占的数量和比例，此数据可以显示从属型名名组合的典型与非典型性输出类型。从属型名名组合的两类共 16 种输出类型分布情况如表 6.27 所示。

表 6.27　从属型名名组合输出类型分布

输出类型		数量	占比
N_1修饰N_2	N_1的N_2	2057	29.90%
	(用于)V N_1的N_2	1344	19.53%
	在/从 N_1(V)的N_2	1083	15.74%
	N_1 V 的N_2	368	5.35%
	有N_1的N_2	301	4.38%
	用N_1 V(n/a)的N_2	258	3.75%
	A(N_1)的N_2	255	3.71%
	N_1类的N_2	248	3.60%
	(V)N_1时(V)的N_2	204	2.97%
	关于N_1的N_2	168	2.44%
	用作N_1的N_2	93	1.35%
	M(N_1 N_2)	88	1.28%
	按照N_1V(n)的N_2	51	0.74%
N_2修饰N_1	形状像N_2的N_1	253	3.68%
	像N_2一样 V 的N_1	58	0.84%
	N_2的N_1	51	0.74%

由于一词多义现象的存在，表 6.27 中数量的总和也大于语料数量。数据显示，从属型名名组合的输出类型以N_1修饰N_2占绝大多数。由于表格中的数据已按照大类进行了从高到低的排序，因此每一类中从典型到非典型的表现构式从上表中可见。从属型名名组合最为典型的表现构式为N_1修饰N_2中的“N_1的N_2”“(用于)VN_1的N_2”“在/从N_1(V)的N_2”等 3 种形式。

6.7　从属型名名组合“输入-输出”框架

6.7.1　内部语义关系对输出类型的影响

基于对语料的标注，分别对 11 类内部语义关系的输出类型进行分类检索，发现不同的内部语义关系会倾向于产生不同的输出类型，具体对应情况如表 6.28 所示。

表 6.28　从属型名名组合输入成分语义关系和输出类型的关系

内部语义关系	输 出 类 型
领有	N_1的N_2
被领有	有N_1的N_2；N_2的N_1
属性	A(N_1)的N_2
方式	用N_1 V(n/a)的N_2；按照N_1V(n)的N_2
位置	在/从N_1(V)的N_2
来源	N_1 V 的N_2
功能	(用于)V N_1的N_2；用作N_1的N_2
材料	用N_1 V 的N_2
时间	(V)N_1时(V)的N_2
内容	关于N_1的N_2；N_1 V 的N_2
质料＋形状/方式	形状像N_2的N_1；像N_2一样 V 的N_1

如表 6.28 所示，除了被领有型内部语义关系可以产生N_1修饰N_2型输出和N_2修饰N_1型输出，领有、属性、方式、位置、来源、功能、材料、时间、内容型内部语义关系一般产生N_1修饰N_2型输出，而质料＋形状/方式产生N_2修饰N_1型输出。其中，内部语义关系为材料型时，其输出类型为“用N_1V(n/a)的N_2”的次类，即“用N_1 V 的N_2”。

6.7.2　输入成分语义域组合对输出类型的影响

1. 语义域组合对输出类型的影响

6.4.3 小节总结了从属型汉语名名组合最典型的语义域组合模式，即：工具＋工具、物质＋工具、身体＋工具、自然＋工具、身体＋身体、工具＋部位、工具＋人物、身体＋部位、动物＋身体、工具＋属性、自然＋自然、食物＋工具、自然＋部位，本节讨论这些组合对输出类型的影响。语料标注和统计显示，不同的语义域搭配组合也会倾向于产生不同的输出类型。

1)　“工具＋工具”组合模式

如表 6.29 所示，“工具＋工具”组合形成的最典型输出类型为“(用于)V N_1的N_2”和“用作N_1的N_2”，其次为“N_1的N_2”。

表 6.29 “工具 + 工具”语义域组合的输出类型分布

语义域组合	内部语义关系	输出类型	数量	占比
工具 + 工具	功能	(用于)V N_1 的 N_2	89	1.36%
		用作 N_1 的 N_2	4	
	领有	N_1 的 N_2	69	1.01%
	位置	在/从 N_1(V)的 N_2	40	0.58%
	属性	A(N_1)的 N_2	39	0.57%
	被领有	有 N_1 的 N_2	33	0.48%
	材料	用 N_1 V 的 N_2	19	0.28%
	内容	N_1 类的 N_2	14	0.20%
	方式	用 N_1 V(n/a)的 N_2	13	0.19%
	质料 + 形状	形状像 N_2 的 N_1	4	0.06%
	时间	(V)N_1 时(V)的 N_2	3	0.04%

2) “物质 + 工具”组合模式

如表 6.30 所示，“物质 + 工具”组合形成的最典型输出类型为“用 N_1V 的 N_2”，其次为“(用于)V N_1 的 N_2”。

表 6.30 “物质 + 工具”语义域组合的输出类型分布

语义域组合	内部语义关系	输出类型	数量	占比
物质 + 工具	材料	用 N_1 V 的 N_2	184	2.68%
	功能	(用于)V N_1 的 N_2	43	0.63%
	方式	用 N_1 V(n/a)的 N_2	29	0.42%
	质料 + 形状	形状像 N_2 的 N_1	16	0.23%
	被领有	有 N_1 的 N_2	14	0.20%
	位置	在/从 N_1(V)的 N_2	9	0.13%
	内容	N_1 类的 N_2	7	0.10%
	属性	A(N_1)的 N_2	6	0.09%
	领有	N_1 的 N_2	3	0.04%

3) “身体 + 工具”组合模式

如表 6.31 所示，“身体 + 工具”组合形成的最典型输出类型为“在/从 N_1(V)的 N_2”，其次为“(用于)V N_1 的 N_2”。

表 6.31 “身体 + 工具”语义域组合的输出类型分布

语义域组合	内部语义关系	输出类型	数量	占比
身体 + 工具	位置	在/从 N_1(V)的 N_2	79	1.15%
	功能	(用于)V N_1 的 N_2	37	0.54%
	材料	用 N_1 V 的 N_2	21	0.31%
	方式	用 N_1 V(n/a)的 N_2	19	0.28%
	质料 + 形状	形状像 N_2 的 N_1	10	0.15%
	领有	N_1 的 N_2	6	0.09%
	来源	N_1 V 的 N_2	3	0.04%
	属性	A(N_1)的 N_2	3	0.04%
	被领有	有 N_1 的 N_2	1	0.01%
	内容	N_1 类的 N_2	1	0.01%

4) “自然 + 工具”组合模式

如表 6.32 所示，“自然 + 工具”组合形成的最典型输出类型为“(用于) VN_1 的 N_2”，其次为“用 N_1 V(n/a)的 N_2”。

表 6.32 “自然 + 工具”语义域组合的输出类型分布

语义域组合	内部语义关系	输出类型	数量	占比
自然 + 工具	功能	(用于)V N_1 的 N_2	63	0.92%
	方式	用 N_1 V(n/a)的 N_2	41	0.60%
	位置	在/从 N_1(V)的 N_2	29	0.42%
	质料 + 形状	形状像 N_2 的 N_1	11	0.16%
	被领有	有 N_1 的 N_2	6	0.09%
	领有	N_1 的 N_2	6	0.09%
	属性	A(N_1)的 N_2	6	0.09%
	材料	用 N_1 V 的 N_2	4	0.06%
	来源	N_1 V 的 N_2	3	0.04%
	材料 + 方式	像 N_2 一样 V 的 N_1	1	0.01%
	时间	(V)N_1 时(V)的 N_2	1	0.01%

5) “身体 + 身体”组合模式

如表 6.33 所示，“身体 + 身体”组合形成的最典型输出类型为“N_1 的 N_2”，其次为“在/从 N_1(V)的 N_2”。

表 6.33 “身体 + 身体”语义域组合的输出类型分布

语义域组合	内部语义关系	输出类型	数量	占比
身体 + 身体	领有	N_1 的 N_2	59	0.86%
	位置	在/从 N_1(V)的 N_2	31	0.45%
	内容	N_1 类的 N_2	9	0.13%
	材料	用 N_1 V 的 N_2	4	0.06%
	被领有	有 N_1 的 N_2	1	0.01%
	属性	A(N_1)的 N_2	1	0.01%
	功能	(用于)V N_1 的 N_2	1	0.01%

6) “工具 + 部位”组合模式

如表 6.34 所示，“工具 + 部位”组合形成的输出类型仅有两类。其中，最典型、也是最主要的输出类型为“N_1 的 N_2”，其次为数量极少的“有 N_1 的 N_2”。

表 6.34 “工具 + 部位”语义域组合的输出类型分布

语义域组合	内部语义关系	输出类型	数量	占比
工具 + 部位	领有	N_1 的 N_2	100	1.46%
	被领有	有 N_1 的 N_2	1	0.01%

7) “工具 + 人物”组合模式

如表 6.35 所示，“工具 + 人物”组合形成的最典型、也是最主要的输出类型为“(用于)V N_1 的 N_2”，而其他类型输出数量相对较少。

表 6.35 “工具 + 人物”语义域组合的输出类型分布

语义域组合	内部语义关系	输出类型	数量	占比
工具 + 人物	功能	(用于)V N_1 的 N_2	76	1.11%
	领有	N_1 的 N_2	7	0.10%
	位置	在/从 N_1(V)的 N_2	7	0.10%
	方式	用 N_1V(n/a)的 N_2	4	0.06%
	被领有	有 N_1 的 N_2	1	0.01%
	来源	N_1V 的 N_2	1	0.01%
	时间	(V)N_1 时(V)的 N_2	1	0.01%

8) “身体 + 部位”组合模式

如表 6.36 所示，“身体 + 部位”组合形成的最典型输出类型为“N_1 的

N_2”，其次为“在/从 $N_1(V)$的 N_2”。

表 6.36　“身体 + 部位”语义域组合的输出类型分布

语义域组合	内部语义关系	输出类型	数量	占比
身体 + 部位	领有	N_1 的 N_2	83	1.21%
	位置	在/从 $N_1(V)$的 N_2	11	0.16%
	用途	(用于)V N_1 的 N_2	4	0.06%
	内容	N_1 类的 N_2	1	0.01%
	方式	用 N_1 V(n/a)的 N_2	1	0.01%

9) “动物 + 身体”组合模式

如表 6.37 所示，“动物 + 身体”组合形成的输出类型仅有两类。其中，最典型、也是最主要的输出类型为“N_1 的 N_2”，而另一类“N_1V 的 N_2”型输出数量极少。

表 6.37　“动物 + 身体”语义域组合的输出类型分布

语义域组合	内部语义关系	输出类型	数量	占比
动物 + 身体	领有	N_1 的 N_2	94	1.37%
	来源	N_1 V 的 N_2	4	0.06%

10) “工具 + 属性”组合模式

如表 6.38 所示，“工具 + 属性”组合形成的最典型、也是最主要的输出类型为“N_1 的 N_2”，而其他类型输出数量较少。

表 6.38　“工具 + 属性”语义域组合的输出类型分布

语义域组合	内部语义关系	输出类型	数量	占比
工具 + 属性	领有	N_1 的 N_2	67	0.98%
	来源	N_1V 的 N_2	9	0.13%
	质料 + 形状	形状像 N_2 的 N_1	7	0.10%
	方式	用 N_1 V(n/a)的 N_2	7	0.10%
	位置	在/从 $N_1(V)$的 N_2	4	0.06%
	材料	用 N_1 V 的 N_2	1	0.01%
	内容	N_1 V 的 N_2	1	0.01%

11) “自然 + 自然”组合模式

如表 6.39 所示，“自然 + 自然”组合形成的最典型输出类型为“在/从 $N_1(V)$的 N_2”，其次为“N_1 V 的 N_2”。

表 6.39 “自然 + 自然”语义域组合的输出类型分布

语义域组合	内部语义关系	输出类型	数量	占比
自然 + 自然	位置	在/从 N_1(V)的 N_2	24	0.35%
	来源	N_1 V 的 N_2	17	0.25%
	被领有	有 N_1 的 N_2	11	0.16%
	领有	N_1 的 N_2	9	0.13%
	质料 + 形状	形状像 N_2 的 N_1	7	0.10%
	方式	用 N_1 V(n/a)的 N_2	3	0.04%
	属性	A(N_1)的 N_2	3	0.04%
	时间	(V)N_1 时(V)的 N_2	3	0.04%
	内容	N_1 类的 N_2	1	0.01%

12) “食物 + 工具”组合模式

如表 6.40 所示，“食物 + 工具”组合形成的最典型、也是最主要输出类型为“(用于)V N_1 的 N_2”，其他类型输出相对较少。

表 6.40 “食物 + 工具”语义域组合的输出类型分布

语义域组合	内部语义关系	输出类型	数量	占比
食物 + 工具	功能	(用于)V N_1 的 N_2	66	0.96%
	被领有	有 N_1 的 N_2	4	0.06%
	质料 + 形状	形状像 N_2 的 N_1	3	0.04%
	时间	(V)N_1 时(V)的 N_2	3	0.04%
	材料	用 N_1 V 的 N_2	1	0.01%
	内容	N_1 类的 N_2	1	0.01%
	位置	在/从 N_1(V)的 N_2	1	0.01%

13) “自然 + 部位”组合模式

如表 6.41 所示，“自然 + 部位”组合形成的最典型输出类型为“N_1 的 N_2”，其次为“(V)N_1 时(V)的 N_2”。

表 6.41 “自然 + 部位”语义域组合的输出类型分布

语义域组合	内部语义关系	输出类型	数量	占比
自然 + 部位	领有	N_1 的 N_2	74	1.08%
	时间	(V)N_1 时(V)的 N_2	2	0.03%

2. 语义域组合的典型输出类型

综合以上数据信息，可以得到从属型名名组合输入成分各主要语义域组合的典型输出类型，如表 6.42 所示。

表 6.42　从属型名名组合输入成分的主要语义域组合的典型输出类型

语义域组合	典型输出类型
工具＋工具	(用于)V N_1 的 N_2；用作 N_1 的 N_2
物质＋工具	用 N_1 V 的 N_2
身体＋工具	在/从 N_1(V)的 N_2
自然＋工具	(用于)V N_1 的 N_2
身体＋身体	N_1 的 N_2
工具＋部位	N_1 的 N_2
工具＋人物	(用于)V N_1 的 N_2
身体＋部位	N_1 的 N_2
动物＋身体	N_1 的 N_2
工具＋属性	N_1 的 N_2
自然＋自然	在/从 N_1(V)的 N_2
食物＋工具	(用于)V N_1 的 N_2
自然＋部位	N_1 的 N_2

6.7.3　输入成分概念类型对输出类型的影响

基于对语料的标注，我们分别对前文所述的从属型名名组合 4 种概念类型输入成分的相应输出类型进行了分类检索，结果表明，不同的概念类型倾向于产生不同的输出类型。以下以每种输出类型为参照点，考察概念类型组合在每种输出类型上的不同表现，即它们产生的不同类型输出的数量和输出类型数量在语料总量中的占比。

1. 概念组合模式和“N_1 的 N_2”型输出的关系

表 6.43 自上而下列出了产生“N_1 的 N_2”型输出的典型到非典型概念组合模式。从表中可见，“N_1 的 N_2”型输出的最主要来源是“类别＋功能”概念组合，相反“功能＋类别”则是形成该类输出最少的组合模式。

表 6.43 概念组合模式和“N_1 的 N_2”型输出的关系

组合模式	输出类型 N_1 的 N_2	
	数量	占比
类别 + 功能	979	14.27%
类别 + 关系	383	5.58%
类别 + 类别	297	4.33%
功能 + 功能	126	1.84%
关系 + 功能	70	1.02%
功能 + 关系	50	0.73%
关系 + 关系	36	0.52%
个体 + 功能	33	0.48%
个体 + 类别	21	0.31%
个体 + 关系	17	0.25%
关系 + 类别	10	0.15%
功能 + 类别	3	0.04%

2. 概念组合模式和“有 N_1 的 N_2”型输出的关系

表 6.44 自上而下列出了产生“有 N_1 的 N_2”型输出的典型到非典型概念组合模式。从表中可见，“有 N_1 的 N_2”型输出的最主要来源是“类别 + 类别”概念组合。

表 6.44 概念组合模式和“有 N_1 的 N_2”型输出的关系

组合模式	输出类型 有 N_1 的 N_2	
	数量	占比
类别 + 类别	177	2.58%
功能 + 类别	29	0.42%
关系 + 类别	23	0.34%
类别 + 功能	10	0.15%
功能 + 个体	9	0.13%
类别 + 关系	7	0.10%
个体 + 类别	7	0.10%
功能 + 关系	1	0.01%
个体 + 功能	1	0.01%

3. 概念组合模式和“A(N_1)的 N_2”型输出的关系

表 6.45 自上而下列出了产生“A(N_1)的 N_2”型输出的典型到非典型概念组合模式。“A(N_1)的 N_2”型输出的最主要来源是“类别 + 类别”概念组合。

表 6.45　概念组合模式和“A(N_1)的 N_2”型输出的关系

组合模式	输出类型　A(N_1)的 N_2	
	数量	占比
类别 + 类别	163	2.38%
功能 + 类别	24	0.35%
类别 + 功能	16	0.23%
类别 + 关系	14	0.20%
关系 + 类别	11	0.16%
个体 + 类别	4	0.06%
功能 + 关系	1	0.01%
关系 + 关系	1	0.01%
个体 + 功能	1	0.01%

4. 概念组合模式和“用 N_1 V(n/a)的 N_2”型输出的关系

表 6.46 自上而下列出了产生“用 N_1 V(n/a)的 N_2”型输出的典型到非典型概念组合模式。“用 N_1 V(n/a)的 N_2”型输出的最主要来源是“类别 + 类别”概念组合。

表 6.46　概念组合模式和“用 N_1 V(n/a)的 N_2”型输出的关系

组合模式	输出类型　用 N_1 V(n/a)的 N_2	
	数量	占比
类别 + 类别	159	2.32%
关系 + 类别	29	0.42%
类别 + 功能	7	0.10%
功能 + 类别	7	0.10%
类别 + 关系	4	0.06%
关系 + 关系	3	0.04%
关系 + 功能	1	0.01%

5. 概念组合模式和“按照 $N_1V(n)$的 N_2”型输出的关系

表 6.47 中，“按照 $N_1V(n)$的 N_2”型输出的唯一来源是“类别+类别”概念组合。

表 6.47　概念组合模式和“按照 $N_1V(n)$的 N_2”型输出的关系

组合模式	输出类型　按照 N_1 V(n)的 N_2	
	数量	占比
类别＋类别	7	0.10%

6. 概念组合模式和“在/从 $N_1(V)$的 N_2”型输出的关系

表 6.48 自上而下列出了产生“在/从 $N_1(V)$的 N_2”型输出的典型到非典型概念组合模式。“在/从 $N_1(V)$的 N_2”型输出的主要来源是“类别＋类别”及“功能＋类别”概念组合。

表 6.48　概念组合模式和“在/从 $N_1(V)$的 N_2”型输出的关系

组合模式	输出类型　在/从 $N_1(V)$的 N_2	
	数量	占比
类别＋类别	466	6.79%
功能＋类别	266	3.88%
个体＋类别	100	1.46%
关系＋类别	90	1.31%
功能＋关系	44	0.64%
功能＋功能	37	0.54%
类别＋功能	13	0.19%
类别＋关系	10	0.15%
关系＋关系	10	0.15%
关系＋功能	9	0.13%
个体＋功能	6	0.09%
个体＋关系	1	0.01%
功能＋个体	1	0.01%

7. 概念组合模式和“N_1 V 的 N_2”型输出的关系

表 6.49 自上而下列出了产生“N_1 V 的 N_2”型输出的典型到非典型概念组合模式。“N_1 V 的 N_2”型输出的最主要来源是“类别+类别”概念组合。

表 6.49 概念组合模式和"N_1V 的 N_2"型输出的关系

组合模式	输出类型 N_1V 的 N_2	
	数量	占比
类别＋类别	213	3.10%
个体＋类别	53	0.77%
类别＋功能	17	0.25%
功能＋类别	17	0.25%
关系＋类别	17	0.25%
类别＋关系	9	0.13%
关系＋关系	4	0.06%
功能＋功能	3	0.04%
关系＋功能	1	0.01%
个体＋功能	1	0.01%

8. 概念组合模式和"(用于)V N_1 的 N_2"型输出的关系

表 6.50 自上而下列出了产生"(用于)V N_1 的 N_2"型输出的典型到非典型概念组合模式。"(用于)V N_1 的 N_2"型输出的最主要来源是"类别＋类别"概念组合。

表 6.50 概念组合模式和"(用于)V N_1 的 N_2"型输出的关系

组合模式	输出类型 (用于)V N_1 的 N_2	
	数量	占比
类别＋类别	1155	16.83%
功能＋类别	75	1.09%
类别＋功能	30	0.44%
关系＋类别	24	0.35%
类别＋关系	19	0.28%
个体＋类别	16	0.23%
功能＋关系	3	0.04%
关系＋关系	3	0.04%
类别＋个体	1	0.01%
关系＋个体	1	0.01%

9. 概念组合模式和“用作 N_1 的 N_2”型输出的关系

表 6.51 自上而下列出了产生“用作 N_1 的 N_2”型输出的典型到非典型概念组合模式。“用作 N_1 的 N_2”型输出的最主要来源是“类别+类别”概念组合。类别型概念在形成此类输出类型中出现频率较高，而个体概念未出现。

表 6.51 概念组合模式和“用作 N_1 的 N_2”型输出的关系

组合模式	输出类型 用作 N_1 的 N_2	
	数量	占比
类别＋类别	31	0.45%
功能＋类别	11	0.16%
关系＋类别	6	0.09%

10. 概念组合模式和“用 N_1V 的 N_2”型输出的关系

表 6.52 自上而下列出了产生“用 N_1V 的 N_2”型输出的典型到非典型概念组合模式。“用 N_1V 的 N_2”型输出的最主要来源是“类别+类别”概念组合。

表 6.52 概念组合模式和“用 N_1V 的 N_2”型输出的关系

组合模式	输出类型 用 N_1V 的 N_2	
	数量	占比
类别＋类别	561	8.18%
功能＋类别	31	0.45%
关系＋类别	9	0.13%
类别＋功能	7	0.10%
类别＋关系	3	0.04%
功能＋功能	3	0.04%

11. 概念组合模式和“(V)N_1 时(V)的 N_2”型输出的关系

表 6.53 自上而下列出了产生“(V)N_1 时(V)的 N_2”型输出的典型到非典型概念组合模式。“(V)N_1 时(V)的 N_2”型输出的最主要来源是“类别+类别”概念组合。

表 6.53　概念组合模式和“(V)N_1 时(V)的 N_2”型输出的关系

组合模式	输出类型　(V)N_1 时(V)的 N_2	
	数量	占比
类别＋类别	99	1.44%
功能＋类别	44	0.64%
类别＋功能	9	0.13%
个体＋类别	3	0.04%
功能＋功能	3	0.04%
功能＋个体	3	0.04%
类别＋关系	1	0.01%
类别＋个体	1	0.01%

12. 概念组合模式和“N_1 类的 N_2”型输出的关系

表 6.54 自上而下列出了产生“N_1 类的 N_2”型输出的典型到非典型概念组合模式。“N_1 类的 N_2”型输出的最主要来源是“类别+类别”概念组合。

表 6.54　概念组合模式和“N_1 类的 N_2”型输出的关系

组合模式	输出类型　N_1 类的 N_2	
	数量	占比
类别＋类别	166	2.42%
个体＋类别	14	0.20%
功能＋类别	10	0.15%
类别＋关系	3	0.04%
功能＋关系	3	0.04%
个体＋关系	3	0.04%
关系＋类别	2	0.03%

13. 概念组合模式和“关于 N_1 的 N_2”型输出的关系

表 6.55 自上而下列出了产生“关于 N_1 的 N_2”型输出的典型到非典型概念组合模式。“关于 N_1 的 N_2”型输出的最主要来源是“类别+类别”概念组合。

表 6.55　概念组合模式和"关于 N_1 的 N_2"型输出的关系

组合模式	输出类型　关于 N_1 的 N_2	
	数量	占比
类别 + 类别	105	1.53%
类别 + 功能	11	0.16%
功能 + 类别	6	0.09%
个体 + 类别	5	0.07%
关系 + 类别	4	0.06%
类别 + 关系	1	0.01%
功能 + 关系	1	0.01%

14. 概念组合模式和"形状像 N_2 的 N_1"型输出的关系

表 6.56 自上而下列出了产生"形状像 N_2 的 N_1"型输出的典型到非典型概念组合模式。"形状像 N_2 的 N_1"型输出的最主要来源是"类别 + 类别"概念组合。

表 6.56　概念组合模式和"形状像 N_2 的 N_1"型输出的关系

组合模式	输出类型　形状像 N_2 的 N_1	
	数量	占比
类别 + 类别	176	2.56%
功能 + 类别	10	0.15%
类别 + 功能	4	0.06%
关系 + 类别	4	0.06%
个体 + 类别	3	0.04%
类别 + 关系	1	0.01%

15. 概念组合模式和"像 N_2 一样 V 的 N_1"型输出的关系

表 6.57 中，"像 N_2 一样 V 的 N_1"型输出的唯一来源是"类别 + 类别"概念组合。

表 6.57　概念组合模式和"像 N_2 一样 V 的 N_1"型输出的关系

组合模式	输出类型　像 N_2 一样 V 的 N_1	
	数量	占比
类别 + 类别	11	0.16%

16. 概念类型组合的典型输出类型

综合以上数据，再对每一种概念类型组合模式的典型输出类型进行统计，结果如表 6.58 所示。

表 6.58　概念组合模式的典型输出类型

概念类型组合	典型输出类型	概念类型组合	典型输出类型
类别＋类别	(用于)V N_1 的 N_2	功能＋关系	N_1 的 N_2
类别＋个体	(用于)V N_1 的 N_2	关系＋功能	N_1 的 N_2
功能＋类别	在/从 N_1(V)的 N_2	关系＋关系	N_1 的 N_2
关系＋类别	在/从 N_1(V)的 N_2	个体＋功能	N_1 的 N_2
个体＋类别	在/从 N_1(V)的 N_2	个体＋关系	N_1 的 N_2
类别＋功能	N_1 的 N_2	功能＋个体	有 N_1 的 N_2
类别＋关系	N_1 的 N_2	关系＋个体	N_2 的 N_1
功能＋功能	N_1 的 N_2		

表 6.58 显示出以下规律：

规律 1：当 N_2 为关系或功能型概念时，从属型名名组合的典型输出均为“N_1 的 N_2”；

规律 2：当 N_1 为功能、关系或个体型概念，N_2 为类别型概念时，从属型名名组合的典型输出均为“在/从 N_1(V)的 N_2”；

规律 3：当 N_1 为类别型概念、N_2 为类别或个体型概念时，从属型名名组合的典型输出为“(用于)V N_1 的 N_2”；

规律 4：当 N_1 为功能或关系型概念、N_2 为个体型概念时，从属型名名组合的典型输出为“有 N_1 的 N_2”和“N_2 的 N_1”。

总体而言，从属型名名组合的输出除了“N_1 的 N_2”类型的典型来源是“类别＋功能”组合，其余各类的典型来源均为“类别＋类别”组合。这一方面是由于类别型概念是名词的原型概念类型，本身具有数量优势；另一方面则是由于类别型概念是一元述谓，它们按照属性描述其潜在所指，而这些属性在相互组合中可以被更改或与其他成分的属性结合，因此更倾向于出现在具有修饰关系的结构中。相反，个体概念在所有语境中描述相对独立的单一的所指，其属性难以被改变，因此在修饰性关系，尤其是处于被修饰地位的修饰性关系中极少出现。

6.7.4　输入成分语义因素对内部语义关系的影响

1. 概念类型组合模式对内部语义关系的影响

输入成分的内部语义关系、语义域以及概念类型也存在相互关联，明确它们之间的内在联系可以更确切地把握不同输入成分特征对输出类型的影响。根据前文分析可知，从属型名名组合的输出类型与输入成分之间的内部语义关系密切相关。例如，当输出类型为“N_1 的 N_2”时，输入成分之间为领有关系；当输出类型为“N_1 V 的 N_2”时，则输入成分之间为来源关系；等等。因此，根据上一小节中输入成分概念类型组合模式与输出类型的关系，可以推知其与输入成分之间的内部语义关系。表 6.59 列出了每种组合模式形成的内部语义关系的数量。

表 6.59　概念类型组合模式对内部语义关系的影响

内部语义关系	概念类型组合模式														
	类别+类别	类别+功能	功能+类别	类别+关系	个体+类别	关系+类别	功能+功能	功能+关系	关系+功能	关系+关系	个体+功能	个体+关系	功能+个体	类别+个体	关系+个体
领有	297	979	3	383	21	10	126	50	70	36	33	17	0	0	0
被领有	177	10	29	7	7	23	0	1	0	0	1	0	9	0	0
属性	163	16	24	14	4	11	0	1	0	1	1	0	0	0	0
方式	166	7	7	4	0	29	0	0	1	3	0	0	0	0	0
位置	466	13	266	10	100	90	37	44	9	10	6	1	1	0	0
来源	213	17	17	9	53	17	3	0	1	4	1	0	0	0	0
功能	1186	30	86	19	16	30	0	3	0	3	0	0	0	1	1
材料	561	7	31	3	0	9	3	0	0	0	0	0	0	0	0
时间	99	9	44	1	3	0	3	0	0	0	0	0	3	1	0
内容	271	11	16	4	19	6	0	4	1	0	0	3	0	0	0
质料+形状/方式	187	4	10	1	3	4	0	0	0	0	0	0	0	0	0

从表 6.59 可见，各种概念类型组合产生不同内部语义关系的能力不同，按照上表中每种组合模式形成的内部语义关系的数量，可以得到每种组合所产生的从典型到非典型内部语义关系，具体分别如下：

(1) 类别+类别：

功能＞材料＞位置＞领有＞内容＞来源＞质料+形状/方式＞被领有＞方式＞属性＞时间

(2) 类别+功能：

领有＞功能＞来源＞属性＞位置＞内容＞被领有＞时间＞材料＞方式＞质料+形状/方式

(3) 功能+类别：

位置＞功能＞时间＞材料＞被领有＞属性＞来源＞内容＞质料+形状/方式＞方式＞领有

(4) 类别 + 关系：

领有＞功能＞属性＞位置＞来源＞被领有＞内容/方式＞材料＞时间/质料 + 形状/方式

(5) 个体 + 类别：

位置＞来源＞领有＞内容＞功能＞被领有＞属性＞时间/质料 + 形状/方式

(6) 关系 + 类别：

位置＞功能＞方式＞被领有＞来源＞属性＞领有＞材料＞内容＞质料 + 形状/方式

(7) 功能 + 功能：

领有＞位置＞来源/材料/时间

(8) 功能 + 关系：

领有＞位置＞内容＞功能＞被领有/属性

(9) 关系 + 功能：

领有＞位置＞内容/来源/方式

(10) 关系 + 关系：

领有＞位置＞来源>方式/功能＞属性

(11) 个体 + 功能：

领有＞位置＞来源/属性/被领有

(12) 个体 + 关系：

领有＞内容＞位置

(13) 功能 + 个体：

被领有＞时间＞位置

(14) 类别 + 个体：

时间/功能

(15) 关系 + 个体：

功能

从上述层级关系中可以发现，从属型名名组合的输入成分概念类型组合模式对内部语义关系具有以下几点影响：

其一，由于上表中的概念组合模式从左至右是按照本章第 6 小节中关于概念类型组合的典型性排序而排列的，因此可见，随着输入成分概念类型组合模式典型性的下降，其形成内部语义关系类型的数量也随之减少；

其二，能形成较多内部语义关系类型的组合一般都有类别型概念参与，例如，前 6 类组合中都有类别型概念出现；

其三，当功能或关系型概念参与组合并出现在 N_2 位置上时，一般最典型的内部语义关系为领有关系；

其四，当功能或关系型概念出现在 N_1 位置上时，如果与类别概念组合，则一般最典型的内部语义关系为位置关系；如果与功能或关系型概念组合，则一般最典型的内部语义关系为领有关系，其次为位置关系。

2. 语义域和内部语义关系的关系

基于对从属型名名组合典型语义域搭配形式的分析，本节讨论这些典型语义域和输入成分的内部语义之间的关系，表 6.60 列出了每种组合模式形成的内部语义关系的数量。

表 6.60 典型语义域组合模式对内部语义关系的影响

内部语义关系	典型语义域组合												
	工具+工具	物质+工具	身体+工具	自然+工具	身体+身体	工具+部位	工具+人物	身体+部位	动物+身体	工具+属性	自然+自然	食物+工具	自然+部位
领有	69	3	6	6	56	92	7	83	94	57	9	0	74
被领有	33	14	3	6	1	1	1	0	0	0	11	1	0
属性	39	6	3	6	1	0	0	0	0	0	3	0	0
方式	13	29	19	41	0	0	4	1	0	7	3	0	0
位置	40	9	55	29	31	0	7	11	0	4	24	1	0
来源	0	0	3	3	0	0	1	0	4	9	17	0	0
功能	93	43	37	63	1	0	76	4	0	0	0	66	0
材料	19	184	21	4	4	0	0	0	0	1	0	1	0
时间	3	0	0	0	0	0	1	0	0	0	3	4	2
内容	14	7	1	0	9	0	0	1	0	1	1	1	0
质料+形状/方式	4	16	10	12	0	0	0	0	0	7	7	3	0

从表 6.60 中可见，各种典型语义域组合产生不同内部语义关系的能力不同，按照上表中每种组合模式形成的内部语义关系的数量，可以得到每种组合所产生的从典型到非典型内部语义关系，具体分别如下：

(1) 工具＋工具：

功能＞领有＞位置＞属性＞被领有＞材料＞内容＞方式＞质料＋形状/方式＞时间

(2) 物质＋工具：

材料＞功能＞方式＞质料＋形状/方式＞被领有＞位置＞内容＞属性＞领有

(3) 身体＋工具：

位置＞功能＞材料＞方式＞质料＋形状/方式＞领有＞属性/来源/被领有＞内容

(4) 自然 + 工具：

功能＞方式＞位置＞质料 + 形状/方式＞领有/被领有/属性＞材料＞来源

(5) 身体 + 身体：

领有＞位置＞内容＞材料＞功能/属性/被领有

(6) 工具 + 部位：

领有＞被领有

(7) 工具 + 人物：

功能＞领有/位置＞方式＞被领有/来源/时间

(8) 身体 + 部位：

领有＞位置＞功能＞方式/内容

(9) 动物 + 身体：

领有＞来源

(10) 工具 + 属性：

领有＞来源＞方式/质料 + 形状/方式＞位置＞材料/内容

(11) 自然 + 自然：

位置＞来源＞被领有＞领有＞质料 + 形状/方式＞属性/方式/时间＞内容

(12) 食物 + 工具：

功能＞时间＞质料 + 形状/方式＞位置/材料/内容/被领有

(13) 自然 + 部位：

领有＞时间

从上述层级关系中可以发现，从属型名名组合的输入成分语义域组合模式对内部语义关系具有以下几点影响：

其一，当“部位”语义域出现在 N_2 时，语义域组合形成的最典型内部语义关系均为“领有”；

其二，当“工具”语义域出现在 N_2 时，语义域组合形成的最典型内部语义关系一般为“功能”“材料”“位置”；

其三，当“身体”语义域出现在 N_2 时，语义域组合形成的最典型内部语义关系均为“领有”。

3. 输入因素对输出的影响小结

输入成分因素对输出类型影响的讨论主要围绕以下几个方面展开：语义域组合对内部语义关系的影响，概念类型组合对内部语义关系的影响，内部语义关系对输出类型的影响，语义域组合对输出类型的影响，概念类型组合对输出类型的影响。

(1) 语义域组合　⟶　内部语义关系；

(2) 概念类型组合　⟶　内部语义关系；

(3) 内部语义关系 ⟶ 输出类型；
(4) 语义域组合 ⟶ 输出类型；
(5) 概念类型组合 ⟶ 输出类型。

不同的语义域组合或不同的概念类型组合倾向形成不同的内部语义关系，而不同的内部语义关系会倾向产生其各自相应的输出类型，这就形成了两条影响链：

(1) 语义域组合 ⟶ 内部语义关系 ⟶ 输出类型；
(2) 概念类型组合 ⟶ 内部语义关系 ⟶ 输出类型。

6.8 从属型名名组合的能产性和透明度

6.8.1 能产性

笔者从《现代汉语词典(第 7 版)》中收集到从属型名名组合语料 6862 条，而并列型语料仅 1183 条，前者数量约是后者的 5.8 倍。显然，从属型名名组合的能产性远高于并列型名名组合。从属型语料输入成分的概念类型搭配模式更为丰富，语义域的选择范围更为广泛，内部语义关系更为复杂，这些因素共同作用使得从属型名名组合的能产性极高。

(1) 根据前文数据分析，从内部语义关系的角度来看，从属型名名组合的能产层级排列为：

领有＞功能＞位置＞材料＞来源＞被领有＞方式＞属性＞质料＋形状/方式＞内容＞时间；

(2) 从输入成分概念类型组合的角度分析，从属型名名组合的能产层级排列为：

类别＋类别＞类别＋功能＞功能＋类别＞类别＋关系＞个体＋类别＞关系＋类别＞功能＋功能＞功能＋关系＞关系＋功能＞关系＋关系＞个体＋功能＞个体＋关系＞功能＋个体＞类别＋个体＞关系＋个体；

(3) 从输入成分语义域组合的角度分析，从属型名名组合的能产层级排列为：

工具＋工具＞物质＋工具＞身体＋工具＞自然＋工具＞身体＋身体＞工具＋部位＞工具＋人物＞身体＋部位＞动物＋身体＞工具＋属性＞自然＋自然＞食物＋工具＞自然＋部位；

(4) 从输出类型的角度分析，从属型名名组合的能产层级为：

N_1的 N_2＞(用于)VN_1的 N_2＞在/从 N_1(V)的 N_2＞N_1V 的 N_2＞有 N_1的 N_2＞

用 $N_1V(n/a)$的 N_2>形状像 N_2 的 N_1>$A(N_1)$的 N_2>N_1 类的 N_2>$(V)N_1$ 时(V)的 N_2>关于 N_1 的 N_2>用作 N_1 的 N_2>$M(N_1N_2)$>像 N_2 一样 V 的 N_1>按照 $N_1V(n)$的 N_2>N_2 的 N_1。

6.8.2　语义透明度

大部分从属型名名组合透明度的高低与输入成分的内部语义关系及输出的类型密切相关。按照透明度从高到低，可以将输出类型大致分为 3 类：

(1) N_1 的 N_2，有 N_1 的 N_2，N_2 的 N_1，关于 N_1 的 N_2，N_1 类的 N_2；

(2) (用于)VN_1 的 N_2，在/从 $N_1(V)$的 N_2，N_1V 的 N_2，有 N_1 的 N_2，用 $N_1V(n/a)$的 N_2，形状像 N_2 的 N_1，$A(N_1)$的 N_2，$(V)N_1$ 时(V)的 N_2，用作 N_1 的 N_2，按照 $N_1V(n)$的 N_2，像 N_2 一样 V 的 N_1；

(3) $M(N_1N_2)$。

其中，第一类词项的内部语义关系一般为领有、被领有、内容，在语义组合时主要依赖于词项的论元结构或其意义的概念性内容；第二类词项的内部语义关系为属性、方式、位置、来源、功能、材料、时间、质料＋形状/方式，它们在语义组合时一般仅需利用词项意义的意向性聚焦内容；第三类词项的内部语义关系可以是语义关系中的任何一种，其整词的字面意义经过进一步的意向性联想形成词项的最终意义。需要指出的是，这里并没有考虑单个输入成分发生隐喻或转喻的情况，因此只是一个粗略分类。如果某一成分具有隐喻或转喻现象，则会造成透明度的降低，其所属的复合词的意义阐释模式也会有所不同。关于这一点，我们将在第 7 章进一步讨论。

本 章 小 结

本章的分析发现，从属型名名组合的内部修饰关系可以分为 N_1 修饰 N_2 型和 N_2 修饰 N_1 型两类。根据描述中心成分和表述中心成分的位置，可以将从属型名名组合分为 3 类：描述中心和表述中心相同且居于组合内、描述中心和表述中心不同但均居于组合内、描述中心和表述中心不同且前者居于组合内而后者居于组合外。N_1 和 N_2 的语义域有选择倾向性，N_1 更多用自然物，而 N_2 则多用人造物。从输入成分的概念类型组合模式看，"个体＋个体"组合在语料中极为罕见，"功能＋个体""类别＋个体""关系＋个体"等组合模式也极少出现。这表明，个体型概念出现在 N_2 位置是从属型名名组合的一个限制条件，即在这种情况下产生的词项极少。

第 7 章 名名组合的意义阐释模式

本书在第 3 章所构建的分析框架主要围绕汉语名名组合的输入、组合和输出展开了探讨。但是，需要指出的是，组合意义并不能完全涵盖名名组合的意义阐释模式。实际上，除了组合意义，一些词项的输出还体现了基于整词的涌现意义。为了更全面地捕捉这一复杂现象，本章引入了“阐释模式”的概念。名名组合输入成分意义阐释模式是输入成分的意义内容通过语言使用者的认知活动被阐释为新意义的方式。基于这一概念，名名组合的阐释模式可以分为两类：“组合”阐释、“组合+意向”阐释。本章将深入探讨这两种阐释模式，以期更准确地揭示汉语名名组合的意义生成机制。

7.1 意义阐释模式的定义

7.1.1 “组合”阐释模式

1. “组合”阐释模式的 4 种分类

在第 3 章中，名词性成分的意义内容被分解为概念性意义内容和意向性聚焦意义内容两类。概念性意义内容包含了最稳定、最核心的语义内容，具体而言，是由该语词指称事物的典型模型和语词的配价结构组成的。意向性聚焦意义内容包括了由意向性活动所激活的意义内容，具体而言，包括关于所指称对象的构成、形式、功能、成因、属性(颜色、形状、品种、温度、体积等)、使用方式，以及与其他词项的联系等内容。这两类意义内容可以形成 4 种组合模式：“概念+概念”“概念+意向”“意向+概念”及“意向+意向”。

如果用 X 表示 N_1 的意义，Y 表示 N_2 的意义，a 表示概念性意义内容，b 表示意向性聚焦意义内容，Z_0 表示名名组合的组合意义，则组合阐释模式可以用图 7.1 表示。

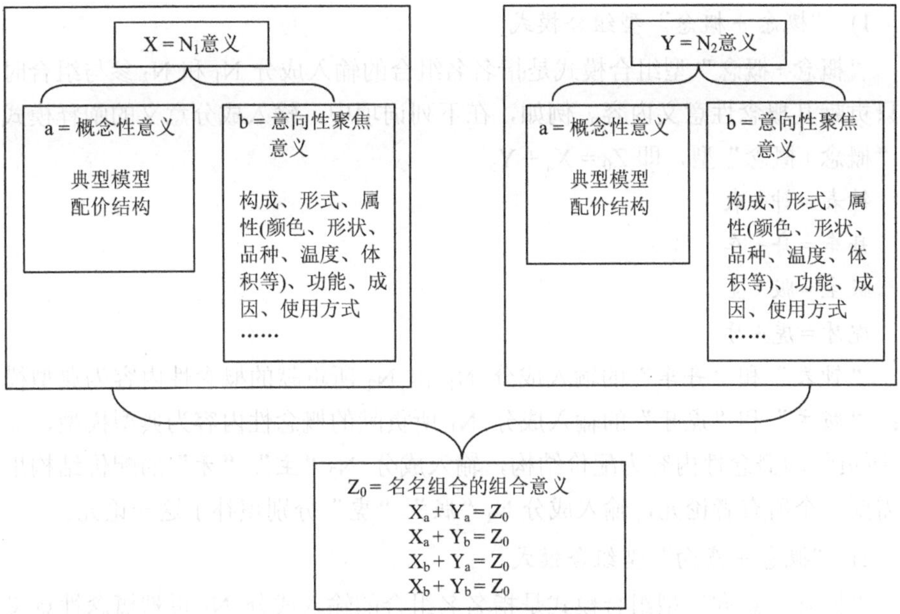

图 7.1　组合阐释的 4 种模式

2. “组合”阐释模式中“+”的含义

组合意义默认的“组合”意为“N_1 贡献的意义内容 + N_2 贡献的意义内容”。其中，“+”代表名名之间的毗邻关系。在从属型名名组合中，“+”表示修饰成分和被修饰成分的连接关系；在并列型名名组合中，“+”代表名名之间的并列关系。修饰成分和被修饰成分之间的关系可以由名词性成分的意义内容直接连接形成，因此“+”仅表示连接关系而无实际意义内容，而并列关系需要并列连接词辅助名词性成分的意义内容形成。按照语法规则，并列连接词包括“和”“或”。除此之外，在并列型词项中，“+”还表示“关系性并列”和“选择性并列”。“+”的含义如表 7.1 所示。

表 7.1　组合阐释模式中“+”的含义

组合类型	“+”的含义		
从属型名名组合	连接关系		
并列型名名组合	并列连接词	关系性并列	选择性并列
	和、或	从……到…… ……和……之间 ……和……中间	是……也是…… 选择其中之一 选择被包含成分

3. “组合”阐释模式的具体表现

1) “概念＋概念”型组合模式

“概念+概念”型组合模式是指名名组合的输入成分 N_1 和 N_2 参与组合时都只贡献其概念性意义内容。例如，在下列词项中，输入成分意义的阐释模式为“概念+概念”型，即 $Z_0 = X_a + Y_a$。

钟表＝钟＋表

舟车＝舟＋车

版主＝版＋主

虎牙＝虎＋牙

“钟表”和“舟车”的输入成分 N_1 和 N_2 所贡献的概念性内容为典型模型；“版主”和“虎牙”的输入成分 N_1 所贡献的概念性内容为典型模型，而 N_2 所贡献的概念性内容为配价结构，输入成分 N_2“主”“牙”的配价结构里都需要一个所有者论元，输入成分 N_1“版”“虎”分别填补了这一论元。

2) “概念＋意向”型组合模式

“概念＋意向”型组合模式是指名名组合的输入成分 N_1 贡献概念性意义内容，N_2 贡献意向性聚焦意义内容。例如，在下列词项中，输入成分意义的组合模式为“概念+意向”型，即 $Z_0 = X_a + Y_b$。

肺叶＝肺＋叶状的

腐乳＝腐＋乳状的

光柱＝光＋柱状的

浪花＝浪＋花状的

冰锥＝冰＋锥状的

上述词项中，输入成分 N_1 在组合过程中所贡献的概念性意义内容为典型模型，而 N_2 所贡献的意向性聚焦意义内容为属性，具体而言，这一属性指的是“形状”。

3) “意向＋概念”型组合模式

“意向+概念”型组合模式是指名名组合的输入成分 N_1 贡献意向性聚焦意义内容，N_2 贡献概念性意义内容。例如，在下列词项中，输入成分意义的组合模式为“意向+概念”型，即 $Z_0 = X_b + Y_a$。

茶晶＝茶色的＋晶体

板鸭＝板状的＋鸭

冰柜＝低温的＋柜子

蜜供=甜的+供品

蚕丝=蚕吐的+丝

唇音=唇发出的+音

灯光=灯发出的+光

上述词项中，“茶晶”“板鸭”“冰柜”“蜜供”的输入成分 N_1 在组合过程中所贡献的意向性聚焦意义内容为属性，而 N_2 所贡献的概念性意义内容为典型模型。具体而言，“茶晶”的 N_1“茶”贡献“颜色”属性内容，“板鸭”的 N_1“板”贡献“形状”属性内容，“冰柜”的 N_1“冰”贡献“温度”属性内容，“蜜供”的 N_1“蜜”贡献“味道”属性内容。“蚕丝”“唇音”“灯光”的输入成分 N_1 在组合过程中贡献的意向性聚焦意义内容为功能，而 N_2 贡献的概念性意义内容为典型模型。

4) “意向+意向”型组合模式

“意向+意向”型组合模式是指名名组合的输入成分 N_1 和 N_2 参与组合时都只贡献其意向性聚焦意义内容。例如，在下列词项中，输入成分意义的组合模式为“意向+意向”型，即 $Z_0 = X_b + Y_b$。

海带=海里产的+带状物

烟斗=抽烟用的+斗状物

胎盘=连接胎儿和母体的+盘状物

眼袋=眼睛下面的+袋状物

冰刀=冰鞋下面的+刀状物

铅丝=铅色的+丝状物

上述词项中，“海带”“烟斗”“胎盘”的输入成分 N_1 在组合过程中贡献的意向性聚焦意义内容为功能，而 N_2 贡献的意向性聚焦意义内容为形状属性。“眼袋”“冰刀”的输入成分 N_1 在组合过程中贡献的意向性聚焦意义内容为构成，而 N_2 贡献的意向性聚焦意义内容为形状属性。“铅丝”的输入成分 N_1 在组合过程中贡献的意向性聚焦意义内容为颜色属性，而 N_2 贡献的意向性聚焦意义内容为形状属性。

需要指出的是，输入成分意义在上述这些组合模式的作用下，只能产生该词项的组合性意义，这也是“概念+意向”型阐释模式存在的基础和原因。

7.1.2　“组合+意向”阐释模式

虽然上述分析中列举的汉语名名组合的意义都为其输入成分意义内容的组合，但并非所有名名组合的意义都是组合性意义，一些词项的意义是在组合意义的基础上发生进一步的意向性活动产生的涌现意义。因此，名名组合的意义产生模式除了这 4 种意义内容组合阐释过程，还包括对组合意义进行意向性活动的再阐释过程。

同样，如果用 X 表示 N_1 的意义，Y 表示 N_2 的意义，a 表示概念性意义内容，b 表示意向性聚焦意义内容，Z_0 表示名名组合的组合意义，I 表示意向性活动函数，Z_1 表示名名组合的涌现意义，则“组合+意向”阐释模式可以写作 $I(Z_0)=Z_1$。

这类阐释模式在名名组合意义阐释过程中的表现如下列词项所示：

桃李=I(桃+李)=学生

爪牙=I(爪+牙)=替坏人做事的党羽

草芥=I(草+芥)=微不足道的事物

鸱尾=I(鸱+尾)=古代宫殿屋脊正脊两端的装饰性构件

狼毫=I(狼+毫)=用黄鼠狼的毛做成的毛笔

书虫=I(蛀书的+虫)=喜欢书籍沉迷其中的人

上述词项的意义均是分两步产生的，首先是组合意义，其次是由意向性活动所激活的涌现意义。下面按照这两步程序分别讨论这些词项意义的产生过程。

首先，上述词项的组合意义分别是按照以下组合模式产生的：

桃李	概念+概念	典型模型+典型模型
爪牙	概念+概念	典型模型+典型模型
草芥	概念+概念	典型模型+典型模型
鸱尾	概念+概念	典型模型+配价结构
狼毫	概念+概念	典型模型+配价结构
书虫	意向+概念	功能+典型模型

其次，上述词项的输出意义分别产生于不同的意向性聚焦意义内容：

桃李	属性/脾性
爪牙	属性/形状
草芥	属性/特征
鸱尾	属性/形状
狼毫	功能
书虫	属性/特征

7.1.3 “组合”和“组合+意向”阐释模式的分布

根据对语料标注数据的统计，在汉语名名组合中，“组合”和“组合+意向”的分布情况如表 7.2 所示。

表 7.2　“组合”和“组合+意向”阐释模式的分布

阐释模式	数量	占比
组合	7899	98.18%
组合＋意向	238	2.96%

从表 7.2 可见，汉语名名组合的输入成分意义阐释模式以组合为主。表中名名组合的阐释模式的占比之和大于 100%，这是由于词项中存在一词多义的现象，一些词项被统计了两次甚至多次。该表格中呈现的数据仅是对输入成分的两类阐释模式在全部语料中的统计结果，每一类名名组合输入成分的阐释模式以及组合模式中包含的 4 个次类的分布规律还未讨论，这些分布规律将在并列型和从属型名名组合的意义阐释模式中分别进行论述。

7.2　并列型名名组合的意义阐释模式

7.2.1　阐释模式与输出类型的关系

1. “组合”阐释模式和输出类型的关系

1) “组合”阐释模式形成的并合型输出

“组合”阐释模式可以形成并合型输出，例如：

尘垢＝尘＋垢＝尘和垢

厂矿＝厂＋矿＝厂和矿

床笫＝床＋笫＝床和笫

上述词项中的输入成分均贡献概念性意义内容中的典型模型，即 $Z_0 = X_a + Y_a$，并列关系的连接词为“和”。

2) “组合”阐释模式形成的同指型输出

“组合”阐释模式可以形成同指型输出，例如：

臂膊＝臂＋膊＝臂和膊＝臂＝膊

房舍＝房＋舍＝房和舍＝房＝舍

牢狱＝牢＋狱＝牢和狱＝牢＝狱

上述词项中的输入成分均贡献概念性意义内容的典型模型，即 $Z_0 = X_a + Y_a$，并列关系的连接词为“和”。由于 N_1 和 N_2 的概念性意义内容相同，所以形成的意义内容既等于 N_1，又等于 N_2。

3) “组合”阐释模式形成的析取型输出

“组合”阐释模式可以形成析取型输出，例如：

成败=成功+失败=成功或失败

凭照=凭证+执照=凭证或执照

园囿=花园+动物园=花园或动物园

上述词项中的输入成分均贡献概念性意义内容的典型模型，即 $Z_0=X_a+Y_a$，并列关系的连接词为“或”。

4) “组合”阐释模式形成的关系型、取中型、范围型输出

“组合”阐释模式可以形成关系型、取中型、范围型输出，例如：

母女=母+女=母女之间

父子=父+子=父子之间

师生=师+生=师生之间

东北=东+北=东和北中间

东南=东+南=东和南中间

西北=西+北=西和北中间

京沪=京+沪=从京到沪

首尾=首+尾=从首到尾

前后=前+后=从前到后

上述词项的输入成分均贡献概念性意义内容的典型模型，即 $Z_0=X_a+Y_a$，并列关系为关系性并列。

5) “组合”阐释模式形成的交集型、特指型输出

“组合”阐释模式可以形成交集型、特指型输出，例如：

棺柩=棺+柩=装殓死人的器具和装着尸体的棺材=装着尸体的棺材

甲壳=甲+壳=某些动物身上有保护功能的硬壳和坚硬外壳=某些动物身上有保护功能的硬壳

山岳=山+岳=山和高大的山=高大的山

师长=师+长=老师和尊长=老师

杨柳=杨+柳=杨树和柳树=柳树

上述词项的输入成分均贡献概念性意义内容的典型模型，即 $Z_0=X_a+Y_a$，并列关系的连接词为“和”。意向性活动 I 对组合意义指称的事物进行进一步处理，意向活动对输入成分的意义进行选择。

2. “组合+意向”阐释模式形成的输出类型

“组合+意向”阐释模式可以形成上位型、转喻型、隐喻型输出，例如：

梁肉 = I(粱 + 肉) = I(细粮和肉) = 精美的饭食

尧舜 = I(尧 + 舜) = I(尧和舜) = 圣人
桌椅 = I(桌 + 椅) = I(桌和椅) = 家具
腿脚 = I(腿 + 脚) = I(腿和脚) = 行动能力
手笔 = I(手 + 笔) = I(手和笔) = 作品
山河 = I(山 + 河) = I(山和河) = 国家疆土
桃李 = I(桃 + 李) = I(桃和李) = 所教的学生
心腹 = I(心 + 腹) = I(心和腹) = 亲近的人
虎狼 = I(虎 + 狼) = I(虎和狼) = 凶狠残暴的人

上述词项的输入成分均贡献概念性意义内容的典型模型，即 $Z_0 = X_a + Y_a$，并列关系的连接词为“和”。意向性活动 I 对组合意义指称的事物进行进一步处理，意向活动基于对输入成分与其他概念的联系或其属性展开。其中，“梁肉”“尧舜”“桌椅”“腿脚”“手笔”“山河”是基于其组合意义与其他概念的联系展开的，“桃李”“心腹”“虎狼”是基于其组合意义的属性展开的。

3. 并列型名名组合输入成分意义阐释模式的分布规律

上述讨论说明，并列型名名组合输入成分意义阐释模式主要有“组合”型和“组合+意向”型。前者主要为“概念+概念”型，按照其并列关系连接的方式，可以进一步分为并列连接词连接、关系性连接和选择性连接；后者为“组合+意向(属性或联系)”型。这些阐释模式分别产生不同的输出类型，其分布如表 7.3 所示。

表 7.3　并列型名名组合的输入成分语义阐释模式的分布

阐释模式		输出类型	数量	占比
组合	概念 + 概念(连接词并列)	并合型、同指型、析取型	1005	84.95%
	概念 + 概念(关系性并列)	关系型、取中型、范围型	44	3.72%
	概念 + 概念(选择性并列)	交集型、特指型	54	4.56%
组合 + 意向	组合 + 意向(属性或联系)	上位型、转喻型、隐喻型	253	21.39%

表 7.3 中阐释模式占比总和大于 100%的原因仍是词项存在一词多义现象。由表可见，并列型名名组合的意义阐释模式以“组合”型为主，占比为 93.23%，还是在 4 类阐释模式中仅出现“概念+概念”模式，其他 3 类未出现的情况下。

并列型名名组合具有上述阐释模式的原因可能是：并列型名名组合的输入

成分之间在句法上具有并列关系，它们连接的成分一般在语义上具有对等性，两个输入成分往往具有相同的概念类型和语义域，因此在意义贡献方面也具有对等性。

7.2.2　输入成分概念类型和阐释模式的关系

数据统计显示，输入成分的概念类型影响其阐释模式，表 7.4 列出了每种概念类型对应阐释模式的词项数量。

表 7.4　并列型名名组合输入成分概念类型和阐释模式的关系

概念类型	组合			组合+意向
	概念+概念(连接词并列)	概念+概念(关系性并列)	概念+概念(选择性并列)	组合+意向(属性或联系)
类别	563	6	44	153
功能	268	12	5	39
关系	93	8	1	30
个体	44	8	1	10
个体+类别	2	0	0	1
功能+关系	10	8	0	7
功能+类别	4	0	1	3
关系+功能	6	2	0	3
关系+类别	8	0	2	3
类别+个体	1	0	0	2
类别+功能	4	0	0	2
类别+关系	2	0	0	0

由表 7.4 可见，并列型名名组合输入成分的不同概念类型会导致阐释模式的选择存在一定差异。每种概念类型的阐释模式从典型到非典型分别如下：

(1) 类别型：

概念 + 概念(连接词并列)＞组合 + 意向(属性或联系)＞概念 + 概念(选择性并列)＞概念 + 概念(关系性并列)

(2) 功能型：

概念 + 概念(连接词并列)＞组合 + 意向(属性或联系)＞概念 + 概念(关系性

并列)＞概念 + 概念(选择性并列)

(3) 关系型：

概念 + 概念(连接词并列)＞组合 + 意向(属性或联系)＞概念 + 概念(关系性并列)＞概念 + 概念(选择性并列)

(4) 个体型：

概念 + 概念(连接词并列)＞组合 + 意向(属性或联系)＞概念 + 概念(关系性并列)＞概念 + 概念(选择性并列)

上述分析表明，在并列型名名组合中，4 种类型的概念在阐释模式的典型性方面比较相似，这与阐释模式分布规律的结论相吻合，即绝大多数并列型词项都是由“概念 + 概念(连接词并列)”或“组合 + 意向(属性或联系)”的模式阐释。而在“概念 + 概念(选择性并列)”和“概念 + 概念(关系性并列)”这两类阐释模式上，类别型概念明显偏向前者，而功能、关系、个体概念则偏向后者。

由于并列型名名组合的两个输入成分的概念类型在绝大多数情况下相同，因此这里不再一一列出由不同概念类型形成的词项，具体数据可在表 7.4 中查阅。

7.2.3　输入成分语义域和阐释模式的关系

输入成分的语义域同样影响其阐释模式。基于第 5 章对并列型名名组合输入成分语义域的分类和层级关系的归纳，我们分别从人造物、自然物、时间、属性、部位 5 个语义域考察了输入成分的阐释模式。表 7.5 列出了每一类语义域对应阐释模式的词项数量。

表 7.5　并列型名名组合的输入成分语义域和阐释模式的关系

语义域	阐释模式			
	概念 + 概念(连接词并列)	概念 + 概念(关系性并列)	概念 + 概念(选择性并列)	组合 + 意向(属性或联系)
人造物	376	1	25	64
自然物	338	43	23	94
事件	150	0	2	0
属性	79	0	0	1
部位	20	0	0	3

纵向观察表 7.5，可见如下规律：

(1) “概念+概念(连接词并列)”阐释模式以语义域为“人造物”的输入成分最多；

(2) “概念+概念(关系性并列)”阐释模式以语义域为“自然物”的输入成分最多；

(3) “概念+概念(选择性并列)”阐释模式以语义域为“人造物”和“自然物”的输入成分居多；

(4) “组合+意向(属性或联系)”阐释模式以语义域为“自然物”的输入成分最多。

横向观察表 7.5，可见并列型名名组合输入成分的不同概念类型会导致阐释模式的选择存在一定差异。每种概念类型的阐释模式从典型到非典型分别如下：

(1) 人造物：

概念+概念(连接词并列)＞组合+意向(属性或联系)＞概念+概念(选择性并列)＞概念+概念(关系性并列)

(2) 自然物：

概念+概念(连接词并列)＞组合+意向(属性或联系)＞概念+概念(关系性并列)＞概念+概念(选择性并列)

(3) 事件：

概念+概念(连接词并列)＞概念+概念(选择性并列)

(4) 属性：

概念+概念(连接词并列)＞组合+意向(属性或联系)

(5) 部位：

概念+概念(连接词并列)＞组合+意向(属性或联系)

上述分析表明，在并列型名名组合中，5 种类型的语义域在阐释模式的典型性方面的特点如下：人造物和自然物语义域涉及全部阐释模式，但是与人造物相比，自然物语义域更倾向于“组合+意向(属性或联系)”和“概念+概念(关系性并列)”型阐释模式；事件、属性和部位语义域都更倾向于“概念+概念(连接词并列)”型阐释模式。

7.2.4　输入成分内部语义关系和阐释模式的关系

并列型名名组合输入成分的内部语义关系和阐释模式的关系也密不可分，表 7.6 统计了每种内部语义关系和不同阐释模式的对应情况，数字表示每种内部语义关系对应阐释模式的词项数量。

表 7.6　并列型名名组合输入成分的内部语义关系和阐释模式的关系

内部语义关系	阐释模式			
	概念 + 概念(连接词并列)	概念 + 概念(关系性并列)	概念 + 概念(选择性并列)	组合 + 意向(属性或联系)
同义	300	0	0	16
配对	82	33	1	21
聚合	610	6	21	212
反义	11	5	0	3
包含	2	0	32	1

从表 7.6 可见，各种内部语义关系对阐释模式也有偏向性，从典型到非典型分别如下：

(1) 同义：

概念 + 概念(连接词并列)＞组合 + 意向(属性或联系)

(2) 配对：

概念 + 概念(连接词并列)＞概念 + 概念(关系性并列)＞组合 + 意向(属性或联系)＞概念+概念(选择性并列)

(3) 聚合：

概念 + 概念(连接词并列)＞组合 + 意向(属性或联系)＞概念 + 概念(选择性并列)＞概念 + 概念(关系性并列)

(4) 反义：

概念 + 概念(连接词并列)＞概念 + 概念(关系性并列)＞组合 + 意向(属性或联系)

(5) 包含：

概念 + 概念(选择性并列)＞概念 + 概念(连接词并列)＞组合 + 意向(属性或联系)

同时，纵向观察表 7.6，可见如下规律：

(1) “概念 + 概念(连接词并列)”型阐释模式出现的最为典型的内部语义关系为聚合；

(2) “概念 + 概念(关系性并列)”型阐释模式出现的最为典型的内部语义关系为配对；

(3) “概念 + 概念(选择性并列)”型阐释模式出现的最为典型的内部语义

关系为包含；

(4) “组合＋意向(属性或联系)”型阐释模式出现的最为典型的内部语义关系为聚合。

7.3 从属型名名组合的意义阐释模式

7.3.1 阐释模式和输出类型的关系

1. “组合”阐释模式形成的输出类型

1) “概念+概念”阐释模式的输出类型

对从属型名名组合而言，阐释模式中的“+”仅代表连接关系而没有实际语义。“概念+概念”阐释模式意味着两个输入成分各自贡献其概念性意义内容并直接连接形成输出。这种阐释模式可以形成“N_1 的 N_2”和“N_2 的 N_1”两种输出类型。例如：

(1) “N_1的N_2”型输出：

手背＝手＋背部＝手的背部

勺柄＝勺＋柄＝勺子的柄

“手背”“勺柄”的输入成分 N_1 贡献概念性意义内容中的典型模型，即 $Z_0 = X_a + Y_a$，N_2贡献概念性意义内容中的配价结构。

(2) “N_2的N_1”型输出：

北非＝北部＋非洲＝非洲的北部

南亚＝南部＋亚洲＝亚洲的南部

“北非”“南亚”的输入成分 N_1 贡献概念性意义内容的配价结构，而 N_2 贡献概念性意义内容中的典型模型，即 $Z_0 = X_a + Y_a$ 。

2) “概念+意向”阐释模式的输出类型

“概念+意向”阐释模式即 $Z_0 = X_a + Y_b$，意味着两个输入成分分别贡献其概念性意义内容和意向性聚焦意义内容并直接连接形成输出。这种阐释模式可以形成“N_1的N_2”“有N_1的N_2”“(用于)VN_1的N_2”“用作N_1的N_2”“关于N_1的N_2”“按照N_1V(n)的N_2”“在/从N_1(V)的N_2”“(V)N_1时(V)的N_2”“形状像N_2的N_1”“像N_2一样V的N_1”等10种输出类型。例如：

(1) “N_1的N_2”型输出：

碑首=碑+首=碑的首部

榜尾=榜+尾=榜的尾部

“碑首”“榜尾”中的 N_1“碑”“榜”分别贡献概念性意义内容，而 N_2“首”“尾”分别由意向性活动激活了与其他相似概念的联系，形成了“处于起始的部分”和“处于末端的部分”的含义，贡献意向性聚焦意义内容。

(2)“有 N_1 的 N_2”型输出：

帆船=有帆的+船=有帆的船

钉鞋=有钉的+鞋=有钉的鞋

“帆船”“钉鞋”中的 N_1“帆”“钉”分别贡献概念性意义内容，而 N_2“船”“鞋”分别由意向性活动激活了关于其构成的意义内容，即“有……的”。

(3)“(用于)V N_1 的 N_2”型输出：

茶杯=茶水+杯子=装茶水的杯子

签筒=签+筒=放签的筒

“茶杯”“签筒”中的 N_1“茶”“签”分别贡献概念性意义内容的典型模型，而 N_2“杯”“筒”分别由意向性活动激活了关于其功能的意义内容，即“可以装……”，贡献意向性聚焦意义内容。

(4)“用作 N_1 的 N_2”型输出：

靶船=用作靶子的+船=用作靶子的船

例题=用作例子的+题=用作例子的题

“靶船”“例题”中的 N_1“靶”“例”分别贡献概念性意义内容的典型模型，而 N_2“船”“题”分别由意向性活动激活了关于其功能的意义内容，即“用作……的”，贡献意向性聚焦意义内容。

(5)“关于 N_1 的 N_2”型输出：

花展=关于花的+展览=关于花的展览

税务=关于税收的+事务=关于税收的事务

“花展”“税务”中的 N_1“花”“税”分别贡献概念性意义内容的典型模型，而 N_2“展”“务”分别由意向性活动激活了与其组成相关的含义，即“关于……的”，贡献意向性聚焦意义内容。

(6)“按照 N_1V(n)的 N_2”型输出：

候鸟=按照季节迁徙的+鸟=按照季节迁徙的鸟

方剂=按照药方配制的+药=按照药方配制的药

“候鸟”“方剂”中的 N_1“候”“方”分别贡献概念性意义内容的典型模

型，而 N_2“鸟”由意向性活动激活了关于其属性的意义内容，N_2“剂”由意向性活动激活了关于其成因的意义内容。

(7) “在/从 $N_1(V)$的 N_2”型输出：

项链=在脖子上挂的+链子=在脖子上挂的链子

门铃=在门上装的+铃=在门上装的铃

“项链”“门铃”中的 N_1“项”“门”分别贡献概念性意义内容的典型模型，而 N_2“链”“铃”分别由意向性活动激活了关于其功能的意义，即“可以被挂起来的”“可以发出声音呼叫人开门的”。

(8) “(V)N_1时(V)的 N_2”型输出：

午膳=中午时吃的饭

晚妆=晚上时化的妆

“午膳”“晚妆”中的 N_1“午”“晚”分别贡献概念性意义内容的典型模型，而 N_2“膳”由意向性活动激活了关于其功能和方式的意义，即“……时，可以吃的”；“妆”由意向性活动激活了关于其成因和方式的意义，即“……时，化的”。

(9) “形状像 N_2的 N_1”型输出：

雪花=形状像花的+雪=形状像花的雪

路网=形状像网的+路=形状像网的路

“雪花”“路网”中的 N_1“雪”“路”分别贡献概念性意义内容的典型模型，而 N_2“花”“网”分别由意向性活动激活了关于其形式的形状意义内容，贡献意向性聚焦意义内容。

(10) “像 N_2一样 V 的 N_1”型输出：

麦浪=像浪一样起伏的+麦子=像浪一样起伏的麦子

声浪=像浪一样起伏的+声音=像浪一样起伏的声音

“麦浪”“声浪”中的 N_1“麦”“声”分别贡献概念性意义内容的典型模型，而 N_2“浪”由意向性活动激活了关于其形状和方式的意义内容，贡献意向性聚焦意义内容。

3) “意向+概念”阐释模式的输出类型

“意向+概念”阐释模式即 $Z_0 = X_b + Y_a$，意味着两个输入成分各自贡献其概念性意义内容并直接连接形成输出。这种阐释模式可以形成“A(N_1)的 N_2”“N_1 V 的 N_2”“用 N_1 V(n/a)的 N_2”“N_1类的 N_2”“(V)N_1时(V)的 N_2”等 5 种输出类型。例如：

(1) “A(N_1)的 N_2”型输出：

鱼雷＝像鱼的＋爆炸物＝像鱼的爆炸物

柳眉＝柳叶形的＋眉毛＝柳叶形的眉毛

“鱼雷”“柳眉”中的 N_1“鱼”“柳”分别贡献意向性聚焦意义内容，意向性活动激活了其属性概念，而 N_2“雷”“眉”分别贡献概念性意义内容的典型模型。

(2) “N_1 V 的 N_2”型输出：

蜀锦＝蜀地产的＋锦＝蜀地产的锦

井盐＝井里产的＋盐＝井里产的盐

“蜀锦”“井盐”中的 N_1“蜀”“井”分别贡献意向性聚焦意义内容，意向性活动激活了关于其功能的概念，即“可以产出……”，而 N_2“锦”“盐”分别贡献概念性意义内容的典型模型。

(3) “用 N_1 V(n/a)的 N_2”型输出：

纸币＝用纸做的＋钱币＝用纸做的钱币

布鞋＝用布做的＋鞋＝用布做的鞋

“纸币”“布鞋”中的 N_1“纸”“布”分别贡献意向性聚焦意义内容，意向性活动激活了关于其功能的意义，即“可以用来制作……”，而 N_2“币”“鞋”分别贡献概念性意义内容的典型模型。

(4) “N_1 类的 N_2”型输出：

木材＝木头类的＋材料＝木头类的材料

汗液＝汗类的＋液体＝汗类的液体

“木材”“汗液”中的 N_1“木”“汗”分别贡献意向性聚焦意义内容，通过意向性活动分别激活了与其他概念的联系，使其突显为某一类事物的代表，而 N_2“材”“液”均贡献概念性意义内容。这类词项的共同特征是，N_2 的意义一般概括性程度较高。

(5) “(V)N_1 时(V)的 N_2”型输出：

雪景＝下雪时的＋景象＝下雪时的景象

露点＝形成露时的＋温度＝形成露时的温度

“雪景”“露点”中的 N_1“雪”“露”分别贡献意向性聚焦意义内容，通过意向性活动激活了关于“雪”“露”的成因，而 N_2“景”“点”均贡献概念性意义内容。

4) “意向＋意向”阐释模式的输出类型

“意向＋意向”阐释模式即 $Z_0 = X_b + Y_b$，意味着两个输入成分各自贡献其意向性聚焦意义内容并直接连接形成输出。这种阐释模式可以形成“(V)N_1

时(V)的 N_2”和“N_1V 的 N_2”两种输出类型。

(1) “(V)N_1 时(V)的 N_2”型输出：

马刀＝骑马时用的＋刀＝骑马时用的刀

球鞋＝打球时穿的＋鞋＝打球时穿的鞋

“马刀”“球鞋”中的 N_1“马”“球”分别由意向性活动激活关于其功能的意义内容，即“可以骑的”“用于打的”，N_2“刀”“鞋”分别由意向性活动激活了关于其功能和使用方式的意义，贡献意向性聚焦意义内容。

(2) “N_1V 的 N_2”型输出：

虫眼＝虫蛀的＋眼状孔＝虫蛀的眼状孔

木耳＝木头或树干上生长的＋耳状物＝木头或树干上生长的耳状物

“虫眼”输入成分 N_1 贡献意向性聚焦意义内容，意向性活动激活了关于其功能的意义，即“蛀”；输入成分 N_2 也贡献意向性聚焦意义内容，意向性活动激活了关于其形式的形状意义。“木耳”输入成分 N_1 和 N_2 均贡献意向性聚焦意义内容，“木”被激活了关于其功能的意义，即“供菌类生长的基础”，“耳”被激活了关于其形式的形状意义，即“耳状物”。

2. “组合＋意向”阐释模式形成的输出类型

“组合＋意向”阐释模式即 I (Z_0)，意味着两个输入成分先组合，然后在意向性活动的作用下激活其输出意义。这种阐释模式可以形成 M(N_1N_2)型输出。例如：

鸱吻＝I(X_a＋Y_a)＝I(鸱＋吻)＝I(鸱的吻)＝古代宫殿屋脊正脊两端的一种饰物

菜案＝I(X_a＋Y_b)＝I(切菜的＋案板)＝I(切菜的案板)＝炊事分工上指做菜的工作

“鸱吻”的输入成分 N_1“鸱”贡献概念性意义内容的典型模型，N_2“吻”贡献概念性意义内容的配价结构。两个输入成分的组合意义为“鸱的吻”，该意义在意向性活动作用下激活了关于其形式的形状意义内容，形成了“古代宫殿屋脊正脊两端的一种饰物”之意。“菜案”的输入成分 N_1“菜”贡献概念性意义内容的典型模型，N_2“案”由意向性活动激活关于其功能的意义，即“用于切……”，贡献意向性意义内容。两个输入成分的组合意义为“切菜的案”，该意义在意向性活动作用下，激活了与其他概念相关联的意义内容，形成了“炊事分工上指做菜的工作”。

3. 从属型名名组合输入成分意义阐释模式的分布规律

上述讨论说明，从属型名名组合输入成分意义阐释模式主要有“组合”型和“组合＋意向”型。这些阐释模式分别产生不同的输出类型，其分布如表7.7所示。

表 7.7　从属型名名组合输入成分意义阐释模式的分布

阐释模式		输出类型	数量	占比
组合	概念 + 概念	N_1 的 N_2 N_2 的 N_1	1743	25.40%
	概念 + 意向	N_1 的 N_2 有 N_1 的 N_2 (用于)V N_1 的 N_2 用作 N_1 的 N_2 关于 N_1 的 N_2 按照 N_1V(n)的 N_2 在/从 N_1(V)的 N_2 (V)N_1 时(V)的 N_2 形状像 N_2 的 N_1 像 N_2 一样 V 的 N_1	3434	50.04%
	意向 + 概念	A(N_1)的 N_2 N_1 V 的 N_2 用 N_1 V(n/a)的 N_2 N_1 类的 N_2 (V)N_1 时(V)的 N_2	1559	22.72%
	意向 + 意向	(V)N_1 时(V)的 N_2 N_1V 的 N_2	59	0.86%
组合 + 意向	组合 + 意向	M(N_1 N_2)	43	0.63%

由表 7.7 可见，从属型名名组合阐释模式的总体分布规律为：组合＞组合 + 意向。在组合阐释模式中，4 个次类从典型到非典型依次为：概念 + 意向＞概念 + 概念＞意向 + 概念＞意向 + 意向。其中，一些输出类型同时由两种不同阐释模式产生，如“N_1 的 N_2”“N_1 V 的 N_2”和“(V)N_1 时(V)的 N_2”。通过比较由不同阐释模式产生的相同输出类型组合，可以发现这些组合的输入成分的意义特征导致了这一现象的产生。例如，输出类型“N_1 的 N_2”由两种阐释模式产生，分别是“概念+概念”和“概念+意向”。当形成“N_1 的 N_2”型输出词项时，输入成分 N_2 一般为关系或功能型概念，在配价结构上往往需要一个所有者论元。这类词项大部分都由“概念+概念”组合加工而成；由“概念+意向”组合的词项中，输入成分 N_2 的共同特点是它们贡献的意义内容均为隐喻型内容，其中 64%的 N_2 的语义域为身体，如“心”“口”“尾”“额”等。

7.3.2 输入成分概念类型和阐释模式的关系

从属型名名组合的输入成分的概念类型对阐释模式具有偏向性选择，如表 7.8 所示，数字表示各概念类型的阐释模式的词项数量。

表 7.8 从属型名名组合输入成分概念类型和阐释模式的关系

概念类型	阐释模式				
	概念 + 概念	概念 + 意向	意向 + 概念	意向 + 意向	组合 + 意向
类别 + 类别	273	2199	1367	47	16
类别 + 功能	770	244	51	3	19
功能 + 类别	9	423	91	0	0
类别 + 关系	366	39	39	0	7
个体 + 类别	26	127	70	1	1
关系 + 类别	11	150	68	0	1
功能 + 功能	126	40	6	0	1
功能 + 关系	50	48	5	0	0
关系 + 功能	70	11	1	0	0
关系 + 关系	36	16	5	0	0
个体 + 功能	33	7	2	0	0
个体 + 关系	17	1	3	0	0
功能 + 个体	7	3	0	0	0
类别 + 个体	0	1	1	0	0
关系 + 个体	0	1	0	0	0

从表 7.8 可见，各概念类型的阐释模式从典型到非典型分别如下：

(1) 类别 + 类别：

概念 + 意向＞意向 + 概念＞概念 + 概念＞意向 + 意向＞组合 + 意向

(2) 类别 + 功能：

概念 + 概念＞概念 + 意向＞意向 + 概念＞组合 + 意向＞意向 + 意向

(3) 功能 + 类别：

概念 + 意向＞意向 + 概念＞概念 + 概念

(4) 类别 + 关系：

概念 + 概念＞概念 + 意向/意向 + 概念＞组合 + 意向

(5) 个体 + 类别：

概念 + 意向＞意向 + 概念＞概念 + 概念＞意向 + 意向/组合 + 意向

(6) 关系 + 类别：
概念 + 意向＞意向 + 概念＞概念 + 概念＞组合 + 意向
(7) 功能 + 功能：
概念 + 概念＞概念 + 意向＞意向 + 概念＞组合 + 意向
(8) 功能 + 关系：
概念 + 概念＞概念 + 意向＞意向 + 概念
(9) 关系 + 功能：
概念 + 概念＞概念 + 意向＞意向 + 概念
(10) 关系 + 关系：
概念 + 概念＞概念 + 意向＞意向 + 概念
(11) 个体 + 功能：
概念 + 概念＞概念 + 意向＞意向 + 概念
(12) 个体 + 关系：
概念 + 概念＞意向 + 概念＞概念 + 意向
(13) 功能 + 个体：
概念 + 概念＞概念 + 意向
(14) 类别 + 个体：
概念 + 意向/意向 + 概念
(15) 关系 + 个体：
概念 + 意向

另外，纵向观察表 7.8，可以发现以下规律：

(1) “概念+概念”型阐释模式出现频率最高的前 3 种概念类型为：类别+功能＞类别+关系＞类别+类别；

(2) “概念+意向”型阐释模式出现频率最高的前 3 种概念类型为：类别+类别＞功能+类别＞类别+功能；

(3) “意向+概念”型阐释模式出现频率最高的前 3 种概念类型为：类别+类别＞功能+类别＞个体+类别；

(4) “意向+意向”型阐释模式基本都集中在“类别+类别”型中；

(5) “组合+意向”型阐释模式出现频率最高的前 3 种概念类型为：类别+功能＞类别+类别＞类别+关系。

7.3.3 输入成分语义域和阐释模式的关系

从属型名名组合的输入成分语义域与阐释模式的关系归纳如表 7.9 所示，数字表示每种内部语义域对应阐释模式的词项数量。

表 7.9 从属型名名组合输入成分语义域和阐释模式的关系

语义域	阐释模式				
	概念＋概念	概念＋意向	意向＋概念	意向＋意向	组合＋意向
工具＋工具	62	177	85	3	0
物质＋工具	3	82	226	0	0
身体＋工具	4	107	46	0	1
自然＋工具	4	111	52	1	1
身体＋身体	39	49	15	0	1
工具＋部位	79	15	0	0	0
工具＋人物	4	86	5	1	0
身体＋部位	67	30	1	0	0
动物＋身体	73	4	3	1	13
工具＋属性	57	18	11	0	0
自然＋自然	9	42	27	0	4
食物＋工具	0	70	6	0	1
自然＋部位	45	5	2	0	0

横向观察表 7.9，可以得到每种语义域搭配的阐释模式从典型到非典型分别如下：

(1) 工具＋工具：

概念＋意向＞意向＋概念＞概念＋概念＞意向＋意向

(2) 物质＋工具：

意向＋概念＞概念＋意向＞概念＋概念

(3) 身体＋工具：

概念＋意向＞意向＋概念＞概念＋概念＞组合＋意向

(4) 自然＋工具：

概念＋意向＞意向＋概念＞概念＋概念＞意向＋意向/组合＋意向

(5) 身体＋身体：

概念＋意向＞概念＋概念＞意向＋概念＞组合＋意向

(6) 工具＋部位：

概念＋概念＞概念＋意向

(7) 工具 + 人物：

概念 + 意向>意向 + 概念>概念 + 概念>意向 + 意向

(8) 身体 + 部位：

概念 + 概念>概念 + 意向>意向 + 概念

(9) 动物 + 身体：

概念 + 概念>组合 + 意向>概念 + 意向>意向 + 概念>意向 + 意向

(10) 工具 + 属性：

概念 + 概念>概念 + 意向>意向 + 概念

(11) 自然 + 自然：

概念 + 意向>意向 + 概念>概念 + 概念>组合 + 意向

(12) 食物 + 工具：

概念 + 意向>意向 + 概念>组合 + 意向

(13) 自然 + 部位：

概念 + 概念>概念 + 意向>意向 + 概念

纵向观察表 7.8，可以发现以下规律：

(1) “概念+概念”型阐释模式出现频率最高的前 3 种语义域为：工具+部位>动物+身体>身体+部位。由此可见，当 N_2 的语义域为“部位”或“身体”时，词项阐释模式一般为“概念+概念”。

(2) “概念+意向”型阐释模式出现频率最高的前 3 种语义域为：工具+工具>自然+工具>身体+工具。可见，当 N_2 的语义域为“工具”时，词项阐释模式一般为“概念+意向”。

(3) “意向+概念”型阐释模式出现频率最高的前 3 种语义域为：物质+工具>工具+工具>自然+工具。可见，当 N_2 的语义域为“工具”时，词项阐释模式也可以为“意向+概念”。根据上文规律，“工具+工具”语义域也可以为“概念+意向”阐释模式，但是横向比较表格里的数据可知，“工具+工具”语义域的最典型阐释模式仍是“概念+意向”，其次是“意向+概念”。

(4) “意向+意向”型阐释模式普遍较少，其中相对较多的语义域为“工具+工具”。

(5) “组合+意向”型阐释模式主要出现于“动物+身体”语义域的词项中。

7.3.4 输入成分内部语义关系和阐释模式的关系

从属型名名组合的输入成分内部语义关系和输出类型的关系如表 7.10 所示。

表 7.10 从属型名名组合输入成分内部语义关系和输出类型的关系

内部语义关系	输出类型
领有	N_1的N_2
被领有	有N_1的N_2；N_2的N_1
属性	$A(N_1)$的N_2
方式	用N_1 V(n/a)的N_2；按照N_1V(n)的N_2
位置	在/从N_1(V)的N_2
来源	N_1 V 的N_2
功能	(用于)V N_1的N_2；用作N_1的N_2
材料	用N_1 V 的N_2
时间	(V)N_1时(V)的N_2
内容	关于N_1的N_2；N_1类的N_2；N_1 V 的N_2
质料＋形状/方式	形状像N_2的N_1；像N_2一样 V 的N_1

前文分析了输入成分阐释模式和输出类型的关系。对照表 7.7 和表 7.10，可以得出输入成分内部语义关系和阐释模式之间的关系。表 7.11 显示了每种内部语义关系所对应的阐释模式的词项数量。

表 7.11 从属型名名组合输入成分内部语义关系和阐释模式的关系

内部语义关系	阐释模式				
	概念＋概念	概念＋意向	意向＋概念	意向＋意向	组合＋意向
领有	1727	286	0	0	27
被领有	16	266	0	0	3
属性	0	0	211	0	0
方式	0	6	211	0	0
位置	0	1064	0	0	4
来源	0	0	307	20	6
功能	0	1361	0	0	3
材料	0	0	613	0	4
时间	0	0	11	39	0
内容	0	124	204	0	0
质料＋形状/方式	0	210	0	0	3

横向分析表 7.11，可见各种内部语义关系对阐释模式也有偏向性，从典型到非典型分别如下：

(1) 领有：

概念＋概念＞概念＋意向＞组合＋意向

(2) 被领有：

概念＋意向＞概念＋概念＞组合＋意向

(3) 属性：

意向＋概念

(4) 方式：

意向＋概念＞概念＋意向

(5) 位置：

概念＋意向＞组合＋意向

(6) 来源：

意向＋概念＞意向＋意向＞组合＋意向

(7) 功能：

概念＋意向＞组合＋意向

(8) 材料：

意向＋概念＞组合＋意向

(9) 时间：

意向＋意向＞意向＋概念

(10) 内容：

意向＋概念＞概念＋意向

(11) 质料＋形状/方式：

概念＋意向＞组合＋意向

纵向分析表 7.11，可以发现以下规律：

(1) “概念+概念”型阐释模式出现频率最高的内部语义关系为“领有”；

(2) “概念+意向”型阐释模式出现频率最高的内部语义关系为“功能”；

(3) “意向+概念”型阐释模式出现频率最高的内部语义关系为“材料”；

(4) “意向+意向”型阐释模式出现频率最高的内部语义关系为“时间”；

(5) “组合+意向”型阐释模式出现频率最高的内部语义关系为“领有”。

7.4　阐释模式与透明度和能产性的关系

7.4.1　阐释模式与透明度的关系

从阐释的难易度来看，两类阐释模式中，“组合”型阐释模式的组合比“组合+意向”型阐释模式的组合具有更高的语义透明度。在“组合”型阐释模式的4个次类中，其透明度从高到低依次为：

概念+概念>概念+意向/意向+概念>意向+意向

从属型名名组合的透明度和阐释模式的关系可以直接用上述层级关系描述。对于并列型名名组合的4类阐释模式“概念+概念(连接词并列)”“概念+概念(选择性并列)”“概念+概念(关系性并列)”“组合+意向(属性或联系)”，从阐释的难易程度出发，与组合的透明度高低相对应的阐释模式依次为：概念+概念(连接词并列)>概念+概念(选择性并列)/概念+概念(关系性并列)>组合+意向(属性或联系)。

按照本章的分析，并列型名名组合的阐释模式分布如表7.12所示。

表7.12　并列型名名组合的阐释模式分布

阐释模式		输出类型	数量	占比
组合	概念+概念(连接词并列)	并合型、同指型、析取型	1005	84.95%
	概念+概念(关系性并列)	关系型、取中型、范围型	44	3.72%
	概念+概念(选择性并列)	交集型、特指型	54	4.56%
组合+意向	组合+意向(属性或联系)	上位型、转喻型、隐喻型	253	21.39%

表7.12数据表明，大多数并列型名名组合由“组合”模式阐释，语义透明度较高；而语义透明度较低的词项由“组合+意向”模式阐释。

从属型名名组合的阐释模式分布如表7.13所示。

表 7.13　从属型名名组合的阐释模式分布

阐释模式		输出类型	数量	占比
组合	概念 + 概念	N_1的N_2 N_2的N_1	1743	25.40%
	概念 + 意向	N_1的N_2 有N_1的N_2 (用于)V N_1的N_2 用作N_1的N_2 关于N_1的N_2 按照N_1V(n)的N_2 在/从N_1(V)的N_2 (V)N_1时(V)的N_2 形状像N_2的N_1 像N_2一样 V 的N_1	3434	50.04%
	意向 + 概念	A(N_1)的N_2 N_1V 的N_2 用N_1 V(n/a)的N_2 N_1类的N_2 (V)N_1时(V)的N_2	949	13.83%
	意向 + 意向	(V)N_1时(V)的N_2 N_1V 的N_2	59	0.86%
组合 + 意向	组合 + 意向	M(N_1 N_2)	37	0.54%

与并列型名名组合相比，从属型名名组合的语义透明度相对较低，语义透明度较低的组合主要通过“概念+意向”型模式阐释。

7.4.2　阐释模式和能产性的关系

由 7.4.1 小节中的两个表格可知，对于并列型名名组合，阐释模式的能产性从高到低依次为：概念 + 概念(连接词并列)＞组合 + 意向(属性或联系)＞概念 + 概念(选择性并列)＞概念 + 概念(关系性并列)。对于从属型名名组合，阐释模式的能产性从高到低依次为：概念 + 意向＞概念 + 概念＞意向 + 概念＞意向 + 意向＞组合 + 意向。

7.5　名名组合多义性的根源

7.5.1　并列型名名组合输出类型的多重性

1. 输出类型多重性的分布

虽然大部分并列型名名组合具有单一输出类型，但并非所有的词项都只与一种输出类型一一对应，实际上，在一些语料中，它们呈现出不同的输出类型。这样一来，一个并列型名名组合就可能具有两种或多种不同意义，分别涉及两种或多种不同的输出类型。

并列型名名组合的多重输出类型组合方式多达 20 种，表 7.14 列出了并列型名名组合语料中出现的所有非单一输出类型的词例、输出类型和内容以及词项数量。

表 7.14　并列型名名组合的多重输出类型

词例	输出类型和内容	数量
糠秕	并合—糠和秕；隐喻—没有价值之物	40
锣鼓	并合—锣和鼓；上位—打击乐器	33
夫妻	并合—丈夫和妻子；关系—丈夫和妻子之间	29
笔墨	并合—笔和墨；转喻—文字或诗文书画等	25
江淮	并合—长江和淮河；范围—从长江到淮河的地区	6
师长	并合—老师和尊长；特指—老师	5
旦暮	并合—早上和晚上；范围—从早到晚；隐喻—短暂时间	3
父兄	并合—父亲和兄长；关系—父亲和兄长之间；上位—家长	3
商旅	并合—商人和旅客；交集—是商人也是旅客	3
眼目	同指—眼睛；隐喻—为人暗中查看情况并通风报信的人	3
庖厨	同指—厨房；转喻—厨师	3
蝼蚁	并合—蝼蛄和蚂蚁；上位—借指微小的生物；隐喻—力量薄弱或地位低微的人	2
津液	交集—唾液；上位—体内一切液体的总称，包括血液、唾液、泪液、汗液等	2
心肝	转喻—良心；隐喻—最亲爱、最心爱的人	2
耳目	并合—耳朵和眼睛；转喻—见闻；隐喻—替人刺探消息的人	1

续表

词例	输出类型和内容	数量
泡沫	交集—聚在一起的许多小泡；隐喻—表面繁荣实际上虚浮不实的成分或现象	1
服装	同指—衣服；上位—衣服鞋帽的总称	1
锋芒	特指—刀剑的尖端；隐喻—事物的尖利部分，显露出来的才干	1
人马	特指—某个集体的成员；上位—军队	1
头脸	转喻—面子；上位—面容	1
合计	165	

根据表 7.14，结合前文讨论，可得到并列型名名组合多重输出的相关分布规律。

规律 1：具有多重输出的组合共 165 个，在并列型名名组合语料中占 13.94%。虽然占比不多，但却证明了并列型名名组合多义性的存在，并且可以作为其多义性认知的分析基础。

规律 2：并合和隐喻、并合和上位、并合和关系、并合和转喻 4 种组合方式是多重输出最常见的类型。

2. 输出类型多重性的原因

1) 语义因素

由表 7.14 可见，共有 9 种输出类型参与了多重输出。根据上表所列数据，可以计算出每种输出类型在多重输出中的参与度，即在 20 种多重输出组合方式中出现的频次和比例，如表 7.15 所示。

表 7.15　并列型名名组合的多重输出类型分布

输出类型	频次	占比
并合	11	55%
隐喻	8	40%
上位	7	35%
转喻	5	25%
交集	3	15%
特指	3	15%
同指	3	15%
范围	2	10%
关系	2	10%

根据表 7.15 的数据，参与多重输出最多的 4 种输出类型为并合、隐喻、上位、转喻，这与第 5 章中讨论的并列型名名组合最为典型的 5 类输出类型即并合、同指、上位、隐喻、转喻基本相吻合。但是，将典型性输出类型的强能产性视为其参与多重输出概率增大的原因并不妥当，因为同指型是明显的反例。因此，能产性并不和参与多重输出的比例成正比。语料的进一步分析表明，语义因素才是形成多重输出的关键所在。

具有同指型输出的词项，其输入成分全部为同义关系，无法形成表示"N_1和N_2"的并合型、"从N_1到N_2"的范围型、"N_1和N_2之间"的关系型、"是N_1也是N_2"的交集型、"N_1或N_2"的析取型、"N_1和N_2之间某处"的取中型等输出类型。这表明，输入成分的同义关系是导致其多重输出参与度低的主要原因。

同样，取中型和析取型所对应的词项无法形成其他的输出类型也与语义相关。这些词项的输出语义已经高度固化，一般无法产生其他类型的输出。但是，这两类词项的输入成分大多为聚合关系，不同于从本质上就排斥其他输出类型的同义关系，因此不排除在合适的语境中可能会产生其他输出类型的情况。以析取型输出的词项"成败"为例，在下面的句子中，它具有并合型输出"成功和失败"。

这更加说明，在成败之间起到关键作用的还是一个人的内在斗志。(语料来源：北京大学现代汉语语料库)

笔者不排斥该词项的其他输出类型，但是能够参与多重输出的类型也是由于其对应词项的输入成分的语义在起作用。上位输出是一类特殊的转喻现象，这样一来，多重输出最能产的输出类型组合就成为并合和转喻、并合和隐喻、并合和关系 3 种。词项同时具有并合和转喻输出、并合和隐喻输出，依靠的是语义的同域映射和跨域映射，因此仍然是语义因素在起作用；而同时具有并合型输出和关系型输出的词项具有一个共同点，输入成分一般表达人物关系且具有配对型内部语义关系，这仍然与语义密不可分。

因此，能够使并列型名名组合具有多重输出类型的原因是语义因素，而非能产性因素。当词项输入成分的语义不排斥几种输出类型同时并存，且其语义允许进行同域和跨域联想映射时，就会产生多重输出类型。而这些输出类型在使用中的确定则需要语境的限制和约束。由于本书仅作无语境分析，故不再讨论多重输出类型在语境中的确定问题。

2) 阐释模式

语义因素仅能作为诱发多义性产生的基础，多义性的真正实现则有赖于语言使用者对多义因素的利用。这些语义因素可以促发不同的阐释模式，这是并列型名名组合产生多义性的根源。

例如，表 7.14 中的词例“蝼蚁”，其并合、上位、隐喻型输出所对应的阐释模式如下。

并合 — 蝼蛄和蚂蚁　　　　概念+概念

上位 — 借指微小的生物　　　　组合+意向

隐喻 — 力量薄弱或地位低微的人　　　　组合+意向

其中，“组合+意向”产生了两种输出，前者由意向性活动激活了“蝼蛄”和“蚂蚁”的属性意义内容，后者激活了“蝼蚁”与其他概念的联系，从而产生了隐喻意义。

由此可见，语义因素是多义性产生的基础，而阐释模式则是多义性的根源所在。

7.5.2　从属型名名组合输出类型的多重性

1. 输出类型多重性的分布

很多从属型名名组合同样具有多义性特征，分别涉及两种或多种不同的输出类型。相较于并列型名名组合，从属型名名组合的多义性更加依赖于语境，本书的语料均来自《现代汉语词典(第 7 版)》，选用的基本都是脱离语境的词项，因此从属型名名组合的多义性在语料中表现不明显。数据分析表明，涉及意义多重性输出的类型主要包括以下几种：“在/从 N_1(V)的 N_2”“用 N_1V(n/a)的 N_2”“(用于)V N_1 的 N_2”“N_1V 的 N_2”“有 N_1 的 N_2”“关于 N_1 的 N_2”“N_1 的 N_2”“形状像 N_2 一样的 N_1”。

表 7.16 列出了一些从属型名名组合语料中具有多重输出类型的词例及其输出类型和内容。不同于并列型名名组合，这里没有统计每种类型的数量，原因有二：首先，词典释义并未考察语境，如果纳入语境因素，多义性问题会更加复杂；其次，由于词典释义项数量有限，一些词项的多重释义是根据母语者的语言知识给出的，旨在说明多义性现象的存在。

表 7.16　从属型名名组合的多重输出类型

词例	输出类型	内　容
门铃	(用于)V N_1 的 N_2	唤人开门的铃
	在/从 N_1(V)的 N_2	在门上的铃
牙雕	用 N_1 V(n/a)的 N_2	用牙齿做的雕塑
	在/从 N_1(V)的 N_2	在牙齿上做的雕塑
体液	N_1 V 的 N_2	身体分泌的液体
	在/从 N_1(V)的 N_2	在身体里的液体
陶艺	关于 N_1 的 N_2	关于陶器的艺术
	用 N_1V(n/a)的 N_2	用陶土做的艺术品
针眼	N_1 的 N_2	针的眼状部分
	N_1V 的 N_2	针留下的眼
村塾	在/从 N_1(V)的 N_2	在村子里办的私塾
	N_1 的 N_2	村子的私塾
史书	关于 N_1 的 N_2	关于历史的书
	(用于)V N_1 的 N_2	用于记录历史的书
氮肥	有 N_1 的 N_2	含氮元素的肥料
	用 N_1V(n/a)的 N_2	用氮元素做的肥料
钢管	形状像 N_2 一样的 N_1	形状像管子一样的钢
	用 N_1V(n/a)的 N_2	用钢做的管子
花冠	N_1 的 N_2	花的顶部
	用 N_1 V(n/a)的 N_2	用花编的戴在头部的东西
日工	(V)N_1 时(V)的 N_2	白天时做的工作
	按照 N_1 V(n/a)的 N_2	按照天结算的工作
雨靴	(V)N_1 时(V)的 N_2	下雨时穿的靴子
	(用于)V N_1 的 N_2	用于防雨的靴子
光缆	(用于)V N_1 的 N_2	用于传输光信号的线缆
	用 N_1 V(n/a)的 N_2	用光导纤维做的线缆
枪眼	(用于)V N_1 的 N_2	放枪的孔
	N_1 V 的 N_2	枪弹留下的孔

2. 输出类型多重性的原因

从属型名名组合复合词多义性的原因有两种：一是阐释模式不同；二是阐释模式相同，意向性活动激活的意义内容不同。下面以表 7.16 中的词项为例作一说明，具体如表 7.17 所示。

表 7.17 从属型名名组合多重输出的阐释模式

词例	输出类型	内 容	阐释模式
门铃	(用于)V N_1 的 N_2 在/从 N_1(V)的 N_2	唤人开门的铃 在门上的铃	概念＋意向 概念＋意向
牙雕	用 N_1 V(n/a)的 N_2 在/从 N_1(V)的 N_2	用牙齿做的雕塑 在牙齿上做的雕塑	意向＋概念 概念＋意向
体液	N_1 V 的 N_2 在/从 N_1(V)的 N_2	身体分泌的液体 在身体里的液体	意向＋概念 概念＋意向
陶艺	关于 N_1 的 N_2 用 N_1V(n/a)的 N_2	关于陶器的艺术 用陶土做的艺术品	概念＋意向 意向＋概念
针眼	N_1 的 N_2 N_1V 的 N_2	针的眼状部分 针留下的眼	概念＋意向 意向＋概念
村塾	在/从 N_1(V)的 N_2 N_1 的 N_2	在村子里办的私塾 村子的私塾	概念＋意向 概念＋概念
史书	关于 N_1 的 N_2 (用于)V N_1 的 N_2	关于历史的书 用于记录历史的书	概念＋意向 概念＋意向
氮肥	有 N_1 的 N_2 用 N_1V(n/a)的 N_2	含氮元素的肥料 用氮元素做的肥料	概念＋意向 意向＋概念
钢管	形状像 N_2 一样的 N_1 用 N_1V(n/a)的 N_2	形状像管子一样的钢 用钢做的管子	概念＋意向 意向＋概念
花冠	N_1 的 N_2 用 N_1 V(n/a)的 N_2	花的顶部 用花编的戴在头部的东西	概念＋概念 意向＋概念
日工	(V)N_1 时(V)的 N_2 按照 N_1 V(n/a)的 N_2	白天时做的工作 按照天结算的工作	概念＋意向 概念＋意向
雨靴	(V)N_1 时(V)的 N_2 (用于)V N_1 的 N_2	下雨时穿的靴子 用于防雨的靴子	意向＋意向 概念＋意向
光缆	(用于)V N_1 的 N_2 用 N_1 V(n/a)的 N_2	用于传输光信号的线缆 用光导纤维做的线缆	概念＋意向 意向＋概念
枪眼	(用于)V N_1 的 N_2 N_1 V 的 N_2	放枪的孔 枪弹留下的孔	概念＋意向 意向＋概念

表 7.17 中，除了“门铃”“日工”两个词项，其余词项的多义性都源于每种义项产生的阐释模式不同。而“门铃”“日工”的义项虽然均由“概念+意向”阐释模式产生，但是意向性活动激活的内容却有差异。例如，“门铃”意为“唤人开门的铃”和“在门上的铃”，意向性活动分别激活了关于“铃”的不同功能的意义内容。同理，“日工”也是由意向性活动分别激活了关于“工作”的不同功能的意义内容。

本章小结

本章提出了名名组合的两种意义阐释模式——“组合”和“组合+意向”，并分别对并列型和从属型名名组合的阐释模式进行了分析，讨论了阐释模式对输出类型的影响，以及输入成分的概念类型、语义域和内部语义关系与阐释模式之间的关系，形成了名名组合的意义阐释模型。该模型诠释了名名组合意义产生的过程，并对名名组合的多义现象给出了合理的解释。

第 8 章　汉语名名组合的主要发现与探索前景

在充分考虑汉语名名组合特征的基础上，本书定义了汉语名名组合的组成成分，并围绕汉语名名组合的释义过程提出了“输入-阐释-输出”的意义阐释模型。我们将参与组合的名词性成分的意义切分为概念性意义内容和意向性聚焦意义内容，提出输入成分具有“组合”和“组合＋意向”两种阐释模式，进一步分析了不同类型组合的输出类型以及输入成分的概念类型、语义域和内部语义关系，发现输入成分因素、输出类型、阐释模式之间存在相互关联。

8.1　主 要 发 现

并列型名名组合和从属型名名组合既有共性，又有不同。在意义阐释上，二者都遵循“输入-阐释-输出”的模式，但是在输入、阐释和输出方面，它们又分别表现出不同特征。

其一，输入成分的语义域、概念类型、内部语义关系不同。并列型名名组合两个输入成分的语义域和概念类型一般相同，内部语义关系表现为同义、反义、配对、包含和聚合；从属型名名组合两个输入成分的语义域和概念类型往往不同，内部语义关系主要表现为修饰关系。

其二，阐释模式不同。并列型名名组合主要为“概念＋概念”“组合＋意向”，大多数情况下仅涉及概念性意义内容中的典型模型；从属型名名组合则为“概念＋概念”“概念＋意向”“意向＋概念”“意向＋意向”“组合＋意向”，大多数情况下涉及意向性聚焦意义内容。

其三，输出类型不同。并列型名名组合的输出类型通常具有较强的规约性，一般不需要添加连接动词或介词；从属型名名组合的输出类型较为灵活，大多需要添加其他成分辅助完成修饰关系。

基于以上分析结果，可以分别得到并列型名名组合和从属型名名组合的意义阐释模型。

8.1.1　并列型名名组合的意义阐释模型

并列型名名组合的意义阐释模型主要具有以下特征。

(1) 输入成分的内部语义关系可以分为同义和非同义两大类，非同义又分为反义、配对、包含和聚合 4 种类型。

(2) 输入成分的语义域共有 54 类，其中出现最为频繁的前 7 类语义域占据了并列型名名组合总量的 50%，它们分别是人物、自然现象和景观、身体、外观形态、建筑、处所、工具。

(3) 输入成分的概念类型分布从高到低依次为：类别＞功能＞关系＞个体。

(4) 输出类型可以分为并合型输出、上位型输出、析取型输出、交集型输出、同指型输出、关系型输出、取中型输出、范围型输出、特指型输出、转喻型输出、隐喻型输出等 11 种类型。其中，最典型的 5 种输出类型为并合型、同指型、上位型、隐喻型及转喻型。

(5) 并列型名名组合的阐释模式有“组合”和“组合 + 意向”型两种。前者包括“概念 + 概念(连接词并列)”“概念 + 概念(关系性并列)”“概念 + 概念(选择性并列)”3 个次类，后者主要表现为“组合 + 意向(属性或联系)”模式。

我们用图 8.1 表示并列型名名组合的意义阐释模型。

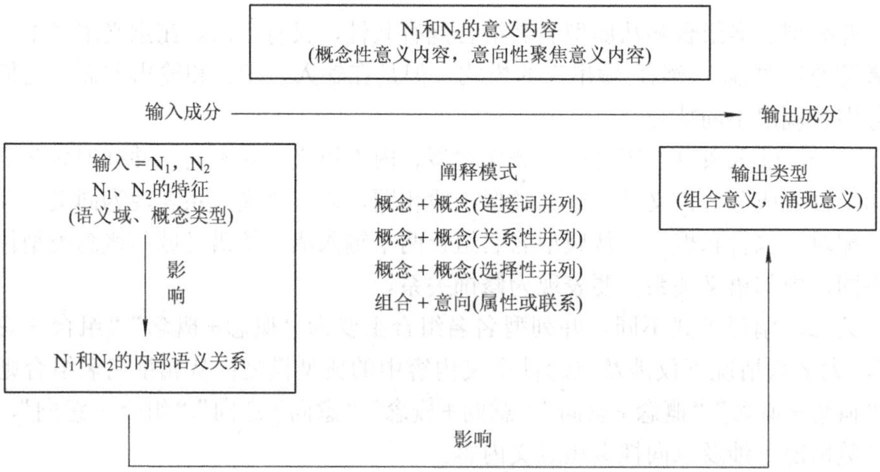

图 8.1　并列型名名组合的意义阐释模型

8.1.2　从属型名名组合的意义阐释模型

从属型名名组合的意义阐释模型主要具有以下特征。

(1) 输入成分的内部语义关系可以分为领有、被领有、属性、方式、位置、来源、功能、材料、时间、内容、质料 + 形状/方式等 11 类。这些内部语义关系从典型到非典型依次为：领有＞功能＞位置＞材料＞来源＞被领有＞方式＞属性＞质料 + 形状/方式＞内容>时间。

(2) 输入成分的语义域共有 68 类，其中出现最为频繁的前 13 个语义域搭配为：工具 + 工具、物质 + 工具、身体 + 工具、自然 + 工具、身体 + 身体、工具 + 部位、工具 + 人物、身体 + 部位、动物 + 身体、工具 + 属性、自然 + 自然、食物 + 工具、自然 + 部位。

(3) 输入成分的概念类型组合形式数量明显偏多的前 4 类组合为“类别 + 类别”“类别 + 功能”“功能 + 类别”和“类别 + 关系”。

(4) 输出类型可以分为 N_1 修饰 N_2 型和 N_2 修饰 N_1 型两种。前者包含“N_1 的 N_2”“有 N_1 的 N_2”“A(N_1)的 N_2”“用 N_1V(n/a)的 N_2”“按照 N_1V(n)的 N_2”“在/从 N_1(V)的 N_2”“N_1V 的 N_2”“用作 N_1 的 N_2”“(V)N_1 时(V)的 N_2”“关于 N_1 的 N_2”“N_1 类的 N_2”和“M(N_1N_2)”；后者包括“形状像 N_2 的 N_1”“像 N_2 一样 V 的 N_1”及“N_2 的 N_1”。

(5) 从属型名名组合的阐释模式有“组合”和“组合+意向”型两种。前者包括“概念+概念”“概念+意向”“意向+概念”和“意向+意向”4 个次类，后者主要表现为“组合+意向”模式。

同样，我们用图 8.2 表示从属型名名组合的意义阐释模型。

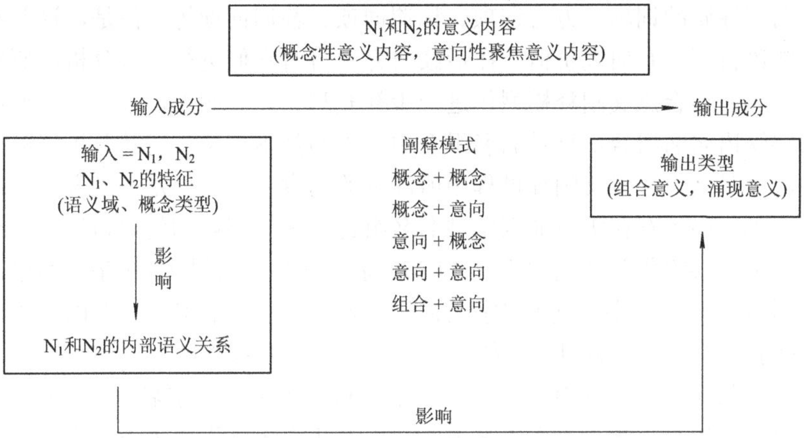

图 8.2　从属型名名组合的意义阐释模型

8.2 探索前景

8.2.1 语料来源多样化

本书的分析对象为现代汉语中的名名组合，选用的语料全部来自《现代汉语词典(第 7 版)》，这虽然保证了语料的权威性和规范性，但同时也使得语料来源较为单一，仅可供共时性研究使用。另外，由于词典编撰对新词纳入时间的滞后，导致语料的时效性欠佳。除了词典可以作为语料来源，语料库、不同体裁的作品、有声素材等都可以作为语料收集的来源。针对不同来源的语料展开研究，可能能够揭示各类语料的特异性，检测并充实意义阐释模型。例如，考察网络新词可以弥补语料时效性差的不足，反映出某些词项意义的历时性变化，有助于建立更加全面、立体的共时与历时并重的意义阐释模型。再如，通过分析儿童语言发展过程中显示出的名名组合习得规律，有助于揭示语言发展的不同阶段名名组合的意义阐释模型。仅基于语料分析提出的名名组合的意义阐释模型的有效性有待使用多样化的语料进行检测，例如检测该模型是否对新词的意义具有较好的预测性等，这也可以作为探索方向之一。

8.2.2 语料形式丰富化

本书的语料按照 4.2 节所提出的条件进行了筛选，排除了部分语料，如输出为非名词性质的词项、方言词项、称谓词项、叠词词项等。但是，这并不意味着这些语料不具有研究价值，在后续研究中将对它们进行深入分析，研究结果可以对名名组合意义阐释模型作进一步补充和完善。例如，本书选用的语料均为双字汉语名名组合，这是名名组合中最小的基本单位，对其分析能够有效地说明汉语名名组合意义阐释过程中所涉及的基本要素。但是，《现代汉语词典(第 7 版)》中也存在大量非双字型名名组合，在本书最初的语料统计中纳入了这些词项，共收集到从属型语料 14 275 条，并列型语料 1760 条。其中，从属型语料有大量“双字名词+双字名词”“双字名词+单字名词”以及“单字名词+双字名词”型名名组合，如“霸王条款”“案头摆件”“鸡蛋羹”“瓜子脸”“火钩子”“核蛋白”等；并列型语料有大量“双字名词+双字名词”型名名组合，如“油嘴滑舌”“深沟高垒”“凡夫俗子”“文山会海”“人山人海”等。为了强化分析的焦点，我们排除了其中的非双字组合，因此本书的从属型语料仅 6862 条，并列型语料仅 1183 条。这就意味着原始语料中 52%的从属型语料和 36%的并列型语料被排除。鉴于汉语名名组合形式的多样性，非双字型名名组合是否具有独有的特征也值得考察，以便进一步完善名名组合意义阐释的理论框架。因此，后续探索将着眼于非双字语料，探索这些词项的特有特征。

8.2.3　探索方法多元化

本书的探讨方法相对集中，主要依赖语料标注与频数统计为基础。在未来的深化探讨中，我们可以考虑从两个维度来丰富研究手段。首先，统计的方法可以多元化，重点分析输入成分的概念类型、语义域搭配、内部语义关系之间的相关性，比较输入成分的不同因素对输出类型的影响权重，探讨如何在已知两个或三个因素的情况下更准确地判断输出类型，并比较并列型组合和从属型组合的异同之处。其次，引入实验。借鉴心理语言学和神经语言学中常用的实验技术，验证意义阐释模型，尤其是阐释模式讨论的合理性。例如，两类阐释模式按照步骤的多少来区分，“组合 + 意向”型的认知负荷明显高于“组合”型，释义所需的时间也应该略长。如果在新词的释义中可以证明这种时间差异性的存在，或许可以间接证明两种阐释模式提出的合理性。这需要进一步的实证支持。

8.2.4　语境和语用因素考察

本书的讨论主要集中在语义层面，未涉及语用因素，名名组合意义阐释模型也未纳入语境因素的考察。语言作为交际的工具，在使用过程中受不同语境的影响，可能有助于激发不同的意向性活动，激活不同的意义内容，也可能产生语境特有的意义内容，从而形成词项的新释义。由于本书篇幅有限，故未将其纳入分析之中，这恰好为未来的研究开辟了一个新的空间，即名名组合的语用问题探索。后续的分析可以进一步考察说话人因素，探究名名组合在语境中的释义问题。同时，本书提出的无语境释义规律和模型也可以进一步在语境中进行检验和完善。此外，语境对意向性活动也具有影响力，例如杜建国(2007)的研究。本书提出的名名组合输入成分的阐释模式主要基于概念性意义内容和意向性聚焦意义内容构建，其中概念性意义是稳定的，不随语境变化，表达典型模型和配价结构的意义；而意向性聚焦意义是随语境变化的，表达意向性活动激活内容的意义。因此，结合语境讨论名名组合的阐释模式的探索，尤其是对意向性聚焦意义内容的分析，有助于完善名名组合的释义理论模型。

总之，本书提出的名名组合意义阐释模型虽然在诸多方面还有待进一步完善，但其鲜明的特征在一定程度上弥补了现有理论的一些不足，因此希望这一模型能为后续的相关研究提供坚实的基础，并为相关探索提供有益的思考。

本章小结

本章总结了汉语名名组合的主要发现，分别对并列型名名组合和从属型名名组合的释义模型进行了概述，并从语料来源和形式、探索方法以及语境的考察等视角进一步分析了未来的研究前景。

参 考 文 献

ABNEY S，1987. The English noun phrase in its sentential aspect [M]. Cambridge：MIT Press.

AIKHENVALD A Y，2007. Typological distinctions in word-formation [M]// SHOPEN T. Language typology and syntactic description. Cambridge：Cambridge University Press.

ALLAN K，1986. Linguistic meaning [M]. New York：Routledge & Kegan Paul.

ANDERSON S R，1992. A-morphous morphology [M]. Cambridge：Cambridge University Press.

BACH K，2004. Minding the gap [M]// BIANCHI C. The semantics/pragmatics distinction. Stanford：CSLI Publications.

BACH K，2006. The excluded middle：Semantic minimalism without minimal propositions [J]. Philosophy and Phenomenological Research，73(2)：435-442.

BARKER K, SZPAKOWICZ S, 1998. Semi-automatic recognition of noun modifier relationships [C]// Proceedings of the 36th annual meeting of the association for computational linguistics and 17th international conference on computational linguistics. Stroudsburg: Association for Computational Linguistics, 1: 96-102.

BARTSCH R，2004. Concept formation，remembering，and understanding: Dynamic conceptual semantics and Proust's “A la Recherche Du Temps Perdu” [R]. Amsterdam: University of Amsterdam.

BAUER L，1983. English word-formation [M]. Cambridge: Cambridge University Press.

BAUER L，2001. Compounding [M]// HASPELMATH M，KÖNIG E, OESTERREICHER W，et al. Language typology and language universals. Berlin & New York: De Gruyter Mouton.

BELL M J, SCHÄFER M, 2013. Semantic transparency: Challenges for distributional semantics [C]// Proceedings of the IWCS 2013 workshop towards a formal distributional semantics. Stroudsburg: Association for Computational

Linguistics: 1-10.

BELL M J， SCHÄFER M， 2016. Modeling semantic transparency [J]. Morphology，26(2): 157-199.

BENCZES R，2006a. Analysing metonymical noun-noun compounds: The case of freedom fries [C]// BENCZES R，CSÁBI S. The metaphors of sixty: Papers presented on the occasion of the 60th birthday of Zoltán Kövecses. Budapest: Eötvös Loránd Universit: 46-54.

BENCZES R，2006b. Creative compounding in English：The semantics of metaphorical and metonymical noun-noun combinations [M]. Amsterdam：John Benjamins Publishing Company.

BENCZES R，2011. Blending and creativity in metaphorical compounds：A diachronic investigation [M]// HANDL S，SCHMID H. Windows to the mind：Metaphor，metonymy and conceptual blending. Berlin &New York：De Gruyter Mouton.

BIERWISCH M，1983. Semantische und konzeptuelle Repräsentation lexikalischer Einheiten [C]// RůžIčKA R，MOTSCH W. Untersuchungen zur Semantik. Berlin：Akademie Verlag：61-99.

BIERWISCH M，LANG E，1989. Dimensional adjectives，grammatical structure and conceptual interpretation [M]. Berlin：Springer.

BISETTO A，SCALISE S，2005. The classification of compounds [J]. Lingue e linguaggio，4(2)：319-320.

BLOOMFIELD L，1933. Language [M]. New York：Holt.

BOOIJ G，2010. Construction morphology [M]. Oxford：Oxford University Press.

BORG E，2004. Minimal semantics [M]. Oxford：Clarendon Press.

BOS J，NISSIM M，2015. Uncovering noun-noun compound relations by gamification. [C]// MEGYESI B. Nordic conference of computational linguistics. Vilnius：Linköping University Electronic Press：251-255.

BRENNER D，INDEFREY P，HORN C，et al., 2014. Evidence for four basic noun types from a corpus-linguistic and a psycholinguistic perspective [M]// GERLAND D，HORN C，LATROUITE A，et al. Meaning and grammar of nouns and verbs. Düsseldorf：Düsseldorf University Press.

BRINTON L J，TRAUGOTT E C，2005. Lexicalization and language change [M].

Cambridge：Cambridge University Press.

BROWN R，1958. How shall a thing be called? [J]. Psychological Review，65(1)：14-21.

BUSSMANN H，2006. Routledge dictionary of language and linguistics [W]. New York：Routledge.

CALLOW K，1998. Man and message：A guide to meaning-based text analysis [M]. Lanham：University Press of America.

CAPPELEN H，LEPORE E，2005. Insensitive semantics：A defense of semantic minimalism and speech act pluralism [M]. Malden：Blackwell.

CARAMAZZA A，LAUDANNA A，ROMANI C，1988. Lexical access and inflectional morphology [J]. Cognition，28(3)：297-332.

CARNIE A，2006. Syntax：A generative introduction [M]. Malden：Blackwell.

CECCAGNO A，BASCIANO B，2007. Compound headedness in Chinese：An analysis of neologisms [J]. Morphology，17(2): 207-231.

CHOMSKY N，1957. Syntactic structures [M]. The Hauge: Mouton.

COSTELLO F J，KEANE M T，1997. Polysemy in conceptual combination: Testing the constraint theory of combination [C]// Proceedings of the nineteenth annual conference of the cognitive science society. Hillsdale: Erlbaum:137-142.

COSTELLO F J，KEANE M T，2000. Efficient creativity: Constraint-guided conceptual combination [J]. Cognitive Science，24(2): 299-349.

COULSON S，FAUCONNIER J，1999. Fake guns and stone lions: Conceptual blending and privative adjectives [M]// FOX B A，JURAFKY D，MICHAELIS L A. Cognition and function in language. Stanford: CSLI Publications.

CRUSE D A，2009. 词汇语义学 [M]. 北京: 世界图书出版公司.

CULICOVER P W，1970. One more can of beer [J]. Linguistic Inquiry，1(3): 366-369.

CULICOVER P W，1972. OM-sentences: On the derivation of sentences with systematically unspecifiable interpretations [J]. Foundations of Language(8): 199-236.

CULICOVER P W，JACKENDOFF R，1997. Semantic subordination despite syntactic coordination [J]. Linguistic Inquiry，28(2): 195-217.

DAVIDSON D，1978. What metaphors mean [J]. Critical inquiry，5(1): 31-47.

DEANE P，1992. Grammar in mind and brain: Explorations in cognitive syntax [M]. Berlin & New York: De Gruyter Mouton.

DI SCIULLO A M，WILLIAMS E，1987. On the definition of word [M]. Cambridge: MIT Press.

DIMA C，HINRICHS E，2015. Deep neural networks and word embeddings [C]// Proceedings of the 11th international conference on computational semantic. Stroudsburg: Association for Computational Linguistics: 173-183.

DOWNING P，1977. On the creation and use of English compound nouns [J]. Language，53: 810-842.

DRESSLER W U，2006. Compound types [M]// LIBBEN G，JAREMA G. The representation and processing of compound words. Oxford: Oxford University Press.

EVANS V，2010. How words mean-lexical concepts，cognitive models，and meaning construction [M]. New York: Oxford University Press.

FABB N, 1984. Syntactic affixation [M]. Cambridge: MIT Press.

FABB N, 1998. Compounding [M]// SPENCER A，ZWICKY A M. The handbook of morphology. Malden: Blackwell.

FAUCONNIER G，1994. Mental spaces: Aspects of meaning construction in natural language [M]. Cambridge: Cambridge University Press.

FAUCONNIER G，TURNER M，2002. The way we think [M]. New York: Basic Books.

FILLMORE C J，1975. An alternative to checklist theories of meaning [C]// Proceedings of the first annual meeting of the Berkeley Linguistics Society. Berkeley: UC Berkeley: 123-131.

FILLMORE C J，1982. Frame semantics [C]// The linguistic society of Korea. Linguistics in the morning calm. Seoul: Hanshin: 111-137.

FILLMORE C J，KAY P，O'CONNOR M C，1988. Regularity and idiomaticity in grammatical constructions: The case of let alone[J]. Language，64(3): 501-538.

FINE K，2007. Semantic relationism [M]. Malden: Blackwell.

FRANK B，1995. Sense generation: A "quasi-classical" approach to concepts and concept combination [J]. Cognitive Science，19(4): 441-505.

GAGNÉ C L, SHOBEN E J, 1997. Influence of thematic relations on the comprehension of modifier–noun combinations [J]. Journal of Experimental Psychology: Learning, Memory, and Cognition, 23(1): 71-87.

GAGNÉ C L, 2000. Relation-based combinations versus property-based combinations: A test of the CARIN theory and the dual-process theory of conceptual combination [J]. Journal of Memory and Language, 42(3): 365-389.

GAGNÉ C L, 2002a. Lexical and relational influences on the processing of novel compounds [J]. Brain and Language, 81(1-3): 723-735.

GAGNÉ C L, 2002b. Priming relations in ambiguous noun–noun combinations [J]. Memory & Cognition, 30(4): 637-646.

GAGNÉ C L, 2002c. The competition-among-relations-in-nominals theory of conceptual combination: Implications for stimulus class formation and class expansion [J]. Journal of the Experimental Analysis Of Behavior, 78(3): 551-565.

GAGNÉ C L, SPALDING T L, 2004. Effect of relation availability on the interpretation and access of familiar noun-noun compounds [J]. Brain and Language, 90(1-3): 478-486.

GAZDAR G, 1981. Unbounded dependencies and coordinate structure [J]. Linguistic Inquiry, 12(2): 155-184.

GEERAERTS D, 2010. Theories of lexical semantics [M]. Oxford: Oxford University Press.

GIRJU R, MOLDOVAN D, TATU M, et al., 2005. On the semantics of noun compounds [J]. Computer speech & language, 19(4): 479-496.

GLEITMAN L R, GLEITMAN H, 1970. Phrase and paraphrase: Some innovative uses of language [M]. New York: W. W. Norton and Company.

GLIOZZO A, 2006. Semantic domains and linguistic theory [C]// Proceedings of the LREC 2006 Workshop “Toward Computational Models of Literary Analysis”. Genova: European Language Resources Association: 1-7.

GOLDBERG A E, 1995. Constructions: A construction grammar approach to argument structure [M]. Chicago: The University of Chicago Press.

GOLDBERG A E, 2006. Constructions at work [M]. Oxford: Oxford University Press.

GUEVARA E，SCALISE S，2009. Searching for universals in compounding [M]// SCALISE S，MAGNI E，BISET A. Universals of language today. Dordrecht: Springer.

HAHN U，CHATER N，1997. Concepts and similarity [M]// LAMBERTS K，SHANKS D. Knowledge，concepts，and categories. Cambridge: MIT Press.

HAMPTON J A，1988a. Disjunction of natural concepts [J]. Memory & Cognition，16(6): 579-591.

HAMPTON J A，1988b. Overextension of conjunctive concepts: Evidence for a unitary model of concept typicality and class inclusion [J]. Journal of Experimental Psychology: Learning，Memory，and Cognition，14(1): 12-32.

HAMPTON J A，1991. The combination of prototype concepts [M]// SCHWANENFLUGEL P J. The psychology of word meanings. Hillsdale: Lawrence Erlbaum Associates Publishers.

HAMPTON J A，1997. Conceptual combination [M]// LAMBERTS K，SHANKS D. Knowledge，concepts，and categories. Cambridge: MIT Press.

HASPELMATH M，2002. Understanding morphology [M]. London: Arnold.

HASPELMATH M，2004. Coordinating constructions [M]. Amsterdam: John Benjamins Publishing Company.

HOEKSEMA J，1985. Categorial morphology [M]. New York: Garland Publishing Inc.

HOEKSEMA J，1988. Head-types in morpho-syntax [M]// BOOIJ G，VAN MARLE J. Yearbook of morphology 1. Dordrecht: Springer.

JACKENDOFF R，1983. Semantics and cognition [M]. Cambridge: MIT Press.

JACKENDOFF R，1990. Semantic structures [M]. Cambridge: MIT Press.

JACKENDOFF R，2002. Foundations of language: Brain，meaning，grammar，evolution [M]. Oxford: Oxford University Press.

JACKENDOFF R，2009. Compounding in the parallel architecture and conceptual semantics [M]// LIEBER R，ŠTEKAUER P. The Oxford handbook of compounding. Oxford: Oxford University Press.

JACKENDOFF R，2010. Meaning and the lexicon: The parallel architecture，1975-2010 [M]. Oxford: Oxford University Press.

JACKENDOFF R，2016. English noun-noun compounds in conceptual semantics

[M]// TEN HACKEN P. The Semantics of compounding. Cambridge: Cambridge University Press.

JACOBSON P，2014. Compositional semantics: An introduction to the syntax/semantics interface [M]. Oxford: Oxford University Press.

JESPERSEN O，1924. The philosophy of grammar [M]. London：George Allen & Unwin Brothers Ltd.

KANT I，1998. Critique of pure reason [M]. Cambridge: Cambridge University Press.

KATZ J J，FODOR J A，1963. The structure of a semantic theory [J]. Language，39(2): 170-210.

KIM S N，BALDWIN T，2005. Automatic interpretation of compound nouns using Word-Net: similarity [C]// Proceedings of 2nd international joint conf. on natural language processing. Berlin: Springer: 945-956.

KIPARSKY P，1999. From cyclic phonology to lexical phonology [M]// GOLDSMITH J A. Phonological theory: The essential readings. Malden: Blackwell.

KROEGER P R，2004. Analyzing syntax: A lexical-functional approach [M]. Cambridge: Cambridge University Press.

LAKOFF G，1986. Frame semantic control of the coordinate structure [M]// Chicago Linguistic Society. The parasession on pragmatics and grammatical theory. Chicago: The University of Chicago Press.

LAKOFF G，1987. Women，fire and dangerous things: What categories reveal about the mind [M]. Chicago: The University of Chicago Press.

LAKOFF G，JOHNSON M，2003. Metaphors we live by [M]. Chicago: The University of Chicago Press.

LAMBERTS K，SHANKS D，1997. Knowledge，concepts，and categories [M]. Cambridge: MIT Press.

LAMBRECH K，1984. Formulaicity，frame semantics，and pragmatics in German binominal expressions [J]. Language，60(4): 753-796.

LANGACKER R W，2004. Foundations of cognitive grammar [M]. Beijing: Peking University Press.

LAUER M，1995. Corpus statistics meet the compound noun [C]// Proceedings of the 33rd meeting of the association for computational linguistics. Stroudsburg: Association for Computational Linguistics: 47-54.

LEE L H，YU Y T，HUANG C R，2009. Chinese wordnet domains: Bootstrapping Chinese wordnet with semantic domain labels [C]// Proceedings of the 23rd Pacific Asia conference on language，information and computation. Stroudsburg: Association for Computational Linguistics，1: 288-296.

LEES R B，1963. The grammar of English nominalizations[M]. The Hauge: Mouton.

LEES R B，1970. Problems in the grammatical analysis of English nominal compounds [M]// BIERWISCH M，HEIDOLPH K E. Progress in linguistics. The Hauge: Mouton.

LI C，1971. Semantics and the structure of compounds in Chinese [D]. Berkeley: University of California.

LEVI J N，1978. The syntax and semantics of complex nominals [M]. New York: Academic Press.

LI C，THOMPSON S，1981. Mandarin Chinese. A functional reference grammar [M]. Berkeley: University of California Press.

LIBBEN G，JAREMA G，2006. The representation and processing of compound words [M]. Oxford: Oxford University Press.

LIBBEN G，2010. Compound words，semantic transparency，and morphological transcendence. [M]// OLSEN S. New impulses in word-formation. Hamburg: Helmut Buske Verlag.

LIEBER R，1980. On the organization of the lexicon [M]. Cambridge: MIT Press.

LIEBER R，1988. Phrasal compounds in English and the morphology-syntax interface. [C]// BRENTARI D，LARSON G，MACLEOD L. Papers from the parasession on agreement in grammatical theory. Chicago: Chicago Linguistic Society: 398-405.

LIEBER R，2004. Morphology and lexical semantics [M]. Cambridge: Cambridge University Press.

LIEBER R，2009. Introducing morphology [M]. New York: Cambridge University Press.

LIEBER R，ŠTEKAUER P，2009. Introduction: status and definition of compounding [M]// LIEBER R, ŠTEKAUER P. The Oxford handbook of compounding. Oxford: Oxford University Press.

LIEBER R, 2016. Compounding in the lexical semantic framework [M]// TEN HACKEN P. The semantics of compounding. Cambridge: Cambridge University Press.

LÖBNER S, 2011. Concept types and determination [J]. Journal of Semantics, 28(3): 279-333.

LOCKE J, 1999. An essay concerning human understanding [M]. University Park: The Pennsylvania State University.

LYNOTT D, TAGALAKIS G, KEANE M, 2004. Conceptual combination with PUNC [J]. Artificial Intelligence Review, 22(3): 247-267.

MAGNINI B, CAVAGLIA G, 2000. Integrating subject field codes into WordNet [C]// The international conference on language resources and evaluation (LREC). Genova: European Language Resources Association: 1413-1418.

MANELIS L, THARP D A, 1977. The processing of affixed words [J]. Memory & Cognition, 5(6): 690-695.

MARCHAND H, 1965. The analysis of verbal nexus subtantives [J]. Indogermanische Forschungen, 70: 57-71.

MARCHAND H, 1969. The categories and types of present-day English word-formation: A synchronic-diachronic approach [M]. München: C. H. Beck.

MEYER R, 1993. Compound comprehension in isolation and in context [M]. Tübingen: Max Niemeyer Verlag.

MOE R, 2003. Compiling dictionaries using semantic domains [J]. Lexikos, 13(1): 215-223.

MOLDOVAN D, BADULESCU A, TATU M, et al., 2004. Models for the semantic classification of noun phrases [C]// Proceedings of the computational lexical semantics workshop at HLT-NAACL 2004. Stroudsburg: Association for Computational Linguistics: 60-67.

MOSS H E, TYLER L K, TAYLOR K I, 2009. Conceptual structure [M]// GASKELL G. Oxford handbook of psycholinguistics. New York: Oxford University Press.

MOYNA M I, 2011. Compound words in Spanish: Theory and history [M].

Amsterdam: John Benjamins Publishing Company.

MOYSE-FAURIE C，LYNCH J，2004. Coordination in oceanic languages and proto oceanic [M]//HASPELMATH M. Coordinating constructions. Amsterdam: John Benjamins Publishing Company.

MURPHY G L，MEDIN D L，1985. The role of theories in conceptual coherence [J]. Psychological Review，92(3): 289-290.

MURPHY G L，1988. Comprehending complex concepts [J]. Cognitive science，12(4): 529-562.

MURPHY G L，1990. Noun phrase interpretation and conceptual combination [J]. Journal of memory and language，29(3): 259-288.

MURPHY G L，LASSALINE M E，1997. Hierarchical structure in concepts [M]// LAMBERTS K，SHANKS D. Knowledge，concepts，and categories. Cambridge: MIT Press.

MURPHY G L，2002. The big book of concepts [M]. Cambridge: MIT Press.

NAKAMURA G V，1985. Knowledge-based classification of ill-defined categories [J]. Memory & Cognition，13(5): 377-384.

NASH D，1998. Semantic domains for vocabulary of Australian languages [Z]. https://www0.anu.edu.au/linguistics/nash/aust/domains.html

NASTASE V，SZPAKOWICZ S，2003. Exploring noun-modifier semantic relations [C]// Proceedings the 5th international workshop on computational semantics. Tilburg: Tilburg University，285-301.

OGDEN C K，RICHARDS I A，MALINOWSKI B，et al.，1923. The meaning of meaning [M]. London: Kegan Paul.

OLSEN S，2001. Copulative compounds: A closer look at the interface between morphology and syntax [M]// BOOIJ G，VAN MARLE J. Yearbook of morphology 2000. Dordrecht: Springer.

Ó SÉAGHDHA D，2008. Learning compound noun semantics [R]. Cambridge: University of Cambridge.

PACKARD J L，2003. The morphology of Chinese [M]. Cambridge: Cambridge University Press.

PETERSON D A，VANBIK K，2004. Coordination in Hakha Lai (Tibeto-Burman) [M]// HASPELMATH M. Coordinating constructions. Amsterdam: John

Benjamins Publishing Company.

PRINZ J J，2002. Furnishing the mind [M]. Cambridge: MIT Press.

PUSTEJOVSKY J，1996. The generative lexicon [M]. Cambridge: MIT Press.

PUTNAM H，1975. Mind，language and reality: Philosophical papers [M]. Cambridge: Cambridge University Press.

QUINE W V，1978. The web of belief [M]. New York: McGraw-Hill.

RAINER F，1993. Spanische wortbildungslehre [M]. Thbingen: Max Niemeyer.

ROSARIO B，HEARST M A，2001. Classifying the semantic relations in noun compounds via a domain-specific lexical hierarchy [C]// Proceedings of the 2001 conference on empirical methods in natural language processing. Stroudsburg: Association for Computational Linguistics: 82-90.

ROSARIO B，HEARST M A，2004. Classifying semantic relations in bioscience texts [C]// Proceedings of the 42nd annual meeting of the association for computational linguistics (ACL-04). Stroudsburg: Association for Computational Linguistics: 430-437.

ROSARIO B，HEARST M A，2005. Multi-way relation classification: application to protein-protein interactions [C]// Proceedings of human language technology conference and conference on empirical methods in natural language processing. Stroudsburg: Association for Computational Linguistics: 732-739.

ROSCH E，MERVIS C B，1975. Family resemblances: Studies in the internal structure of categories [J]. Cognitive Psychology，7(4): 573-605.

ROSCH E，MERVIS C B，GRAY W，et al., 1976. Basic objects in natural categories [J]. Cognitive Psychology，8(3): 382-439.

RUMELHART D E，1980. Schemata: The building blocks of cognition [M]// SPIRO R J，BRUCE B C，BREWER W F. Theoretical issues in reading comprehension. Hillsdale: Erlbaum.

RYDER M E，1994. Ordered chaos: The interpretation of English noun-noun compounds [M]. Berkeley & Los Angeles: University of California Press.

SADOVSKI V，2002. Dvandva，tatpurusa and bahuvrhi: On the Vedic sources for the names of the compound types in Pānini's grammar [J]. Transactions of the Philological Society，100(3): 351-402.

SAUSSURE F DE，2001. Course in general linguistics [M]. Beijing: Foreign

Language Teaching and Research Press.
SCALISE S，1986. Generative morphology [M]. Dordrecht: Foris Publications Holland.
SCALISE S，FABREGAS A，2010a. The head in compounding [M]// SCALISE S，VOGEL I. Cross-disciplinary issues in compounding. Amsterdam: John Benjamins Publishing Company.
SCALISE S，VOGEL I，2010b. Why compounding? [M]// SCALISE S，VOGEL I. Cross-disciplinary issues in compounding. Amsterdam: John Benjamins Publishing Company.
SCHACHTER P，1977. Constraints on coordination [J]. Language，53(1): 86-103.
SEARLE J，1983. Intentionality [M]. Cambridge: Cambridge University Press.
SELKIRK E，1982. The syntax of words [M]. Cambridge: MIT Press.
SPENCER A，1991. Morphological theory [M]. Malden: Blackwell.
SPENCER A，ZWICKY A M，1998. The handbook of morphology [M]. Malden: Blackwell.
STAROSTA S，KUIPER K，NG S，et al., 2003. On defining the Chinese compound word: Headness in Chinese compounding and Chinese VR compounds [M]// SINGH R，STAROSTA S. Explorations in seamless morphology. New Deli: Sage Publications.
ŠTEKAUER P，2005. Meaning predictability in word formation [M]. Amsterdam: John Benjamins Publishing Company.
ŠTEKAUER P，2009. Meaning predictability of novel context-free compounds [M]// LIEBER R，ŠTEKAUER P. The Oxford handbook of compounding. Oxford: Oxford University Press.
ŠTEKAUER P，2016. Compounding in the lexical semantic framework [M]// TEN HACKEN P. The semantics of compounding. Cambridge: Cambridge University Press.
TAFT M，FORSTER K I，1975. Lexical storage and retrieval of prefixed words [J]. Journal of Verbal Learning and Verbal Behavior，14(6): 638-647.
TEN HACKEN P，2016. The semantics of compounding [M]. Cambridge: Cambridge University Press.
TRATZ S，HOVY E，2010. A taxonomy，dataset，and classifier for automatic

noun compound interpretation [C]// Proceedings of the 48th annual meeting of the association for computational linguistics. Stroudsburg: Association for Computational Linguistics: 678-687.

UNGERER F，SCHMIT H J，2008. An introduction to cognitive linguistics [M]. Beijing: Foreign Language Teaching and Research Press.

VENDLER Z，1968. Adjectives and nominalizations [M]. The Hauge: Mouton.

WÄLCHLI B，2005. Co-compounds and natural coordination [M]. Oxford: Oxford University Press.

WARREN B，1978. Semantic patterns of noun-noun compounds [M]. Sweden: ACTA Universitatis Gothoburgensis.

WILLIAMS E，1981. On the notions “lexically related” and “head of a word” [J]. Linguistic Inquiry，12(2): 245-274.

WISNIEWSKI E J，1996. Construal and similarity in conceptual combination [J]. Journal of Memory and Language，35(3): 434-453.

WISNIEWSKI E J，LOVE B C，1998. Relations versus properties in conceptual combination [J]. Journal of memory and language，38(2): 177-202.

YUASA E，SADOCK J M，2002. Pseudo-subordination: a mismatch between syntax and semantics [J]. Journal of linguistics，38(1): 87-111.

ZIMMER K，1971. Some general observations about nominal compounds [C]// Stanford University Language Universals Project. Working papers on language universals (No. 5). Stanford: Stanford University: C1-C21.

ZHOU X，MARSLEN-WILSON W，1994. Words，morphemes and syllables in the Chinese mental lexicon [J]. Language and Cognitive Processes，9(3): 393-422.

陈波，2014. 语言和意义的社会构建论[J]. 中国社会科学(10)：121-142.

陈嘉映，2013. 简明语言哲学[M]. 北京：中国人民大学出版社.

陈望道，2008. 修辞学发凡[M]. 上海：复旦大学出版社.

戴昭铭，1982. 一种特殊结构的名词[J]. 复旦学报(社会科学版)(6)：40-45.

丁小斌，丁玲，2014. “名词-名词”概念组合的关系启动效应[J]. 心理与行为研究(1)：15-20.

杜建国，2007. 语言、意向与存在：语境视野中的语言意向性研究[D]. 太原：山西大学.

方清明，2011. 现代汉语名名复合形式的认知语义研究[D]. 广州：暨南大学.
高新民，储昭华，2002. 心灵哲学[M]. 北京：商务印书馆.
顾阳，沈阳，2001. 汉语合成词的构造过程[J]. 中国语文(2)：122-133.
胡爱萍，吴静，2006. 英汉语中 N＋N 复合名词的图式解读[J]. 语言教学与研究(2)：66-72.
黄伯荣，李炜，2012a. 现代汉语(上册)[M]. 北京：北京大学出版社.
黄伯荣，李炜，2012b. 现代汉语(下册) [M]. 北京：北京大学出版社.
黄洁，2009. 基于参照点理论的汉语隐喻和转喻名名组合认知研究[D]. 上海：上海外国语大学.
黄洁，2013. 汉语隐喻和转喻名名组合的定量定性研究[J]. 语言教学与研究(1)：63-71.
克里斯特尔，2000. 现代语言学词典[M]. 沈家煊，译. 北京：商务印书馆.
李福印，2008. 认知语言学概论[M]. 北京：北京大学出版社.
黎锦熙，2007. 新著国语文法[M]. 长沙：湖南教育出版社.
凌子惠，刘正光，2008. 概念合成限制理论对汉语“抽象 N_1+N_2”结构的解释力[J]. 外语学刊(5)：20-25.
刘利民，2018. 语义何以最小[J]. 四川大学学报(6)：100-106.
刘利民，2019. “马”给出的是什么意义：语词的最小语义内容问题管窥[J]. 外语学刊(1)：7-11.
刘树新，1990. 复合词结构的词汇属性：兼论语法学、词汇学同构词法的关系[J]. 中国语文(4)：42-53.
刘烨，傅小兰，2005. 概念组合的理论模型[J]. 心理科学进展(1)：17-26.
刘正光，2003. 关于 N＋N 概念合成名词的认知研究[J]. 外语与外语教学(11)：1-5，44.
刘正光，刘润清，2004. N＋N 概念合成名词的认知发生机制[J]. 外国语(1)：26-32.
陆志韦，1964. 汉语的构词法[M]. 北京：科学出版社.
吕叔湘，2002a. 吕叔湘全集第 01 卷：中国文法要略[M]. 沈阳：辽宁教育出版社.
吕叔湘，2002b. 吕叔湘全集第 02 卷：汉语语法论文集[M]. 沈阳：辽宁教育出版社.

吕叔湘，2002c. 吕叔湘全集第 10 卷：马氏文通读本[M]. 沈阳：辽宁教育出版社.

潘震，2010. 比喻型名名组合的转喻连续体视解[J]. 西安外国语大学学报(4)：5-11.

潘震，曾文雄，2010.汉英名名组合转喻连续体的接触强度及有界性[J]. 广西社会科学(6)：120-124.

彭聃龄，丁国胜，王春茂，等，1999. 汉语逆序词的加工：词素在词加工中的作用[J]. 心理学报(1)：36-46.

彭迎喜，1995. 几种新拟设立的汉语复合词结构类型[J]. 清华大学学报(哲学社会科学版)(2)：34-36.

钱军，2007. 名词 + 名词结构的意义问题[J]. 外国语言文学(1)：1-7.

邵敬敏，2001. 现代汉语通论[M]. 上海：上海教育出版社.

邵敬敏，2006. 汉语语法学史稿(修订本)[M]. 北京：北京商务印书馆.

石定栩，2011. 名词和名词性成分[M]. 北京：北京大学出版社.

宋春阳，2003. 面向信息处理的现代汉语“名 + 名”逻辑语义研究[D]. 上海：上海师范大学.

宋春阳，2007. 现代汉语名 + 名语义关系的识别及序位研究[J]. 华东师范大学学报(哲学社会科学版)(3)：69-72.

谭景春，2010. 名名偏正结构的语义关系及其在辞典释义中的作用[J]. 中国语文(4)：342-355.

王春茂，彭聃龄，2000. 多词素词的通达表征：分解还是整体[J]. 心理科学，23(4)：395-398.

王洪君，1999 .“逆序定中”辨析[J]. 汉语学习(2)：8-10.

王珏，2001. 现代汉语名词研究[M]. 上海：华东师大出版社.

王军，2005. 论汉语 N + N 结构里中心词的位置[J]. 语言教学与研究(6)：33-38.

王军，2008. $N_1 + N_2$结构中的意念焦点[J]. 外语教学(2)：30-34.

魏雪，袁毓林，2013. 基于语义类和物性角色建构名名组合的释义模板[J]. 世界汉语教学(2)：172-181.

魏雪，袁毓林，2014. 基于规则的汉语名名组合的自动释义研究[J]. 中文信息学报(3)：1-10.

吴静，2006. 图式理论与当代汉语名名组合的解读[D]. 上海：上海外国语大学.

徐正考，张烨，2011. 一种结构特殊的偏正式复合名词[J]. 苏州大学学报(哲学社会科学版)(5):151-156.

杨锡彭，2002. 论复合词结构的语法属性[J]. 南京大学学报(1)：155-160.

袁毓林，1988. 论句法的强制性：从一类 N_1N_2 的句法语义分析展开[J]. 汉语学习(1)：6-11.

袁毓林，1992. 现代汉语名词的配价研究[J]. 中国社会科学(3)：205-223.

袁毓林，1994. 一价名词的认知研究[J]. 中国语文(4)：241-253.

袁毓林，2010. 汉语配价语法研究[M]. 北京：商务印书馆.

袁毓林，2014. 汉语名词物性结构的描写体系和运用案例[J]. 当代语言学(1)：31-48.

占勇，张卫国，2006. 名词的语义类别与名词短语的槽关系模型对应关系初探[J]. 西安交通大学学报(社会科学版)(4)：67-73.

张博，2017. 汉语并合造词法的特质及形成机制[J]. 语文研究(2)：1-6.

章鹏，张琪涵，彭国慧，等，2016. 汉语双字词在心理词典中的表征方式：来自 fNIRS 的证据[J]. 心理科学，39(4)：849-855.

张怡春，2007. 偏正复合名词语素异序现象分析[J]. 南京师大学报(社会科学版)(4)，157-160.

赵元任，1979. 汉语口语语法[M]. 吕叔湘，译. 北京：商务印书馆.

仲崇山，2007. 汉语词类划分的意义标准述评[J]. 汉字文化(4)：47-49.

周荐，1991. 语素逆序的现代汉语复合词[J]. 逻辑与语言学习(2)：36-38.

周日安，2007. 名名组合的句法语义研究[D]. 广州：暨南大学.

周先武，2014. 英语名名组合语义意合的认知考察[J]. 西安外国语大学学报(3)：46-51.

朱德熙，1982. 语法讲义[M]. 北京：商务印书馆.

朱琳，2004. 试论“N + N”结构的名词 [C]//香港大学第四届研究生语言学学术论文集. 香港：香港大学：202-208.